电视导播教程（第二版）

程晋 编著

图书在版编目（CIP）数据

电视导播教程/程晋编著. —2 版. —北京：北京大学出版社，2019.9
21 世纪高校广播电视专业系列教材
ISBN 978-7-301-30670-3

Ⅰ.①电…　Ⅱ.①程…　Ⅲ.①电视工作—高等学校—教材　Ⅳ.①G222

中国版本图书馆 CIP 数据核字（2019）第 174794 号

书　　　名	电视导播教程（第二版） DIANSHI DAOBO JIAOCHENG（DI-ER BAN）
著作责任者	程　晋　编著
责任编辑	郭　莉
标准书号	ISBN 978-7-301-30670-3
出版发行	北京大学出版社
地　　址	北京市海淀区成府路 205 号　100871
网　　址	http://www.pup.cn　新浪微博：@北京大学出版社
微信公众号	通识书苑（微信号：sartspku）　科学元典（微信号：kexueyuandian）
电子邮箱	编辑部 jyzx@pup.cn　总编室 zpup@pup.cn
电　　话	邮购部 010-62752015　发行部 010-62750672　编辑部 010-62767857
印刷者	天津中印联印务有限公司
经销者	新华书店
	787 毫米×1020 毫米　16 开本　17.75 印张　421 千字 2015 年 9 月第 1 版 2019 年 9 月第 2 版　2025 年 1 月第 5 次印刷
定　　价	55.00 元

未经许可，不得以任何方式复制或抄袭本书之部分或全部内容。
版权所有，侵权必究
举报电话：010-62752024　电子邮箱：fd@pup.cn
图书如有印装质量问题，请与出版部联系，电话：010-62756370

内 容 简 介

  本教材比较系统地介绍了从事电视导播工作的人员应具备的基础知识、基本素养和技能技巧，探究了多讯道电视节目制作中各种节目形态的基本特征和导播创作规律，并结合具体案例展开深入分析，力求理论性与应用性并重，强调实践技能的培养，使读者能够全方位了解电视导播人员的职能、作用，掌握电视导播工作的规律和技巧。

  本教材既可供高等院校广播电视相关专业师生作为教学用书使用，也可供电视台及其他影视制作机构的广大电视工作者参考。

作 者 简 介

  程晋，浙江传媒学院副教授。曾就职于山西电视台文艺中心，任导演、编导十余年，执导的电视节目获政府奖及国家级、省级奖励十多项。从事电视编导业务教学工作近二十年，参与多项国家级、省级科研课题、教改课题的研究。出版教材三部，有多篇论文发表于核心期刊。主要研究方向：电视节目导播、电视现场节目制作、电视综艺晚会创作和电视文艺编导。

第二版修订说明

2015年9月，《电视导播教程》第一版由北京大学出版社出版，经多次重印，已成为众多高校相关专业课程的专用教材及行业工作人员的参考书。

本次改版，针对近年来电视导播专业领域的发展变化，结合第一版教材使用的反馈意见，进行了如下修订。

1. 在第一章"电视导播概述"中，专门增加了一节"电视导播工作台本与电视导播阐述"，介绍撰写电视导播工作台本及电视导播阐述的方法和技巧，以期有益于电视导播工作中相关人员文案写作能力的提高。

2. 有鉴于当今电视综艺晚会类节目的流行，将原第七章"电视综艺节目的导播"整体修订为"电视综艺晚会的导播"，并增加了对CuePilot自动切换控制系统的介绍和最新的电视综艺晚会制作案例等。

3. 对其他章节内容也进行了少量的调整和优化，以期更有利于广大师生和电视工作者使用。

程　晋
2019年2月

前　言

当今世界，数字信息技术的革命浪潮席卷全球，电视传媒业赖以生存和发展的社会环境、物质基础、技术条件都发生了深刻的变化。在数字信息技术的影响下，电视传媒业的新设备、新系统、新模式、新方法、新观念等一系列从技术层面到理念层面的"新东西"不断涌现，层出不穷。

当下，我国电视行业也处于高歌猛进的迅速发展阶段，电视艺术越来越呈现出多样性，其间，多讯道电视节目制作方式占据了相当重要的地位。面对电视制作手段越来越先进、大型活动现场直播与录制越来越复杂的现状，多讯道电视节目制作的灵魂人物——电视导播，面临着更高的要求和新的挑战。

电视导播工作是一项实践性很强的工作，电视导播工作中的艺术创作与技术处理这两个部分相互依存，不可分割。这就要求电视导播既要懂艺术，又要懂技术。本教材力图把电视导播工作中的这两者结合起来，让广大读者对电视导播工作有一个全面的了解，为进行与广播电视相关的其他内容的学习奠定基础。

本教材比较系统地介绍了从事电视导播工作的人员应具备的基础知识、基本素养和技能技巧，探究了多讯道电视节目制作中各种节目形态的基本特征和导播创作规律，并结合具体案例进行深入分析，力求理论性与应用性并重，强调实践技能的培养，使读者能够全方位了解电视导播人员的职能、作用，掌握电视导播工作的规律和技巧。

本教材既可供高等院校广播电视相关专业师生作为教学用书使用，也可供电视台及其他影视制作机构的广大电视工作者参考。

程　晋

2015 年 3 月

目 录

第二版修订说明 ··· 1

前言 ··· 1

第一章 电视导播概述
- 第一节 电视导播的概念 ·· 1
  - 一、导播及电视导播的概念 ································· 1
  - 二、电视导播与其他相近职业的区别 ················· 3
- 第二节 电视导播的地位及特点 ································ 6
  - 一、电视导播工作的地位 ····································· 6
  - 二、电视导播工作的特点 ····································· 6
- 第三节 电视导播的素质要求 ···································· 9
  - 一、电视导播应有较高的艺术修养 ··················· 10
  - 二、电视导播应具备成熟、机敏的性格与良好的心理素质 ································· 10
  - 三、电视导播应具备丰富的专业知识 ··············· 11
  - 四、电视导播应具有剪辑意识与创新意识 ········ 11
- 第四节 电视导播的工作流程 ·································· 12
  - 一、前期准备工作阶段 ······································· 12
  - 二、中期现场工作阶段 ······································· 15
  - 三、后期剪辑制作阶段 ······································· 18
- 第五节 电视导播工作台本与电视导播阐述 ·········· 18
  - 一、台本的分类与功能 ······································· 18
  - 二、电视导播阐述的撰写与机位图设计 ··········· 21

第二章 电视演播室节目制作及电视现场节目制作
- 第一节 电视节目制作概述 ······································ 24
  - 一、直播与录播 ··· 25
  - 二、电视节目制作手段的分类 ··························· 25
  - 三、电视节目制作方式的类型 ··························· 27
  - 四、电视转播系统的类型 ··································· 28
- 第二节 电视演播室节目制作 ·································· 30

　　　　一、电视演播室节目制作系统 …………………………………… 30
　　　　二、电视演播室节目制作 ………………………………………… 42
　　第三节　电视现场节目制作 ……………………………………………… 54
　　　　一、电视现场节目制作系统 …………………………………… 54
　　　　二、电视现场节目制作 ………………………………………… 55
　　第四节　电视导播的工具——视频切换台 …………………………… 57
　　　　一、视频切换台的基本功能 …………………………………… 57
　　　　二、视频切换台的主要组成部分 ……………………………… 57
　　　　三、视频切换台的基本操作 …………………………………… 60

第三章　电视导播常规通用技巧

　　第一节　电视导播的职能 ………………………………………………… 62
　　　　一、机位设置 …………………………………………………… 62
　　　　二、调机 ………………………………………………………… 66
　　　　三、运镜节奏 …………………………………………………… 67
　　　　四、切换 ………………………………………………………… 68
　　第二节　多讯道节目制作中的常用设备 ……………………………… 69
　　　　一、电视转播车系统 …………………………………………… 69
　　　　二、飞行箱 EFP 系统 …………………………………………… 72
　　　　三、摇臂摄像设备 ……………………………………………… 74
　　　　四、斯坦尼康 …………………………………………………… 77
　　　　五、飞猫索道摄像系统 ………………………………………… 78
　　　　六、轨道车 ……………………………………………………… 81
　　　　七、高速轨道摄像系统 ………………………………………… 83
　　　　八、遥控摄像机 ………………………………………………… 84
　　第三节　电视导播口令术语与常用手语 ……………………………… 86
　　　　一、电视导播口令术语 ………………………………………… 86
　　　　二、电视导播常用手语 ………………………………………… 89
　　第四节　多讯道节目制作中导播要注意的问题 ……………………… 90
　　　　一、切换不到位的几种表现 …………………………………… 91
　　　　二、切换不到位的原因分析 …………………………………… 91
　　　　三、解决切换不到位的几种方法 ……………………………… 92
　　　　四、把握现场切换的基本要领 ………………………………… 93

第四章　电视新闻节目的导播

　　第一节　演播室电视新闻节目直播 ……………………………………… 96
　　　　一、电视新闻演播室系统简述 ………………………………… 96
　　　　二、演播室电视新闻节目直播的导播 ………………………… 98
　　　　三、案例：中央电视台《新闻联播》节目
　　　　　　直播分析 …………………………………………………… 101

第二节 重大会议现场直播 ·············· 106
　一、重大会议现场直播的特征 ············ 106
　二、重大会议现场直播的导播 ············ 106
　三、案例:"两会"记者招待会导播及机位
　　　设置思路分析 ···················· 108
第三节 重大新闻事件现场直播 ·············· 111
　一、重大新闻事件现场直播的机位设置 ····· 111
　二、重大新闻事件现场直播的导播 ········· 117
　四、案例:国庆50周年庆典活动现场直播
　　　分析 ··························· 121
　五、案例:国庆60周年庆典活动现场直播
　　　技术方案 ······················· 130

第五章　电视谈话节目的导播

第一节 电视谈话节目概述 ················· 141
　一、电视谈话节目的概念界定 ············ 141
　二、电视谈话节目的基本元素 ············ 141
　三、电视谈话节目的主要类型 ············ 143
第二节 电视谈话节目的机位设置 ············· 144
　一、电视谈话节目机位设置的基本依据 ····· 144
　二、一般性谈话节目的几种机位设置方法 ··· 146
第三节 电视谈话节目中的切换 ··············· 150
　一、切换频率的控制 ···················· 150
　二、反应镜头的把握 ···················· 150
　三、切入短片镜头 ······················ 152
第四节 电视谈话节目的录制趋势 ············· 152
　一、拍摄机位数量的增加 ················ 152
　二、景别的变化 ························ 152
　三、运动元素的增加 ···················· 153
第五节 案例:《鲁豫有约》节目制作分析 ······ 153
　一、制作流程与生产方式 ················ 154
　二、机位设置与现场录制 ················ 154

第六章　情景剧的导播

第一节 情景剧概述 ······················· 157
　一、情景剧的概念 ······················ 157
　二、情景剧的特点 ······················ 158
　三、情景剧的制作模式 ·················· 159
第二节 情景剧的导播 ······················· 160
　一、情景剧的机位设置 ·················· 160

二、情景剧的调机规律……………………………161
　　三、情景剧的切换规律……………………………164
第三节　案例：情景喜剧《老友记》制作分析……165
　　一、美国情景喜剧运营模式解析…………………165
　　二、《老友记》的制作特点与生产方式…………167
　　三、《老友记》的机位设置………………………167

第七章　电视综艺晚会的导播

第一节　电视综艺晚会概述…………………………169
　　一、电视综艺晚会的概念…………………………169
　　二、电视综艺晚会的类型…………………………169
　　三、电视综艺晚会的核心要素……………………170
第二节　电视综艺晚会的导播………………………171
　　一、电视综艺晚会导播的特点……………………171
　　二、电视综艺晚会导播工作"五程序"…………172
　　三、电视综艺晚会导播的艺术思维………………173
　　四、电视综艺晚会的机位设置及镜头调度与
　　　　设计………………………………………………174
　　五、电视综艺晚会的切换技巧……………………177
第三节　电视综艺晚会多通道录制技术新趋势……179
　　一、对电视综艺晚会录制技术的分析……………179
　　二、多通道采编一体化系统技术架构……………180
第四节　CuePilot 自动切换控制系统………………182
　　一、CuePilot 自动切换控制系统概述……………182
　　二、CuePilot 自动切换控制系统的缘起…………182
　　三、CuePilot 自动切换控制系统的特性…………182
　　四、CuePilot 自动切换控制系统的影响…………183
第五节　案例：江苏卫视2016—2019各年跨年
　　　　演唱会制作解析…………………………………185
　　一、江苏卫视2016—2019各年跨年演唱会
　　　　4K制作简介………………………………………185
　　二、2018年江苏卫视广州跨年演唱会总体
　　　　制作方案…………………………………………190
　　三、2019年江苏卫视澳门跨年演唱会摄制
　　　　技术解析…………………………………………196

第八章　电视音乐节目的导播

第一节　电视音乐节目制作概述……………………204
　　一、电视音乐节目的概念…………………………204
　　二、电视音乐节目的制作形式……………………204

三、电视音乐节目的制作程序……………………205
四、电视音乐节目镜头切换的常规处理方式……206
第二节 电视声乐节目的导播………………………207
　一、独唱……………………………………………207
　二、重唱与小组唱…………………………………209
　三、合唱……………………………………………210
第三节 电视器乐节目的导播………………………211
　一、独奏……………………………………………211
　二、重奏与小组奏…………………………………212
　三、交响乐…………………………………………212
第四节 案例：维也纳新年音乐会现场直播分析………………………………………………216
　一、维也纳新年音乐会的发展概述………………216
　二、维也纳新年音乐会现场直播中的电视话语……………………………………………217
　三、维也纳新年音乐会现场直播的机位设置……219
　四、维也纳新年音乐会现场直播给我们的启示……………………………………………221

第九章　电视体育赛事节目的导播

第一节 电视体育赛事节目概述……………………223
　一、电视体育赛事节目的概念……………………223
　二、电视体育赛事节目的特点……………………223
第二节 电视体育赛事节目的机位设置及镜头切换原则…………………………………………224
　一、电视体育赛事节目的机位设置………………224
　二、电视体育赛事节目的镜头切换原则…………225
第三节 体育赛事电视公用信号制作与导播………227
　一、电视公用信号制作与单边制作………………227
　二、电视公用信号制作的原则……………………228
　三、电视公用信号制作的内容……………………230
　四、电视公用信号制作的导播工作………………230
第四节 足球比赛的导播……………………………232
　一、足球比赛的基本机位设置……………………232
　二、足球比赛的切换规律…………………………238
　三、足球比赛电视公用信号制作切换的标准化程式…………………………………………241
第五节 篮球比赛的导播……………………………246
　一、篮球比赛的导播工作…………………………246

　　　　　　　　　　　　二、篮球比赛的基本机位设置 …………………………… 247
　　　　　　　　　　　　三、篮球比赛的切换规律 …………………………………… 251
　　　　　　　　　　　　四、美国 NBA 转播样本分析 ……………………………… 255

第十章　演播室三讯道节目制作　　第一节　三讯道节目制作导播实践概述 ……………… 260
　　　　导播实践　　　　　　　　　一、三讯道节目制作导播实践的意义与目标 …… 260
　　　　　　　　　　　　　　　　　二、实践设备系统的基本要求 …………………… 261
　　　　　　　　　　　　第二节　三讯道节目制作导播实践 ……………………… 261
　　　　　　　　　　　　　一、实践小组的划分 ………………………………… 261
　　　　　　　　　　　　　二、实践岗位轮次表的制定 ………………………… 262
　　　　　　　　　　　　　三、三讯道节目制作导播工作台本的制定 ………… 263
　　　　　　　　　　　　　四、演播室三讯道现场节目录制 …………………… 264
　　　　　　　　　　　　　五、导播实践考核方式与标准 ……………………… 264
　　　　　　　　　　　　第三节　各实践工作岗位的主要任务 …………………… 264
　　　　　　　　　　　　　一、导播 ……………………………………………… 264
　　　　　　　　　　　　　二、助理导播 ………………………………………… 265
　　　　　　　　　　　　　三、录音 ……………………………………………… 265
　　　　　　　　　　　　　四、录像 ……………………………………………… 265
　　　　　　　　　　　　　五、现场导演 ………………………………………… 266
　　　　　　　　　　　　　六、摄像 ……………………………………………… 266

参考文献 ……………………………………………………………………………………… 268

后记 …………………………………………………………………………………………… 270

第一章

电视导播概述

学习目标

通过本章的学习，了解"电视导播"的含义，明确电视导播的素质要求及其在当今电视节目制作中的重要地位和特点；熟悉多讯道节目制作中导播的工作流程并能熟练完成导播工作台本及导播阐述的撰写。

关键术语

电视导播；多讯道节目制作；切换；导播阐述；导播工作台本

第一节 电视导播的概念

一、导播及电视导播的概念

何为"导播"？"导播"在《现代汉语词典》里是这样解释的：第一，"组织和指导广播或电视节目的播出工作"，第二，"担任导播工作的人"。在本教材中，一般可以通过上下文区分出这两种含义。

"导播"可分为"电台导播"和"电视导播"。

"电台导播"是指在运用广播演播室或现场直播、实况录音等方式制作、播出电台节目时，负责整个节目指挥、调度、音响控制的主要人员。他是电台主持人的助手，帮助电台主持人接听听众电话，并选取电话接入直播间；帮助电台主持人拨通嘉宾电话，并将电话接入直播间；帮助电台主持人过滤掉和节目无关的电话、骚扰电话及与国家法律法规相违背的电话；帮助电台主持人抽取短信平台幸运听众；帮助电台主持人记录听众电话；提醒电台主持人电话接收和挂断；帮助电台主持人在节目出现问题时和技术部门联系；帮助电台主持人处理直播间以外的其他事情。

电台导播有专门的导播间，一般与直播间相邻，能直接观察直播间的一举一动。电台导播一般通过电子传话器与主持人进行沟通和联系。

"电视导播"是在多讯道电视节目录制或现场直播过程中,对灯光、音响、摄像以及视频、音频等方面的现场指挥者,他对节目的整体艺术效果承担最直接的责任。

导播与导演都是电视节目制作的核心人物,他们的地位和作用相近,但又有一定区别。导演工作属于事先制作,能够干涉节目的进程,在制作中、制作后都可以任意修改不适合的地方,而导播工作则属于现场制作,具备即时性,他不能打断或干涉正在进行着的事件或节目,只能运用电视的表现手段去反映它、表达它。

由此我们可以看出,"电视导播"适用于多讯道的电视节目制作,并由此同单机拍摄,然后进行后期编辑的电视剧、纪录片等电视节目的导演和编导区别开来。"电视导播"这个称呼还有另一层含义,即"播"所体现的直播观念。多讯道系统最早一般是用来应对直播节目需要,随后,被广泛运用到各种电视节目形态中。这种把拍摄和编辑合二为一的系统能有效地节约人力、时间等宝贵的资源,同时,这种高效率的制作对导播的能力要求很高,主要体现在机位设置、调机和切换三个主要动作的协调处理上。

电视导播通常的工作主要是负责电视节目现场制作方式的直播或录播,如电视新闻节目直播、综艺节目或晚会的直播或录制、体育赛事直播或转播等。在这类电视节目的制作中,各路视频信号通过信号线传输到一个被称为"视频切换台"的设备上,由被称为"电视导播"的电视节目制作人员操作"视频切换台",根据电视的表现规则从多路视频信号中选择一路输出到录像机或直播系统。电视导播的基本责任是指挥摄像师进行拍摄,并进行现场切换。

所以,电视导播是"多讯道现场节目制作"中的灵魂人物。如今我们往往容易将"多讯道节目制作方式"与"多机拍摄"相混淆,其实,这两种制作方式存在着本质上的区别。

(一)多机拍摄

在一个拍摄现场,如果有一台以上的摄像机同时进行拍摄,分别获取素材,以备后期编辑阶段使用,我们将之称为多机拍摄、后期剪辑的制作方式。

例如在一些大场面的影视剧中,制片方为了节省成本,运用多机位进行拍摄。在战争场面、大型群众集会、洪水、爆炸等耗资巨大又难于重复的场景中,采用多台摄像机提前布置好机位,从不同角度,按照不同景别,关注不同的表现重点,获取更多的拍摄素材,可为后期剪辑提供便利。这样的制作方法可以大大地节省人力和物力。

(二)多讯道制作

"多讯道"实际上指的是多个视频信号来源的通道。这些信号除了演播现场各个摄像机拍摄的画面外,还包括提前制作好的VCR(插播片)、计算机播放的各种视频图形图表和来自于网络的实时视频,也有可能是通过卫星与微波通信技术将远距离摄录的画面传送回来的信号,这些视频信号共同构成了多讯道的来源。例如,节目的主演区是在电视台的演播室,这里有五台讯道摄像机,另外有两路供插播的放像机;而节目在台外还有两个远距离的拍摄现场,分别由两个ENG(电子新闻采集)单机进行拍摄,它们与发射装置、传送系统连接,将其摄取的信号直接发送回电视台,通过电视台的微波机房接收,再送到导播间的切换系统来,也成为两路信号的来源。这样,在导播间的切换系统中接收到的就会有五路演播室摄像机的信号、两路插播信号、两路 ENG 单机信号，共九路视频信号（见图 1-1）。所以，这个节目画面的来源是多样的。

| C1 | C2 | C3 | C4 | C5 | V1 | V2 | E1 | E2 |

图 1-1 多讯道来源示意图

"多讯道制作"与"多机拍摄"的区别还不仅仅在于画面来源的复杂性，多讯道制作方式的核心在于它必须有一个切换系统，操作人员通过视频切换台对多个讯号来源进行随时选切，并输出一路信号以供直播或录播（见图 1-2）。

图 1-2 SONY DFS-800 视频切换台

电视导播承担了多讯道画面的调度和选切工作，并成为这种制作方式的核心人物。这个集结、选择、输出的过程是"多机拍摄"的制作方式所没有的，所以多机拍摄、后期剪辑的节目自然也就不需要电视导播这个岗位了。

二、电视导播与其他相近职业的区别

（一）电视导播与电视导演的区别

电视导演这个称谓，是从戏剧导演、电影导演移植过来的，但是，其内涵和外延都有别于戏剧导演、电影导演。

在《中外广播电视百科全书》上，对电视导演的解释是："电视导演简称导演，指电视剧导演、电视节目导演和电视文艺节目（包括晚会）导演。"导演的水平如何，直接关系到节目的质量。

电视导演可以分为两大类：艺术导演和业务导演。

艺术导演，是指艺术类节目的导演。这类节目的内容，一般是艺术形象的创造，而非真人真事的报道，因此这类导演主要是依据艺术规律来构思、拍摄和制作节目，如电视剧以及综艺、晚会、音乐、舞蹈、曲艺、杂技节目等。

业务导演，是指其他非艺术类节目的导演。这类节目包括新闻社教节目、竞技类节目、知识性节目、体育节目以及某些专题性节目等。这类节目的内容，大多涉及真人、真事，涉及科学知识或技能技巧，因此，导演须从节目的具体内容出发来构思、拍摄和制作节目，讲求节目的真实性和真实感。

这两类导演的工作内容既有性质上的界限，又有表现手法上的交叉。艺术导演常采用夸张、渲染、象征、比喻、拟人、移情等艺术手法，有时也采用纪实手法。业务导演一般采用纪实的手法，但在不违背真实性的原则下，有时也采用某种艺术手法。

在各种电视节目的导演中，电视剧导演和电影导演的工作内容最为相似，大体有以下几项：第一，研究剧本；第二，分镜头；第三，指导现场拍摄；第四，指导后期制作。

电视导播与电视导演的最大区别在于，电视导演一般是事先设计、指导制作，而电视导播尽管也需要事先设计，但其更强调现场制作的能力。导演和导播在工作内容上虽有交叉，但二者的职责是不能互相代替的。

电视导播的工作概括地讲主要是两条：指导播出和指挥录制。

1. 指导播出

（1）正确控制节目播出程序。

（2）负责临时的节目调整和调度。

2. 指挥录制

一个导播在节目制作中需要同时做五件事：

（1）监看画面：判断图像是否正确、良好，如果欠佳，随时调整及补救。

（2）选择图像：决定输出画面，如遇画面不理想或不恰当，随时指示摄像师改善。

（3）对照脚本：看原定方案是否符合实际，决定哪些按照原定计划播出，哪些需作临时修改。

（4）注意声音：播音员的解说、主持人的串词、演员的台词以及音响、音乐是否协调，各自的音量是否恰当，并随时指导相关人员做出调整。

（5）发号施令：与直播制作相关人员保持畅通联系，根据各种情况，发出相应的具体指令，以保证节目正常播出与制作。

（二）电视导播与电视编导的区别

电视编导处于节目生产的中心地位。凡涉及节目的设计、制作、修改、审定、编排、播出等事务，几乎都要经过电视编导人员的处理。因此，电视编导工作是一项政治性、思想性、技术性和艺术性都很强的工作。在电视实践中，新闻专题类节目、评论节目、调查类节目等的主创人员叫编导，纪录片、谈话类节目、杂志类节目等的主创人员也叫编导。电视编导是电视节目制作中的核心人物，扮演着决策者、领导者的重要角色，对节目的整体艺术效果负有直接责任。

首先，电视编导是电视节目的创作者。作为创作者，就不是只从事简单的汇总性、集纳性、事务性工作的人员，更不是流水线上的一个工人。他犹如一个产品的设计者和缔造者。他工作的核心，是将自己的思想、观点或者倾向性，通过电视语言的运用来表达并传播出去。在这项工作中，他不能过于个人化、风格化，而必须考虑传播效果、社会责任，考虑受众、资金，还要考虑市场。在创作层面上，他既是自由的，又受到很多制约，是一个名副其实的"戴着镣铐的舞者"。

其次，电视编导工作是贯穿节目创作始终的工作。众所周知，一个电视节目是由多个创作环节构成的：选题、构思、拍摄、剪辑……创作链上的每一环，都对节目的最终形成起着重要的作用。电视编导是节目创作的灵魂人物，他确定节目的内容和主题，制定节目的构思和结构，决定节目的风格和样式，并为节目质量和节目效果负责。这种主导性和责任性使得他不仅在必须由自己完成的选题和构思阶段要亲力亲为，还要参与那些一般由他人完成的创作环节，比如撰稿、拍摄、剪辑等。一般情况下，编导对各创作环节工作参与得越多，节目最终的整体效果就越接近编导的预期。

最后，电视编导工作是综合性较强的工作。电视节目的特性使得电视编导的创作不像文学、绘画、音乐创作那样单纯，而是带有一定的管理性、社交性甚至经营性。团队工作是电视节目创作的一大特征，在这个团队里，编导既是节目创作的主导，又是团队的领导，他必须担负起管理职责。电视节目的创作几乎不可能不和社会的方方面面打交道，通常情况下，与外界联系的任务多是由编导来完成的。电视节目一般都是以栏目为播出平台，栏目的定时播出特性，使节目的创作周期具有了不可更改的确定性，电视编导必须在规定时间内完成创作任务，否则就可能造成播出事故。在竞争如此激烈的当今，电视编导不得不面对节目收视率这一铁的市场法则。他在一定程度上要为节目甚至栏目的生存负责，所以他得有经营意识，要计算节目创作的投入产出比，要设法获得较好的经济效益，才能有长足发展的基础。

而电视导播尽管也需要深入了解节目的内容，需要参与节目的策划编排或研读节目脚本，但他只参与节目生产的最后一道工序，即只负责多讯道现场节目的制作和播出。

（三）电视导播与电视剪辑的区别

电视剪辑通常指电视节目的后期制作，即把原始的镜头素材根据解说词或创作者的意图，编辑成电视节目的过程。具体包括整理素材镜头，进行画面和声音剪辑，配解说词，叠加屏幕文字和图形，使用特技，编配音响效果和音乐，根据审查意见进行修改，最后完成播出带。很明显，电视剪辑是电视节目创作中的后期工作。

电视剪辑要掌握和运用电视语言，要着力把客观事物的逻辑关系变成电视画面的逻辑关系，要善于运用视觉形象思维和逻辑思维来加工电视节目。

电视导播实际上做的也是一种剪辑性质的工作，只是电视导播是在节目录制进行中完成剪辑，而不是在节目录制完成之后进行剪辑。导播通过切换台在若干个素材之间切换，或用过渡特效（混合、划像、渐变）来组接视频素材，就是即时剪辑或切换。和电视剪辑不同的是，电视剪辑在后期制作的时候，编辑有时间仔细考虑或者调换各个镜头的组接方式和精确的入点（in）、出点（out），而导播切换具有即时性，必须瞬间做出决定。两种工作的原理是一样的，但状态是不同的，应用的技术和工具也不同。电视导播是在线编辑，使用的是视频切换台；电视剪辑是离线编辑，使用的是非线性编辑系统。

在我国，多数电视台的电视导播制度尚不健全，称谓和做法也有所不同。担任导播工作的人员大体有以下几种：一是由总编室或播出部的有关人员担任；二是由值班导演或其他有关值班人员担任；三是由节目部门的负责人担任。

第二节 电视导播的地位及特点

一、电视导播工作的地位

电视导播工作是电视节目制作的重要组成部分，是电视节目安全、优质播出的最后一道关卡。电视导播工作具有较强的政治性、政策性、思想性、业务性和艺术性，它与广播电视的宣传方针、宗旨，节目的设置，报道计划的制订及实施，播出的效果等等都有关系。

电视导播在工作中必须把自己对节目的理解清晰地传递给每一位相关岗位人员，然后通过对不同镜头的有序选择，巧妙运用音频信号辅助视频信号，完成整个节目的制作。必须强调一点，导播应首先构思出节目的框架，然后运用设备和技巧，把这些设想最终完全体现在电视荧屏上。因此，电视导播的构思、设计先于实践，在通过运用技术设备去呈现艺术效果之前就已经形成了。导播是节目制作过程中的"主心骨"，其地位在节目制作中至关重要。

如今在各种大型活动、文艺演出、体育盛会的直播和录播中，电视导播都占据着极为重要的位置。而随着电视行业的发展以及人们欣赏水平的提高，各类活动需要的拍摄机位也越来越多。对多个机位的指挥、协调，以及对摄像的镜头要求，都要通过导播的调度指挥来实现。导播通过对节目的理解将镜头切分组接，呈现在电视屏幕上。

因此，有人把电视导播工作比作电视节目制作与传播过程中的"心脏"。凡是与现场节目制作及节目的设计布局、修改加工、审定播出等有关的环节，都须由导播来参与处理，把握方向。

二、电视导播工作的特点

电视导播在电视节目创作集体中是阐释者、启发者和激励者，是现场拍摄制作的关键。他要启发各个工种根据他的总的创作意图去完成各环节上的创作任务。他要激发起整个创作团队的热情，要做出成百上千个大大小小的、或复杂或简单的决定。概括来说，电视导播在工作中要完成好"望、闻、问、切"这四个步骤。这和中医的"四诊法"有异曲同工之处。

（一）望

望就是看。作为一个电视导播，首先要掌握看什么、怎么看。现在每个电视台都有很多电视节目，且以演播室或外景地多讯道制作为主。因为节目多人手少，未必能做到每个节目都有自己的摄制团队，因此一个摄制团队往往要服务于多个电视节目，导播就未必能够去参加每个节目的前期策划会。这就要求导播在节目录制之前除了要和节目导演进行详尽的沟通外，还必须要让自己了解节目，必须要"看"。

第一，看文案。导播可以提前从节目组拿到流程单、串联脚本和文字稿等文本，如果是一个从未录制过的节目，那么演播场所的舞美图也必不可少。流程单可以让导播了解要录制的一台节目由哪些类型的节目构成，节目有哪些环节，节目的大致总时长是多少。串联脚本可以让导播了解到哪些环节有主持人出场，主持人的出场位置分别在哪里，每个节目的演出人数及人物的位置调度，有什么舞美道具以及这些舞美道具的摆放位置，有哪些灯光效果要展示等。文字稿可以让导播提前知道场上的主持人或者表演者会说些什么，以便导播能及时地给出相应的镜头。通过舞美图，导播可以明确可用的场景有哪些，并向表演团队提出更合理的空间调度方案和上下场路线，最终确定机位设置方案。

第二，看预演。对于那些能有预演的节目，导播和摄像都要尽量亲临现场观看。常言道，耳听为虚，眼见为实，只有自己亲眼看过了节目，心里有数，才能有充分的底气去设计导播方案。假如能有走台、彩排等环节的话，那节目录制会更圆满。

第三，看监视器。当节目进入录制过程时，导播的"望"就显得尤为重要了。导播怎样"望"才能把场上发生的一切都及时地纳入眼底？这要求导播遵循一个原则，那就是不管节目如何丰富，不管场景如何复杂，不管机位如何多变，在设置机位时，首先要保证每个场景（包括主台、副台、观众席等）都有一个大全景机位，通过这个机位，可以看到场上所有的元素，以便其他中景、近景或者特写镜头能够及时捕捉即将发生的细节。当然，有条件的话，可以在如访谈区、评委区、乐队区、领唱区等都分别设置一个全景机位，这样可以观察得更加仔细，导播能捕捉到更多细节。另外，在录制过程中，导播要时刻目不转睛地盯着各个讯道上的变化万千的监视器，按照自己对于节目的理解，对于场景的理解，对于画面表现力的想象以及工作台本中关于镜头设计的要求，来指挥各个讯道摄像师的拍摄，告诉他们此刻或者是之后的一段时间内拍摄的任务和要求。

（二）闻

闻，听也。在录制节目之前，导播可以让导演介绍节目有哪些细节，哪些内容难以拍摄、难以捕捉，但又是节目非常需要的，不能漏拍。对于这些内容，有机会有时间的话最好能够带机演练几次。除了节目内容外，导演还可能会告诉你，演员或许会走到一个你意想不到的位置，需要考虑你的机位是否能够拍到；有的时候场上可能会出现意想不到的环节，比如比赛中某个选手的家长或嘉宾会突然出现在观众席等。这些细节，一般在录制之前导演都会与导播沟通，导播要认真聆听并仔细消化。

节目录制之前，导播要熟读流程单和文字稿，但这还不够，文字稿只是主持人的基本说词，现在很多节目尤其是综艺节目，主持人在录制现场总要进行"临场发挥"。导播这时一定要认真仔细地听明白主持人的每一句话。比如，浙江卫视《我爱记歌词》节目中，主持人经常就会冷不丁调侃一下乐队里的某个乐手，或时不时地给领唱演员出个难题，假如导播一个疏忽，没听清楚主持人的话，这些小插曲需要的镜头就跟不上了。

对于有乐队表演的节目，尤其是交响乐表演，乐器种类较多，最好在录制前就能够认真聆听乐队要表演的曲目并做好笔记，最好能够知道在什么时间出现什么乐器。要做到这一点没有别的捷径，只有不停地反复地"听"。

节目录制之中，一定要认真听声音，包括音响、音乐以及主持人、嘉宾和演出人员的台词。听他们各自的音量是否恰当，听音乐是否配合协调，并根据需要随时做出调整。另外，还要听各个讯道的摄像师在耳机中对导播指令的反馈。

导播的工作任务是编排和制作符合电视要求的节目，即把文字、图像和音响转变成可供"视听"的节目。导播工作应从"看"和"听"的特点出发，充分发挥图像、声音的优势，使电视节目兼具"悦目"与"入耳"的特点。这是一项把思想性与艺术性结合为一体的工作，是一种"创作"或"再创作"。

（三）问

问，求知求解。导播切忌不懂装懂，否则会闹出笑话的，尤其是一些专业性较强的节目，比如体育比赛中各种类别的赛事，其中的规则、技巧等，导播未必样样精通，这就需要多问多了解。一些综艺节目中的魔术、杂技等专业性也较强，细节繁多，什么时候要给全景，什么时候要给中近景，都很有讲究。如果导播没有看过节目，那更要找人问问清楚，否则肯定切换不好，不是漏拍细节，就是把不该暴露的内容给暴露了。

作为导播，还要有"问"的敏感性。有一次在浙江卫视《快乐蓝天下·奇妙见面会》录制现场，场上正在进行武术演员的棍术表演，在全景镜头里，导播突然看到嘉宾席的潘长江向台下的助理要了瓶矿泉水。潘长江是一个很有职业素养的人，所以他这个举动让导播感到有点奇怪。在正常地切换表演镜头外，导播不时地观察潘长江的一举一动。导播发现他大口地喝了一口矿泉水，但感觉并未咽下去，凭着职业敏感，导播就问了现场导演是否有什么情况，现场导演又问了潘长江的助理，得到的答案是可能"有戏"。果不其然，武术表演结束后，潘长江走到舞台中间，导播早有准备，调了一台游动摄像机跟上，并安排了另外一左一右两台固定机位去抓他的脸部特写。潘长江示意武术演员用棍子打他，结果棍子刚一落到他的身上，一股"白血"从他嘴里喷涌而出，镜头抓个正着，画面相当具有冲击力。这样的镜头既捕捉到了细节，让观众看着生动，又能够充分展示嘉宾的智慧，对嘉宾也是一种尊重。多问一句话，就可能收获意想不到的效果。

在录制过程中，导播的问话一定要准确到位，言简意赅，要用别人能迅速理解的语言，比如"华少左手那个人是谁？"远比"台上穿红衣服的人是谁？"更容易让人理解。所以，怎么问也是一种技巧。

（四）切

切，就是按下切换键。导播的切换，是导播在节目进行中有选择地向观众传达场上的各种信息，是导播通过望、闻、问等一系列活动及思考后给出的指令。对于经验丰富的导播来说，大多数的切，实质上就是一种下意识的动作。导播切换画面，首先要保证视觉上的连贯性，要尽量符合人们常规的视觉习惯，另外还要考虑内容的逻辑顺序，依靠一种内在的连续性实现镜头的流畅组接。要突出主题，达到内容与形式的完美统一。一个好的导播，不但要十分清楚地展示节目内容，还要通过景别、节奏、光线、色彩等镜头语言表情达意，增加画面张力，既写实又写意，给节目增色，给电视观众带来超越节目本身的视听感受。

目前，现场制作的节目越来越多，但好的导播却少之又少，导播素质良莠不齐，有的导播甚至连最基础的景别和镜头结构问题都没弄明白。

导播在镜头切换时，要遵循蒙太奇的组接规则，注意景别的变化要循序渐进。不管你用的是前进式镜头结构还是后退式镜头结构，一般来说，景别跳跃不能太大，否则会让观众不知所云，因为人们在观看事物时，总会按照循序渐进的规律来进行。前进式镜头结构，是指先看整体再看局部，全景后接中景、近景，视觉信息量不断减少，但镜头指向性不断加强，最终充分展示细节，这种结构比较符合人们常规的视觉习惯，在叙事方面也是按照事件的起因、发展、结局的流程进行。后退式镜头结构是指先交代细节，从特写到近景、中景，景别不断变大，信息量不断增多，更多地交代人与人、人与景物的关系。这种镜头结构比较适合制造悬念，先告诉观众结局，然后再告诉你事件是怎样一点点形成的。景别跳跃不能太大，但也要尽量避免同景别镜头的切换（特写除外），尤其是同机位、同角度的同景别画面。景别是指被摄主体在画面中所占范围的大小，每种景别都有一个基本的卡位标准，这种卡位标准除了在构图上符合人们的审美习惯外，对视觉元素的交代也十分明确。

导播是一个涉猎非常广泛的电视业务岗位。要做好导播工作，除了要对摄像、导演、灯光、音乐、节奏等方面的知识有着全面的掌握外，学会望、闻、问、切更是十分有必要的。

导播工作是专业性较强的工作，具有明显的实用性和理论性，涉及较多的社会科学和自然科学领域，尚存许多有待探索和开创的空间。导播工作者应善于掌握、驾驭不同题材及多种体裁的表演艺术和表现方法，综合运用形象思维和逻辑思维的不同表现手法，应具有高度的责任心和严谨的工作作风。可以说，导播工作是一项平凡而重要、烦琐而光荣的开创性的工作。

第三节 电视导播的素质要求

一个节目从策划到实施拍摄，中间有很多的环节，最终都会落实到拍摄上，此时，除了需要好的摄像，更需要好的导播。导播的素质决定了节目摄制效果的好坏。

一、电视导播应有较高的艺术修养

一个电视节目的拍摄中，导播控制整个拍摄环境，包括摄像机的设置、人员的位置等，因此导播能够影响整个节目通过一个什么样的艺术形式呈现。导播对于画面的美感的把握因人而异，不同的人做出来的效果是不一样的，同时，对切换时机的把握也能体现导播在艺术修养上的差异。

因此，导播不仅需要具备专业知识，也要有包括美术、音乐、雕塑、绘画等与电视美学相关的艺术门类的高超水准，才能及时地把握与呈现节目的情绪、节目的内涵。

艺术感觉对于导播来说是一个长期积累和培养的过程，不可能一蹴而就，需要在掌握相关知识的情况下，不断于实践中历练和成长。同时，电视导播应该成为杂家，对各种艺术门类、各式拍摄内容都有所了解、有所准备，才能无往而不利，成为全能型的电视导播。

二、电视导播应具备成熟、机敏的性格与良好的心理素质

电视导播的性格及心理素质直接影响到工作氛围，从而影响节目的播出和录制，因而这是一项非常重要的素质。试想，在气氛极度紧张、要求又高的节目拍摄现场，心理素质差的人恐怕手都要发抖了，创作又从何谈起呢？

电视导播的心理素质好，才能够及时地处理突发事件，并有相应的应对措施。在现场直播与录播的时候，出现突发事件是在所难免的，这时导播的心理素质就显得很重要。导播的无措会直接导致节目不完整，特别是直播的节目，如果导播不能及时调整好状态，无法正常进行工作，则容易导致更大的失误发生。

在节目录制或者直播中，技术失误会对节目产生重大影响。有的直播是面向全国乃至全世界，导播如果处理不好，不仅会影响节目，还会影响电视台的声誉。在节目录制或直播中，设备突发故障，或者导播切换出错，应及时补救。通常在直播时，都会有备份设备同时在工作，一旦某一设备出现故障，可以及时切换到备用设备操作。如果无备份设备，则应当及时排除故障。所以导播要对设备有一定的了解，能做到迅速而平静地处理问题，不慌乱盲目。有故障的时候导播要注意不能对其他工作人员发脾气，平时就要注意培养工作人员之间友好和谐的工作氛围，这样才能提高凝聚力，大家才会集思广益，共同克服困难。

另一种突发事件是正常节目进行中出现的意料之外的情节、故事点等，这时导播要反应机敏，及时地安排相关镜头调度、人员调度，抓住这个闪光点，体现出高水平的把控能力。在直、录播过程中，每一瞬间都是整体的一个部分，当节目的每一个瞬间将要出现的时候，导播都要设想未来作品的面貌，设想将要出现的这一瞬间在作品中的位置，以此来相应地调度镜头、切换画面。导播始终要从整体出发来处理好每一个镜头，并且自始至终都要处理好局部与整体的关系，并充分调动各个部门的积极性。

三、电视导播应具备丰富的专业知识

电视导播必须熟悉所运用的电视设备器材，只有这样才能最大限度发挥设备器材的效能，包括了解摄像机与镜头等辅助设备的选择与运用、灯光器材的选择与运用、特殊效果的技术合成、音频的滤声与回声效果的使用、布景与图片的美术设计等。这些都是电视艺术创造的手段，使用得是否恰当与熟练，将直接关系到节目质量的好坏。导播应该是一位技术与艺术相结合的复合型人才，要有深厚的艺术功底，能快速分辨出画面和声音的优劣，从而基于专业素养做出判断，向相关岗位人员发出各种指令，使节目具备最好的画面与音质。

知己知彼才能百战不殆，设备了解了，工作人员的素质和水平也要详细掌握，这样才能合理调配人力物力，减少节目进行中的不确定性。摄像师的水平各不相同，个人的特色也不一样，比如有的摄像师擅长的是通过镜头体现具体细节来表达节目的风格与情绪，如通过捕捉舞蹈中旋转的裙摆表现演员的欢愉的情绪，类似情况都是导播需要关注的。

其他专业知识还包括节目制作知识、切换操作知识等。在当今的电视节目中，新技术的运用日新月异，导播对于新技术的掌握也要与时俱进。

四、电视导播应具有剪辑意识与创新意识

电视导播工作是要在信号切出的瞬间用图像、声音清晰地还原现场，恰当地表现现场的气氛和环境。面对这样一个复杂而有艺术性的工作，导播人员应当具备剪辑意识。电视剪辑是电视创作的重要环节，导播中的剪辑意识就是要把电视剪辑的思路贯穿于节目创作始终。

导播与剪辑的具体工作有很强的相似性，切换的原则与电视画面剪辑的原则也是基本一致的，但是导播工作的剪辑有别于其他电视节目制作的剪辑状态，具有自身的特殊性。

在一般的电视节目剪辑过程中，组合段落、安排节奏、考虑画面效果、使用声音、调整叙事结构等，每一步都需要仔细斟酌，所以花费几个小时编辑一两分钟内容的情况并不少见。而现场节目制作的特点是制作与节目同时进行，在导播的过程中，没有足够的时间对摄像、切换的细节精益求精，无论是画面的组合，还是节奏的控制，都需要在切出的瞬间完成。这种即时性的特点是电视剪辑所没有的。实际工作中，某些节目和事件不是一次性的，可以重复，如前期的彩排，这就给导播的即时性切换提供了预判空间。

另外，电视导播在现场制作节目的时候，要有创新，不能每次都重复以前的样式，否则就会禁锢节目的形式。没有创新就没有进步。不过也不能一味地创新而忽视了对节目的把握。应把握好这个度，既完成节目，又让观众耳目一新，在视听上都有不同的感受。

总之，要想成为一个高水平的优秀的电视导播，要具备的素质是多方面的，不论是能力还是心理因素都很重要。只有不断地学习，不断地进步，才能做好电视导播这个工作。

第四节 电视导播的工作流程

一、前期准备工作阶段

（一）精心策划编排节目，研读节目脚本

对于电视导播来说，现场制作节目可分为"可预演节目"和"不可预演节目"两种类型。体育比赛、大型时事新闻等活动的电视直播是无法预看、预演的，属于"不可预演节目"；而歌舞节目、戏剧、音乐会、庆祝活动等的电视直播是可以有预看、预演的，属于"可预演节目"。

如果要直播一场话剧，预看前应当拿到排练剧本，进行研读。在预看时，导播人员与摄像人员应当结合剧本仔细研究，在对主题、结构有了足够的了解之后，制定分镜头方案。这个有镜头提示的剧本将成为现场制作节目的依据。然后根据节目类型、规模和现场情况来决定使用摄像机的数量、摄像机位，并进行任务分工，之后进行带机彩排和演练。经多次合练之后，导播切出的画面才能准确地反映节目，播出的节目才会得到电视观众的认可。

大型的时政新闻、社会新闻等活动，它的发生发展有时是不以个人意志为转移的，也没有一个固定的规律可循。如果需要现场直播或现场报道这种节目，即所谓"不可预演节目"时，它的制作程序和掌握的重点方面就与"可预演节目"有相当大的差别。现场报道时政新闻、社会新闻节目时，首先要进行的工作是周密的调查了解，对事件的议程，包括可能出现的情况都要做好事先的准备。还要根据自己以往积累的经验，对事件或场面有一个大略的估计和推测。

面对有一定的现场规律，但无法预看的体育比赛节目直播时，可以按一般规律进行相应准备。比如足球比赛的场地、时间和过程是我们熟悉的，现场使用摄像机的数量、位置和摄像机的分工也是基本明确的。

我们提倡导播工作最好能从节目策划阶段就开始进入，尤其是在当下，一方面，节目在最后播出时的整体面貌很大程度上取决于制作技术手段对它的呈现，另一方面，新颖独特的录制技术手段已经逐渐成为节目创意的重要思路和元素。因为技术不单单承载了拍摄、录制和播映，还深刻地影响到一个节目从外部形态到内部创意的诸多方面。导播的职责恰恰横跨着节目创作艺术与技术的双重领域，导播应是一个既了解节目创作规律又精通技术手段的人，从而成为节目创作组与摄制技术组之间良好的沟通者。

假如导播没有参与节目的策划与编排，那么就需要通过仔细研读节目脚本，获得对整个节目的认识和了解。换句话说，导播应在研究脚本的过程中形成对节目面貌最初的想象，这是开展后续工作的重要基础。

（二）组建工作团队

对于高度专业化的节目制作组织来说，由于他们长期从事某一类型的节目制作工作，工作团队成员及岗位责任相对固定，所以不用就某次任务重新组建工作团队。但目前，国内的各种制作机构（包括电视台或影视制作公司），无论你是在文艺部、经济部还是在体育部工作，凡涉及多讯道节目制作，都会牵扯到组建团队的问题。团队的成员有些是本机构内部的成员，也有些是本机构之外的各路人才。有时，即使是常年播出的某个栏目，每一期节目的不同导演也会根据节目性质的区别约请不同的撰稿人、音乐编辑、美术设计等，负责制作的导播也会根据自己的工作习惯找到经常合作的录音师、摄像小组、导播助理等等。

组建团队的关键在于找到适合节目需要的各岗位人员，在于人员之间能否默契配合。导播工作的成败，很大程度上取决于这个团队组建的成败。

（三）考察拍摄现场，进行机位设置

导播明确了节目的主旨、性质与内容之后，需要以实施节目录制的眼光去考察演播现场。

如果你是某一档固定栏目的导播，这个现场可能是你长期工作于此、非常熟悉的演播室，但也要根据每一期节目的主题、具体内容、性质与任务、场面规模、调度特点等因素，来重新考察演播场地。带着具体的需要去看，这个现场就可能会使你产生一些新的思路和处理方法，甚至，你可能会产生要重新布局常规机位的想法。所以我们常说，即使是最熟悉的场地，都会因不同的使用目的产生不同的设计和想法。

对于熟悉的演播环境尚且如此，更何况面对不熟悉的剧场、体育场、露天外景地，或者是场景条件非常特殊的环境？在这种情况下，导播要带领转播技术、音视频技术、灯光、摄像等相关工种人员多次亲临现场，考虑机位架设与信号传送的可能性。有的时候我们还要利用现有的自然环境、建筑景观，形成机位架设的特殊位置，营造特殊的画面效果。

机位设置的能力是身为导播一项非常重要的软性技术。它要求导播有对演播现场的空间感、对镜头画面的想象力、对摄像设备功能与表现力的经验。机位设置工作非常复杂。首先需要画面的想象，就是导播要能够想象在录制中获得的画面效果；其次，要考虑如何获得这些画面，就是需要哪些拍摄位置与角度、哪些摄像辅助设备。导播要画出详尽的机位示意图并列出摄像器材的技术清单。在演播现场搭建完成后，导播还要亲临现场确认每个摄像机的具体位置和辅助设备的铺设方式。当然，在这个过程中导播不能脱离工作的现实条件，也就是你在什么样的电视制作机构里工作，此次制作的经费保障如何，以及所能获得的设备支持情况如何，等等。

（四）制定相关技术清单（场地舞美、灯光、视频、音频、通信）

当组建好录制团队成员，多次考察过演播现场之后，就可以制定与录制相关的技术实施细节了。当然，这不是由导播一个人来完成的工作，因为它关系到演播现场的舞美、灯光、录音、摄像、传送系统等诸多部门，涉及非常具体的专业技术数据。导播需要总领、监督、验收该项工作，力求使所有部门的技术实施细则与设备保障要求都落实在具体可操作的文字方案上。

比如，一场转播的摄像系统的技术清单（或称"机位任务表"）就是由导播、摄像组长与视频技术部门的负责人一同完成的。它需要标明摄像机的数目、各机位的主要任务、各机位的性质与功能、有无辅助设备、镜头的具体型号等等。

再比如，一个直播的节目，视频技术部门必须向导播提交直播传送的具体方案。此方案关系到导播在节目直播时对具体节目形态的呈现，还关系到导播制定导播工作台本时的技术阐述。

导播监督各个技术工种完成技术清单的制作，实际上是保证后续工作规范、有序的重要前提条件。导播要全面控制多讯道的拍摄现场，并不是说导播这个人只要具有很强的组织能力或者性格沉稳、机敏就能够做到，而是取决于导播控制拍摄现场的专业能力和充分的准备。所谓专业能力，就是要求你不仅对节目内容，还要对所有相关的技术部门的实施细则了如指掌。导播在技术方面所做的准备功课，将直接决定他控制现场的能力与信心。

（五）撰写导播阐述，制定工作台本

导播只有在深入了解了节目内容、详细考察过演播现场、制定了具体可实施的机位设置方案、确认了各系统的技术设备保障情况后，才能够开始撰写导播阐述及制作导播工作台本，否则这项案头工作非常容易变成纸上谈兵。

导播阐述是导播对于节目录制画面、拍摄实施的具体手段、各机位的分工与任务、不同节目的切换方案与画面组合思路等的具体设想与描述。

导播工作台本是日后直播或录制的基础，它应该能够非常全面地体现导播关于播出方式、技术、时间、流程、画面、声音及特殊效果的详细设计，是各工种部门未来工作所依据的蓝本。

根据节目类型的不同，导播的工作台本可以在节目彩排与各工种联排阶段，或是在电视直播的演练阶段，做进一步的修改调整。导播带着工作台本参与彩排，其实就是用未来录制实施的眼光来看表现对象。导播通过这个过程检验工作台本的可行性，节目制作实施后的面貌也会逐渐变得清晰立体起来。

（六）组织召开导播工作会议

召开导播工作会议的目的就是要对本次制作的方案进行总体的阐述。因此，这个工作会议的基础是导播的工作台本以及在此之前完成的各工种的实施方案与技术清单，参加会议的应该是制作团队中的所有成员。

在工作会议上，导播要宣读"导播阐述"。对于一个大型的直播节目来讲，导播在涉及所有部门参加的工作会议上的阐述是相当重要和复杂的。他要按照节目流程，结合节目内容，将场景、灯光、摄像、声音、字幕、特效、传送等方面的要求尽量全面详细地阐释清楚，以期整个制作团队的成员对本次制作的性质特点获得一个准确的认识，对节目的未来面貌形成一个初步的想象。

在工作会议上，导播助理会将导播的工作台本下发给团队所有成员。演播现场的设计效果图、直播传送示意图、机位设置示意图、通信联络示意图等重要技术图表清单都要准备就绪，导播在阐述中会结合它们进行更为形象直观的讲解。

导播要召开的工作会议除了如上各工种部门参加的总会之外，还有与不同的工种分别召开的分工种工作会议。分工种会议一般是分别针对舞美、灯光、录音、摄像、传送等部门就具体的实施方案与技术细则进行沟通协调的会议。其中，无论大型的制作还是小型的制作都必不可少的就是摄像工作会议了，我国港台地区的电视制作机构把它形象地称作"说镜头会"。

在摄像工作会上，所有的讯道摄像师和摄像辅助设备操作员都要出席。导播按照导播工作台本或更为详细的分镜头本，将自己对于画面的设想与拍摄实施的具体手段、各机位的分工与任务、不同节目的切换方案与画面组合思路传达给大家。这不仅关系到每个镜头的拍摄，还关系到各机位的配合与画面的衔接。有的时候导播会对镜头进行逐一明确，也有的时候会对类似开场、收尾、转场、重要人物出场、重要场面调度等段落的重点镜头设计加以确认。比如，使用升降臂镜头的具体运动形式是什么，使用叠化的段落对相连的上下镜头的配合要求是什么，使用快切的段落中各个摄像师画面调整到位的速度怎样，等等，都需要导播给予说明。每个摄像师也会将导播对自己岗位的要求记录在台本的相应位置上。虽然在录制过程中导播与摄像师们可以随时进行沟通，但现场的时间是非常有限的，有些东西会稍纵即逝，况且导播还要顾及其他方面的工作，因此，摄像工作会就是导播与摄像师们在画面方面充分沟通的机会。而且，来自摄像部门的建议还会进一步丰富导播原有的设想。

（七）验收各技术工种的前期工作

一个多讯道制作的节目，由于工种、环节繁多，又由于节目创作与技术的准备往往交叉进行，因此导播在每一天的工作中都应该考虑并过问相关实施环节的准备情况，包括场景设计方案与具体施工、灯光的设计与架设、音乐制作与录音的进度、现场录音的方案与器材的铺设、摄像器材与特殊辅助设备的准备、转播传送方案的落实、插播片的拍摄与编剪进度、图文字幕的制作与检查等等。导播要按照日程表，掌握各个工种环节前期准备工作的进展，对它们不时出现的问题也要做到心里有数。

也就是说，导播验收各技术工种的前期工作并不是单拿出某一个时间段来完成的，在时间上它几乎覆盖了前期准备的整个过程。直至直播或录制当天，导播心里还会有一个倒计时表，准确到距直播或录制还有多长时间的时候哪个岗位需要彻底准备就绪。

一般来说，节目组都会以导播为主，制定一个各工种实施工作进度的日程表，以便大家掌握时间，也有利于导播合理分配时间与精力去验收各部门的工作。

二、中期现场工作阶段

中期现场工作阶段一般有三个流程：排练、带机彩排、录制。

（一）排练

电视导播和工作团队尤其是摄像团队，在演出现场看演员排练，进行场面调度，可以进一步完善拍摄计划，如摄像机如何移动、什么地方进行切换，可以在拍摄计划上进行备注。对于自制的节目，导播在这个环节的工作应是"指导排练"。

对于只承担直播或录制任务的节目，导播在这个环节应该做的是"组织演练"。比如一些大型的活动庆典、体育赛事，电视制作机构往往承担的只是直播或录制的任务，导播基本上无法对节目本身提出要求，他的职责是记录还原。在正式录制之前，活动或演出的组织方会提供直播、录制演练的时间安排。这时，导播就要带着系统设备，组织团队的所有成员在现场进行实地的直播、录制演练。因为现场的内容是自我发生（新闻事件）或独立完整（各种类型的演出）的，所以演练其实就是各工种部门对直播、录制对象的熟悉过程以及技术的磨合过程。

通常在这种性质的工作中，最后实际的直播、录制机会只有一次，而且这个现场是无法停顿和重复的，所以演练的目的就是使录制技术系统、各工种岗位以及导播自己在短时间内完成对直播、录制的准备工作。

（二）带机彩排

当一个节目的前期准备工作以及录制的技术准备工作都已基本就绪，在有条件的情况下，导播就可以组织带机彩排了。

"带机彩排"，从字面意义上来说就是各个讯道摄像机都到岗跟随拍摄的彩排，但这样理解并不全面，其实它是指所有录制技术环节都到岗联排的工作。

带机彩排一般是按照节目流程顺序逐一进行，舞美、灯光、音乐音响、摄像、大屏幕上的插播片等都要尽量和节目表演配合起来，任何环节出现问题都要随时停下来，及时修改调整，反复磨合，直至确认。因此，如果是一台大型的综艺晚会，由于节目数量众多，节目品种多样，涉及技术环节的配合复杂，彩排的时间可能会持续很长。

在带机彩排中，导播的主要任务是指挥摄像部门按照原先的设想以及演出的实际情况运镜拍摄，进一步检验工作台本中关于镜头部分要求的合理性。一旦发现无法实施的设计或产生新的镜头方案，都要及时标注在台本上，并当场与摄像师进行沟通确认。那么，到此为止，关于镜头的设计安排已经经历了四个阶段：第一阶段，是制作导播工作台本时的画面设计；第二阶段，是在摄像工作会上导播与摄像师的沟通；第三阶段，是导播带着工作台本指导排练时，把镜头表现的想法传达给现场的表演人员和相关岗位并加以完善；第四阶段，带机彩排时，通过实际拍摄到的画面观看方案的实现效果，最终检验并确认镜头设计。

另外，带机彩排既然是各个工种、环节综合的实施配合，导播也要在此时检验工作台本上所有音频、视频要求的合理性和准确性，记录所有问题，以在录制之前提供一版最终的方案。对于直播的节目来说，导播还要在此环节精确记录每一段落的时长，保证最终节目时间的准确性。

（三）录制、备播和直播

"录制"是针对录播的节目来讲的；"备播"是针对直播的节目来讲的。实际上，无论是录制节目，还是为需要直播的节目录制备播带，在节目开始前，各个录制技术环节都应该准备就绪，以保证现场可以不停机地连续录制。

录制或备播中,导播的工作以监看和调度各个讯道摄像机拍摄的画面及其他来源的画面信号、利用视讯切换器选择并切出播出画面为主,兼顾调度其他技术岗位联合作业。

虽然现场制作的过程最好是不间断地连续录制,但毕竟是录播节目,或是为直播录制备播带,所以根据不同节目的具体情况或现场出现的问题,有时候也是可以停顿调整、重录补录的。但对于备播带来说,所有停顿或出现问题的地方都需要在直播前精心编剪完成,把它做成一个和直播节目时间等长的工作带,以备直播现场出现不可抗因素时使用。

需要指出的是,有的节目需要在现场的大屏幕上播放一些插播片,但由于前期准备时间仓促,有时会出现到了录制的时候,有的插播片还未完成的情况,于是只有用黑场、彩底等画面代替,或假借主持人、观众的视线模拟在现场观看大屏幕。其实这是非常不可取的做法,既有损于现场的真实气氛,也不利于后期剪辑成片的时间掌控。

录播的节目,现场录制结束之后就可直接进入后期制作的环节了,而直播的节目,在录制备播带之后的第二天或第三天就将迎来最为关键的工作环节——直播。

当导播看着播出时钟,高声倒数发出"10、9、8、7、6、5、4、3、2、1,开始"的口令之后,他的核心职能其实与其他现场录制无异,但是在直播中,导播的责任与压力远远超过一般的现场录制。因为,直播中的每时每刻都直接决定着节目制作的成败,任何出现在播出屏幕上的失误和漏洞,都是无法弥补的。直播的激动人心就好像竞技体育中的百米冲刺,直播的残酷就好似精心筹划、刻苦排练却无法避免的舞台突发事件。导播身处直播中的核心岗位,他决定着观众看到的每个画面,决定着所有彩排演练无法覆盖的临场情况的处理。直播工作"可以准备却不可预知效果"的特性往往也成为吸引导播不畏重担全力以赴的魅力。

1. 直播当天,导播要根据制作规模的大小来决定自己提前抵达制作现场的时间。

直播当天导播要为自己留出充分的时间,亲临直播各相关技术岗位,检查确认相关人员、设备准备到位的情况。在电视台内演播室进行的直播节目,制作岗位与工作团队相对集中,导播的检查工作也相对简单,而涉及多演播现场的复合制作方式的直播节目,导播需要在直播之前赶赴几个远距离的现场,检查各项工作的准备情况。

2. 临近直播,导播要尽量提前30分钟坐到自己导播间的切换台前。

直播之前的准备工作烦琐纷杂,现场的工作气氛也往往是紧张杂乱的,很多环节都需要导播出面确认。因此,我们经常会看到,导播急匆匆地冲进演播室或转播车,刚一落座戴上耳机就要开始直播了。此时导播心绪未平,可能还在担心一些尚未解决的问题,这样很难集中精力进入良好的直播工作状态,在直播的初始阶段也很容易出现失误。如果导播能够提前30分钟坐到自己导播间的切换台前,平复一下心情,再次翻阅台本,熟悉切换台的操作,与身旁的工作伙伴简单攀谈,对于直播的顺利开场会是大有帮助的,有利于从直播一开始就保持集中的注意力。

3. 直播之中,导播要合理分配精力去关注各工种岗位的工作情况。

直播进行时,导播需要眼观六路、耳听八方。导播在监看、调度各讯道摄像机画面进行选择切换的同时,还要知晓此时此刻演播现场、录音录像、灯光摄像器材、插播片与字幕甚至直播信号传送等方面是否运转正常。导播一旦发现某一环节的问题,就要提早放弃台本中相应位置原先的计划，临时启动预备方案或即兴处理，使节目的直播渡过难关。所以，即使是准备工作与彩排演练都很充分、缜密的直播，导播的脑子里仍会备有若干问题的处理预案，有随时应对意外情况的心理准备。

4. 直播之后，导播要致谢所有工作伙伴，并提醒助理整理好直播录像带以备后期制作。

直播是对导播工作的考验，也是对工作团队所有成员的考验。直播的成功是各个工种岗位默契配合的结果，直播中的失误也只能成为经验和教训，却无法改写。导播是录制团队的核心，因此，此时无论结果怎样，导播都应担负起鼓舞团队的责任，感谢大家的通力合作和在危机时刻付出的努力。导播在直播之后简单地说上两句"大家辛苦！谢谢各位！"，并不是什么客套的表现，而是表达非常真挚的情感。

在紧张的直播结束后，大家的精神放松下来，但这时导播还需要提醒助理检查整理好所有的直播录像带，并收存好所有在直播中已经使用过的插播带，因为在现场直播的收尾工作之后，相关人员或许需要马上开始后期剪辑工作。

三、后期剪辑制作阶段

无论是录播的还是直播的节目，导播亲临后期剪辑制作现场，即使不是亲自操作，也能对如何更准确地修补现场录制时的漏洞、更好地保留现场录制时的处理，提供最直接的意见。导播是最熟悉现场录制过程的人，他的参与能节省后期制作的时间，使工作效率大大提高。

一些大型的直播节目，比如每年的春节晚会或国庆、元旦的特别节目，都会在直播的第二天进行节目的重播，所以后期制作的工作往往是在直播之后的当晚连夜进行的。虽然直播本身已经决定了节目制作的成败，但我们还是经常会看到节目直播后导演、导播、音乐编辑、录音等人员与后期制作人员一同投入到直播节目带的编辑工作中。对直播带编辑的重视不仅是节目重播的需要，也是节目资料留存的需要。

第五节　电视导播工作台本与电视导播阐述

一、台本的分类与功能

台本是为节目撰写的文本，是参加节目创编的人员和其他工作人员工作中应遵从的蓝本，是制订具体创编计划、工作计划的依据，同时也是向上级汇报的文字材料。

在实际工作中，由于不同需求而形成了不同的台本样式，主要有三种：文学台本、编导工作台本和电视导播工作台本。

（一）文学台本

文学台本分为前期提纲式文学台本和后期详细文学台本。前期提纲式文学台本，主要供领导阅读并依据它进行批示。它既有文学性，既描绘节目的艺术气氛和艺术表现手段，又具文件性质，应准确阐述节目主题思想、内涵和结构框架。一般来说提纲式文学台本是不公开发表的。

后期详细文学台本更强调文学性，强调可读性。其主要特点如下。

1. 可阅读性。将一切思想内涵藏匿于字里行间，藏匿于艺术处理之中。这一点，与对文学作品的要求是基本一致的。它要区别于行政报告与文件，而具有艺术的含蓄性，切忌直白。要完全摆脱文件的样式，而进入艺术创作范畴。

2. 可创作性。文学台本是全面创作工作的开始。它在很大程度上是编创人员工作的依据，因此它应给编创人员以更多联想的可能，给他们进一步创作的空间。因此这种台本不仅可以而且应该有较多的形容，有足够的文字描绘，使人们阅读时能够浮想联翩，激发创作热情，产生艺术创作灵感。

（二）编导工作台本

编导工作台本是供编导及其他编创人员工作使用的台本。其主要功能如下。

1. 阐明节目的意义、内容与总要求。

2. 阐明总的创意设想。总的创意设想就是总的艺术追求，是为节目制定的基调，它要得到参与创作成员的认可，使其共同为之奋斗。

3. 提出对音乐、舞美（包括布景、灯光、服装、道具、音响、焰火等）创作的总要求。

4. 叙述清楚大的框架结构，包括每场每段时间分配、人员调度等。如果一些重点、难点、闪光点已有设想，也要详细加以描绘，以便有关部门的工作有所遵循。

5. 向工作人员"揭秘"。由于它是供工作人员工作使用，而不是供公开发表，它的特点就是"穿帮"，要让大家都知道"戏法"的演法。因此这种工作台本对外具有一定的保密性质。

编导工作台本要求所有创作人员经常阅读研究，既要严格遵守其原则与基本创意，又要在此基础上发挥自己的创造性，以使自己负责的局部工作完成得更好。

（三）电视导播工作台本

电视导播工作台本是多讯道节目日后直播或录制的基础，它应该能够非常全面地体现导播关于播出方式、转播技术、时间、流程、画面、声音及特殊效果的详细设计，是各工种部门未来工作所依据的蓝本。

电视导播工作台本是由电视导播写成或电视导播委托他人写成并亲自审查通过的。它具有自己特殊的功能。

1. 电视导播工作台本的主要任务是说明如何通过电视手段充分实现节目总编导的意图。

2. 电视导播工作台本要发挥电视特点，通过镜头进行二度创作。比如在较大的场面中，让观众的眼睛先看到什么，后看到什么，将全局与局部统筹起来，是电视导播的任务。

3. 电视导播工作台本既是写给导播工作的备忘录，也是写给参加电视直播或转播的工作人员的，它的艺术性与技术性都很强。比如哪个内容适于远景，哪个人物需要近景或特写，都需要提前把机位安排好，并合理调配，以保证工作时能够合理切换。（参见表1-1）

表1-1　中央电视台《山庄月·中华情》中秋晚会导播工作台本（节选）

序号	节目脚本内容	现场要求	摄像	灯光	舞美	VCR 屏幕	备注
1	19:30 晚会开始，播放晚会片头。	安静	准备	暗	无	《山庄月·中华情》晚会片头 VCR	
2	LED 屏幕，一轮明月从海面升起，与天上明月相映成趣。	安静	1号机 VCR 全景	暗	无	开场舞相应视频	
3	追光打到独舞演员身上，演员身着白色舞衣，如奔月嫦娥，美轮美奂。	安静	3号机舞蹈演员近景 2号机全景	追光	无	开场舞相应视频	
4	舞蹈《花好月圆》开始表演，50名舞蹈演员手持荷花道具在辅助舞台起舞，跳舞中经过队形变化，回到主舞台。	掌声	2号机全景 1号机抓舞蹈演员特写 4号机摇臂跟随舞蹈演员队形变化，从辅助舞台摇到主舞台	辅助玻璃舞台下绿色灯点亮，主舞台灯光依次点亮	烟雾	开场舞相应视频	
5	舞蹈结束，四名主持人上场，舞蹈演员不下台，簇拥在主持人周围。	掌声	2号机主舞台全景 1号机四主持人中景	亮	烟火	字幕：山庄月·中华情	
6	主持人开场。鲁（健）：尊敬的各位领导、各位嘉宾，现场亲爱的观众朋友们，于（晖）：电视机前的观众朋友们，全球的华人华侨朋友们，刘（文静）：承德的父老乡亲，曾（宝仪）：大家——合：中秋好！	掌声	3号机鲁健面部特写 1号机于晖面部特写 3号机刘文静面部特写 1号机曾宝仪面部特写 2号机主持人半身近景	亮	无	字幕：山庄月·中华情	

续表

序号	节目脚本内容	现场要求	摄像	灯光	舞美	VCR 屏幕	备注
7	鲁：海上生明月，天涯共此时。此时此刻，我们是在中国河北省承德市为您现场直播《山庄月·中华情》中央电视台 2007 年中秋文艺晚会，我是来自中央电视台的节目主持人鲁健。 于：大家好！我是于晖。 曾：晚上好！我是来自中国台湾的曾宝仪。 刘：我是刘文静。 ……	掌声	4 号摇臂从天上明月摇到现场观众 3 号机鲁健中近景 5 号机观众鼓掌 1 号机主持人中近景 5 号机观众鼓掌特写	亮	无	字幕：山庄月·中华情	
8	主持人下，演员上，音乐起，LED 显示第一篇章主题《明月寄相思》	安静	2 号机拉全景	暗	无	第一篇章主题《明月寄相思》	
9	《但愿人长久》 演唱：张也	掌声	1 号机张也中近景 3 号机伴舞演员全景 5 号机观众全景鼓掌 4 号机由辅助舞台摇到主舞台 ……	亮	烟雾、字幕	《但愿人长久》相关表演视频	
10	演员下台	掌声	2 号机拉全景	暗	暗	无	

二、电视导播阐述的撰写与机位图设计

（一）电视导播阐述的撰写

电视导播阐述是电视导播在指导电视节目录制之前，以书面形式写成的对录制作品的具体解释和说明。

电视导播阐述既是导播对未来作品的理解、分析以及对作品艺术处理的意见和主张，又是未来录制过程中对摄像、灯光、录音和转播传送等部门的要求和规范。

电视导播只有在深入了解了节目内容、详细考察过演播现场、制定了具体可实施的机

位设置方案、确认了转播录制系统的技术设备保障情况后,才能够开始撰写导播阐述,否则这项案头工作非常容易变成纸上谈兵。

电视导播阐述的写作没有具体的格式,但有具体的内容要求,其内容应该有:场景图与机位图(合图);节目录制的总体思路与设想;各机位的主要任务;调机思路;切换依据;等等。

(二)机位图设计

机位设置的能力是身为电视导播的一项重要的软性技术。它综合了导播对演播现场的空间感、对镜头画面的想象力、对摄像设备功能与表现力的经验以及对节目内容性质的深入了解。

机位图设计的工作较为复杂,首先需要画面的想象,就是导播要能够想象在录制中获得的画面效果。

其次,要考虑如何获得这些画面,就是需要哪些拍摄位置角度、哪些摄像及辅助设备。

最后,电视导播要画出详尽的机位示意图,并列出摄像器材的技术清单。

画机位图,需要用文字与符号相结合,摄像机、人和话筒可用符号表示,业内目前尚无约定俗成的符号。现场的地形、建筑物、树木等可通过摹画其形状来表示。图中的方向应同地图的方向:上北下南、左西右东。对于图形无法准确表达的内容,要辅以文字来说明。

各台摄像机要标明机号及相关辅助设备情况,摄像机机号顺序一般从左到右排列,再按主次功能扩展。

图1-3是一个典型的三讯道电视谈话节目的录制机位图,由一位主持人和两位嘉宾担纲本期谈话节目。

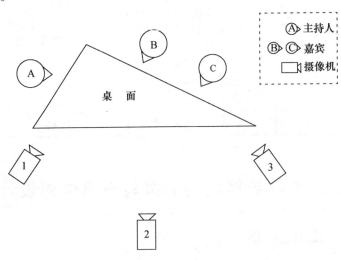

图1-3　三讯道电视谈话节目录制机位图

该节目的"电视导播阐述"如下。

一、机位布局与各机位的主要任务

本次节目的录制机位设置为倒三角式三机位布局(如图1-3)。

1号机主要负责提供两位嘉宾的镜头，包括嘉宾双人中近景镜头和嘉宾B或嘉宾C的单人中近景、近景镜头。

2号机主要负责提供场面全景镜头。

3号机主要负责提供主持人的中近景和近景镜头。

二、调机思路

1号机在承担以上主要任务之外，可以稍向左移动到主持人一侧，给三人的侧全景镜头，或者给主持人和嘉宾B访谈的关系镜头。

2号机在保证完成场景全景镜头的基础上可以根据访谈情况推至嘉宾B的近景。

3号机在承担以上主要任务之外，可以稍向右移动到嘉宾一侧，给三人的侧全景镜头，或者给嘉宾C和主持人访谈的关系镜头。

三、切换依据

以现场中说话主体的变化为主要切换依据。

关照说话人的同时兼顾其他人的反应镜头。

适当切一些带关系的过肩镜头，以便调节画面视觉效果并更好地完成切换节奏。

本章思考与练习

1. 结合实例说明"多讯道节目制作方式"与"多机拍摄"的区别。
2. 电视导播和电视剪辑的区别是什么？
3. 作为一名优秀的电视导播，应具备哪些素养？
4. 如何理解电视导播工作中的"望、闻、问、切"？

第二章

电视演播室节目制作及电视现场节目制作

学习目标

通过本章的学习，认识电视演播室节目制作和电视现场节目制作这两种制作方式的差异，熟悉相关制作系统及转播系统的功能特点，熟练掌握视频切换台的应用技巧。

关键术语

EFP 制作方式；ESP 制作方式；多级切换系统；视频切换台

第一节 电视节目制作概述

电视节目制作，从广义上讲包括制作完成一个电视节目的全部过程。从狭义上说，则专指电视节目的后期制作，比如我们在节目片尾字幕中常常看到的"制作"，就是指电视节目后期制作过程中，使用编辑机、特技机、字幕机等制作设备，配合编导完成节目制作的技术人员。

电视台主要由节目制作和节目播出两大部门组成。节目制作部门主要完成各类节目带的制作任务，节目播出部门将节目制作部门完成的节目带按顺序播出。

电视节目制作，包括节目生产过程中的艺术创作和技术处理两个部分，具体来说，可以分为构思创作、拍摄录制和编辑混录这三个制作阶段。还有一种观点，参考电影制作的观念，将电视节目制作分成前期制作和后期制作两个基本过程。前期制作包括构思、采拍，采拍又包括在台内演播室中进行节目摄录以及对现场或野外素材进行摄录；后期制作包括编辑、合成，指对前期拍摄的节目素材进行电子编辑，包括加特技效果、叠加字幕或图形、配音配乐以及播出节目带的复制等一系列加工处理。

很显然，无论哪种关于电视节目制作的阶段划分都不适合电视直播、转播等把前期拍摄、编辑混录与播出同步进行的过程。还有一些纪实性、突发性的新闻报道也不存在前期构思的问题。但是，这种典型的节目制作阶段划分仍有其实用价值。

一、直播与录播

1958 年，我国建立了第一座电视台。由于没有录像机，各个节目除了播音员在开始时出现一次图像外，其他大部分内容都是通过电影机播出。外出新闻采访只能借助便携式摄影机，将新闻拍成电影胶片，回到台里后利用化学方法进行冲洗处理，并利用机械方法进行取舍剪辑，最后通过电影机播出影片，后期制作复杂，效率低。那时的直播工作是一项十分劳累而紧张的工作，直播前要制订出详细的播出计划，用摄像机一边拍，一边直接播出。直播中，演员和制作人员的劳动强度很大，思想需要高度集中，而且还很难避免出差错。

录像机出现后，可以将整段的节目保存于磁带上，实现"延时重播"。而且，可以将整段的节目、简短的插播节目和广告节目甚至一天的节目内容预录于磁带上，将播出过程简化为磁带的播放过程，这就是"录播"。

录像机更成功的应用还在于能将片段的镜头素材编辑成整段节目。并且随着电子编辑机和切换器技术的发展，从只能作简单的直接切换，发展到与视频特技切换台联合使用，从而实现特技编辑。录像机的出现，带来了电视剧创作的繁荣时代，也带来了新闻专题节目制作、广告片制作和动画片制作的繁荣时代，带来了电视节目由单一的直播转向直播、录播等多种节目源的繁荣时代。

二、电视节目制作手段的分类

电视节目从内容上可分为新闻、文艺、体育、电视剧、纪录片、广告、综艺节目、实况直播等节目类型。电视节目类型虽然很多，但就其制作手段而言，从目前来看，不外乎三大类，即实况直播、电视影片制作和录像制作。

（一）实况直播

实况直播，是在摄取图像、声音的同时就进行播送的方式。它的特点是制作和播送这两个过程的同步或合一，因此，同步性、现场性、观众参与性都十分明显。

电视与报纸、电台等媒介相比，有着自己的特点。实况直播使得电视在传播中具有明显的优势。它有以下几方面的特点。

1. 同步性

同步传播迅速及时。实况直播将节目拍摄现场发出的声音和图像以 30 万千米/秒的速度传送给接收者，缩短了节目拍摄现场与观众的时空距离，将正在发生的一切同步传递给观众。这一点在新闻传播中体现得尤其突出，从而使电视媒体在激烈的新闻竞争中取得主动权，先声夺人。美国有线电视新闻网（CNN）在 1986 年现场直播"挑战者"号失事的新闻事件中崭露头角，1989 年在报道东欧剧变时再显威风，而 1991 年报道海湾战争更使 CNN 出尽风头。CNN 的成功，让人们感受到电视直播的威力。

2. 现场性

电视直播最直接地将生动形象的现场展现在观众面前，真正使观众有身临其境的感觉。一年一度的中央电视台春节联欢晚会，让身处不同地域的中国人共同辞旧迎新。2008年的北京奥运会，又让我们和比赛现场一起欢呼，一起加油。

3. 参与性

电视直播与现场信息的同步性，使观众对现场情况没有了距离感，可以密切关注现场事件的发展变化，还可以参与其中，与现场进行双向交流，丰富现场内容。现在好多选秀节目进行实况直播，并在节目演播过程中公布热线电话、手机短信、微博、微信等交流方式，来让观众参与其中，收到了很好的效果。

实况直播又分为现场直播、演播室直播两种。

现场直播，以前常用于重大节庆、重大事件。现在，现场直播的范围越来越广。这类节目虽然一般不可能预先进行彩排演练，但需要事先考虑一个周密的计划，拟订一个切实可行的实施方案，把可能遇到的情况都想到，并预先安排好应急措施。然后，还要建立严密的组织、指挥系统，确立摄制、音响、照明、传送、编导、后勤、保卫等各工作岗位的职责，才能保证高质量的实况直播。

演播室直播，世界上大多数电视台的新闻节目、访谈节目、教育节目和综艺节目的直播都采用这种方式。它是以演播室拍摄并播送为主，穿插各种图像资料。此外，还有大量剧场转播的节目，也可包括在这个范围内。

实况直播的形式可以是使用多台摄像机和转播车，通过设在演播中心的主控室或转播车里的导播台，对图像、声音进行即时处理，再通过电缆、微波传送到电视台，播送出去，也可以是单台摄像机不经切换，把实况信号直接传送出去，此种直播形式常用于电视新闻报道。

（二）电视影片制作

在录像机出现之前，电视节目制作是采用电影胶片来摄制的，然后通过电影机播出。影片制作所具有的创作的灵活性和可保存性，使它在当时优于直播方式。现在，影片仍有一些优越性是录像机所不具有的。电影胶片的图像清晰度很高，优于录像。即使是高清晰度摄像，也出不来胶片那种细腻、柔和的色调、层次。因此，有一些大型节目和要求较高的广告片，仍采用影片制作手段，即使用摄影机拍摄胶片，然后，由底片直接转成磁带，再进行后期制作。

（三）录像制作

随着录像机的出现，录像制作就应运而生了。它是直接用摄像机拍摄，将图像和声音记录在磁带录像机上。与电视影片制作相比，优点是成本低，节省经费开支，不需洗印就可直接看到影片的好坏，这种即时性提高了它的时效性。

除磁带录像系统外，现在还出现了 P2 卡、光盘、磁盘等存储方式。非线性编辑机、电脑磁盘、高速硬盘的出现，更使节目的制作和播出有了新的突破。编辑、制作更加随心所欲，各种特技效果的实现更加方便。播出也变得简化，不需要再制作播出磁带。节目带的传递，可以通过网络来实现。

实况录像，就是将实况录在磁带上，不在实况进行时播出，而是先录像，再选择时间播出。实况录播和实况直播在拍摄时要求基本相同，实况录像甚至就是实况直播的重播，但可以对录制时存在的问题做一些修改后再播出。

大多数的电视节目采用先录后编的方式，即先进行拍摄录制，然后进行编辑。这种方式的最大优点，就是使得后期制作也能充分地发挥作用，给节目制作带来了很大的灵活性。

三、电视节目制作方式的类型

电视节目制作方式实际是从另一个角度来对电视节目制作过程进行描述。它与制作手段不同之处是：制作手段指为达到电视播送的目的而采用的总的方法、措施，而制作方式侧重于所使用的设备系统。这些方式的共同点是必须通过摄像机进行制作。

目前，电视节目制作基本采用电子手段，主要有下列四种方式：电子新闻采集（ENG）、电子现场制作（EFP）、电子演播室节目制作（ESP）和复合ESP/EFP/ENG多种形式的综合制作。

(一) ENG (Electronic News Gathering)

ENG，即"电子新闻采集"方式。这种方式是使用便携式的摄像、录像设备来采集电视新闻，特点是采用单机单独进行摄录。

携带小型、轻便、灵活、机动的摄录设备，适合新闻采访的特点，被广泛运用于电视新闻采集，而且，也为拍摄电视纪录片、专题片、电视剧所采用。ENG一般采用先录后编的方式，有时也用于实况直播。

(二) EFP (Electronic Field Production)

EFP，即"电子现场制作"方式，也可以称之为"电子外景制作"，是多机拍摄、即刻编辑的现场节目制作方式，也是对一整套适用于在演播室以外（准确地说是"台外"）作业的电视设备的统称。

该方式主要采用电视转播车在外景地进行现场拍摄和制作，也可以进行实况直播。该系统一般包括两台以上的摄像机，一台以上的视频切换台、调音台、字幕机，以及其他辅助设备（灯光、话筒、轨道、脚架、摇臂、录像机及运载工具等）。

EFP节目制作可以跟事件同步进行，同时拍摄，同时制作，同时播出，即所谓现场直播，也可以对现场节目进行录制，以后播出，即所谓录播。EFP方式最突出的优点是可以在事件发生的现场，或演出、竞赛现场制作电视节目，不论是进行现场直播还是录播，摄录过程与事件发生、发展同步进行，因此，现场性特别强烈。

EFP方式使用多台摄像机进行现场拍摄，电视导播现场切换，提供的视频信号是连续不断、一次完成的，也可称为"即时制作方式"，大大简化了节目制作的流程和工艺，节省了节目制作时间。

（三）ESP（Electronic Studio Production）

ESP，即"电子演播室制作"方式。它是指在电视内景即演播厅内，使用配套的电视节目制作设备进行节目制作，能够使用全自动化的室内灯光系统、高清晰度的摄像系统、高保真的音响系统，以及丰富的数字特技、模拟特技、动画特技系统等等。

ESP方式既可以先摄录、后编辑，也可以即摄、即播、即录（实况直播及录像），因此，它是电视台自办节目的主要制作方式。它由演播厅、导播室和负责合成信号直接播出的总控室三个主要部分组成，电视导播不在演播厅现场，而是在导播室控制拍摄现场，将合成的电视图像信号和音频信号同步传送到负责信号发射的总控室，总控室将信号直接发射出去。

（四）复合ESP/EFP/ENG多种形式的综合制作

随着节目创意水平与制作技术水平的双重提高，传统的ENG、EFP和ESP制作方式已经不能满足当今电视节目制作的需要。在如今的多讯道节目制作过程中，往往不是ESP或EFP的单一方式了，而是ESP、EFP、ENG这三种方式中任何两种的结合，或者是集合ESP/EFP/ENG几种形式的综合制作方式。

复合的多讯道节目制作方式现在越来越多地呈现在我们的电视节目当中，尤其多用于对大型活动、仪式、庆典类节目的直播。这种综合的多讯道制作方式可以最大限度地帮助完成事件还原，并极大地丰富节目的外在形态。

例如1999年10月1日中央电视台"庆祝中华人民共和国成立五十周年焰火联欢晚会"的直播就采用了复合ESP/EFP/ENG的综合制作方式。首先，在天安门联欢现场的不同区域分别设有五套EFP系统对晚会的盛况进行直播，它们分别设在天安门城楼、金水桥的中心演区、广场的大学生联欢区、劳动人民文化宫门前的农民联欢区、中山公园门前的工人联欢区，每个转播点的导播都会随时切出一路信号并通过微波实时传送回电视台的总导播室。其次，四套带微波发射的ENG分别设置在贵宾楼楼顶、革命历史博物馆楼顶、人民大会堂楼顶、正阳门礼花释放区，它们的信号也通过微波直接传送回电视台总导播室。在电视台800平方米演播室的总导播间内，还专门架设了一台摄像机，随时拍摄导播间的工作现场以及这里的晚会总主持人。再次，两路VCR分别提供礼花的资料以及10个地方电视台选送的节目以备插播。也就是说，在电视台总导播室里的总导播最终要对上述12路信号进行选切。这样，通过ESP/EFP/ENG的综合制作方式以及两级切换的手段，完成了10个转播点、39台摄像机对这个重大国家庆典的直播。

通过以上介绍，我们了解了几种类型的电视节目制作方式，电视导播岗位存在于EFP、ESP和复合ESP/EFP/ENG多种形式的综合制作中，这些制作方式都是电视导播的基本工作方式。

四、电视转播系统的类型

电视转播系统是技术部门根据直播需求关系进行技术设备的配置而形成的一种固定格

式。广义的转播系统的构成单位是：视频系统、音频系统、通信系统、微波系统、动力系统、转播系统等等。因此，电视转播系统是连接技术部门和编播部门的链条——整个直播都是在这一系统的贯穿与作用之中实现的。

转播系统分为单一系统和多级系统两种形式。

（一）单一系统

单一系统是指技术部门专门在活动现场配备的具备播出能力的转播车或 EFP、ESP 设备。现在大部分的直播都采用这类形式。它的构成比较简单，可以在活动现场直接完成一场直播任务。

比如，现在好多电视台演播室的新闻节目直播和综艺节目直播都属于单一系统。另外每年"两会"期间，在人民大会堂举行的开幕式和领导人会见中外记者的活动等也属于单一系统直播。在活动现场，一般设置6到8个机位就能够满足直播的需求。

单一系统的具体操作是，导播在演播室导播间或者转播车、EFP 系统的切换台上直接进行镜头的组合切换，然后将播出信号传送出去。

单一系统使用演播室、转播车和 EFP 设备所形成的播出信号，表明该系统只有一级切换形式。

（二）多级系统

多级系统的形式就比较复杂了。它是由一级切换、二级切换乃至三级切换系统组成的。

多级系统的形式在大型现场直播中出现得比较多。比如国庆活动、香港和澳门回归祖国庆典仪式、长江三峡大江截流等，设立的都是二级切换的系统形式。

二级切换形式由一级切换和二级切换两级组成。

一场直播，只要形成了二级切换形式，它就是多级系统。其特点是：一级和二级系统位于不同的地点。一级切换系统设置在活动现场，或为转播车，或为 EFP 系统。因此，一级切换系统也称为初级切换系统，以分系统的形式出现。二级切换构成整个直播技术系统的终端——总控制中心，也称为终级切换，以总系统的形式出现。

多级系统的具体操作是，承担一级切换任务的分系统导播对现场多个机位的镜头进行组合后，形成一路信号，直接传送到总系统。总系统导播将一级切换系统的信号与自身管辖的机位镜头进行组合，形成一路信号，这就是播出信号。一级切换系统形成的信号不能直接进行播出，二级切换系统——总系统切换的信号为播出信号。（见图2-1）

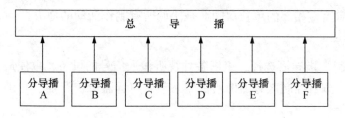

图 2-1　多级切换系统示意图

一场直播如果确定为三级切换形式,那么,三级切换系统则成为整个直播的总控制中心。三级系统的形式在直播中出现得比较少。

多级系统是一种复杂的播出形式,不仅需技术部门增建系统,同时也增加了技术设备配置的难度。编播部门需要配备分系统导播和总系统导播,加大了各级导播的工作负荷与压力。多级系统要求各级导播必须具备组织调度与实际操控能力,对各级导播的默契配合程度也要求极高。

大型活动现场直播多级系统的形式不仅涉及跨部门、工种之间的相互依存关系,而且也形成了交织的复杂格局,这决定了每一位直播参与者都必须具备较高的综合业务能力。

第二节　电视演播室节目制作

一、电视演播室节目制作系统

演播室节目制作系统包括:视频系统、音频系统、灯光系统、通话系统和空调以及消防、地线、供电系统等。

演播室有高水平的摄像、音响、灯光等设备,多台演播室摄像机是电视摄制活动的主要设备。多台摄像机在演播室内摄制的原则也适用于所有的大型远距离现场摄制,只是把设备布置在现场而已。

演播室摄制在技术条件方面有较大的优越性。演播室摄制可以避免现场摄制的空间狭小、工作条件差、天气多变等问题的限制。

演播室中录制的节目质量较高,有较好的音响效果、完备的灯光照明以及布景、录制设备和控制设备。设备不受体积和重量限制,摄像机、导播台质量较高。

从场地上划分,演播室制作系统分演播室和控制室两部分。演播室指演出节目的场所,灯光、话筒、摄像机等设备布置在这里。控制室即指导播室,播出或录制信号,演播室内的设备、人员都要听从控制室的控制、指挥、调度。

(一) 控制室

控制室是与演播室相邻的单独房间,是协调所有制作活动的地方。

1. 控制室的功能

(1) 节目控制。指导播选择、组织各种视听输入信号的设备,以便最后出来的结果令观众感到有意义。节目控制区有图像监视器、节目声音监听扩音器、对讲系统、钟和跑表等设备。

(2) 图像控制。对摄像机或其他视频信号源所提供的电视图像进行选择、排列。图像控制区有切换台、字幕机等设备。

（3）声音控制。调音室可以理解为是一个附属于控制室的小型广播电台。由于音响师必须不受控制室内的混乱及不可避免的杂音的干扰，所以调音室只能通过玻璃窗与控制室建立视觉联系，调音师通过专线对讲系统或扩音器听取导播的提示。声音控制区有调音台、接线板、磁带录音机、CD唱盘、提示和节目扩音器、钟和输出监视器等设备。

（4）照明控制。照明控制台放在控制室内或演播室的角落里。放在控制室的好处是照明指导同其他控制室人员比较接近，而放在演播室内则调光比较直观。

2. 控制室的布置

控制室应包含三个主要区域，分别为以导播台为中心的视频系统、调音台机房内的音频系统、以调光台为中心的灯光系统。它们可以在一个室内，也可分室设置。

控制室一般设在演播室的一侧同层或楼上，用隔音墙隔开，中间有透视窗，或叫观察窗（双层玻璃窗或三层，有一定的斜度，互相不平行，防止产生共振），供观望与联络之用。几个演播室可合用一个控制室。控制室内总体上由导播台和电视墙两大部分组成（见图2-2）。

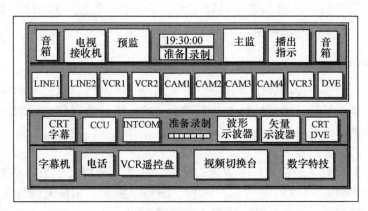

图 2-2　导播台和电视墙示意图

3. 导播台

导播面前的台子为导播台，它由以下部分构成。

（1）对讲系统。导播必须通过通话系统指挥、调度全体人员协调工作。导播与摄像师联络可以通过摄像机内部通话（INTCOM），也可通过专线（有线或无线）对讲系统。有条件的最好采用无线对讲系统，以免影响摄像的灵活性。导播在播出前可将演播室内的扬声器接上，指挥演出人员排练。正式播出后改用对讲耳机。导播在节目播出期间可以通过 I. F. B.（干扰反馈）系统与演出人员进行沟通。还有电话或无线对讲机等辅助联络手段。

（2）CCU（摄像机控制器）。每台摄像机配有一个CCU，用专用电缆与摄像机相连，对摄像机进行检查、控制、调整。摄像机输出信号经CCU送到切换台，同时，CCU为摄像机提供电源、提示信号和导播台的返送视频信号，并建立内部通话。

（3）录像机的遥控盘。装在桌面上，供遥控录像机用，以便重放、录制、插播节目。

（4）CRT字幕。由专门的字幕员提前将字幕输入，待到直播或录制时再调出，由导播进行切换或键入字幕。

（5）波形示波器和矢量示波器。是监测信号质量不可缺少的，在节目制作过程中，根据它的显示来调整视频信号。

（6）数字特技切换台。图像控制的主要设备，由导播负责。也有的是由导演指挥技术人员来切换，还有的是由导演亲自担任导播来切换。

4. 电视墙

导播台的正前方设置电视墙，由许多监视器组成。各路信号源都有监视器，包括连接节目播出视频信号的主监视器（PGM）、在画面播出前给导播显示画面的预监视器（PVW）、接收经发射台发射后的节目的普通电视机。每台摄像机有一台监视器，录像机和字幕机或其他特效设备都有各自的监视器。

除此之外还有监听音箱。演播室制作人员，尤其导播，必须监听正在播出的声音内容。导播可以调节监听音箱的音量而不影响节目输出声音的音量。

其余设备有：字符灯箱，在电视墙上有"准备""录制"等提示信号灯；钟和跑表，子母钟指示某个节目的开始或结束，可以与CCTV1同步锁定，并送往演播室、播出室，跑表可以倒计时，确切地知道离节目结束还有多少时间。

（二）演播室

电视演播室不同于一般广播用录音室，是利用光与声进行空间艺术创作的场所。从录音角度考虑，环境要安静，房屋结构要符合声学要求，隔音效果好，混响时间合适；从影像角度考虑，演播室要有足够的灯具，保证照明，并有足够的空间进行布光，保证图像层次分明、清晰度高、色彩逼真。

演播室可分为大型（面积400平方米以上）、中型（面积大于250平方米，小于400平方米）、小型（面积小于250平方米）三种。演播室越大，拍摄时越复杂，制作则会越灵活。我们做新闻和进行简单采访只需要小型的演播室。音乐、舞蹈、戏剧等综艺节目或观众参与的节目需要大的演播室。电视台常常在一个大演播室同时做几个布景，分别做不同的栏目。

1. 演播室布局

大多数演播室呈长方形而避免正方形，这样在声学上可以避免回声，并且有利于摄像机的调度和置景的需要。考虑照明灯具要有足够的空间，以及舞台置景长宽比要符合电视的要求，因此，演播室的高度一般不低于4米，大型演播室可达9米甚至更高。假如顶棚过低，为得到充足的照明，灯就会距离布景过近，就没有足够的地方散热。而且，低悬的灯和吊杆话筒也会侵占布景，进入镜头。演播室的地面一定要平整、坚硬，以便摄像机平稳移动，布景、道具在上面随意移动。大多数演播室的地板都是水泥的，上面铺着油毡、瓷砖或硬塑料。演播室周围一般分两层或多层，一层一般为库房、设备室、化妆室、候播室、道具室，二层一般为控制室，并有与演播室相连的观察窗、扶梯、门和通道。另外，还有技术维护层、顶棚。

2. 演播室的声学要求

回声与混响在定义上有所不同，但有着相同的效果。回声是指反射一次的声音，混响则是反射多次的声音。没有经过反射的声音是直达声,通常听起来比较沉闷。混响时间是指在闭合的空间里,声源停止振动后残余声音在室内来回反射,每次或多或少会有一部分声音被吸收,直到声能减少到原值的百分之一所需的时间。混响时间的长短,一方面取决于现场空间的大小,另一方面也受物体表面材料的吸音能力的影响,也就是说墙面、天棚、地面的吸声能力都会对混响时间产生影响。混响时间为0.6秒左右为宜。太长,声音含糊不清;太短,声音干瘪沉闷,说话费劲;适中,语言清晰,音乐悦耳。缩短混响时间可以通过吸音来解决。室内墙面和顶棚均不要华丽的装饰,全部加装针对不同频段的吸音材料,颜色也应以无反光的灰暗色为宜。吸音材料有石棉、玻璃棉、吸音孔、铝塑板、海绵、空心砖、墙面凸凹、布、地毯等。缩短混响时间最简便的方法就是在墙壁前挂上毯子,并铺上地毯、放下窗帘、盖上桌布。混响时间可以用专用声学仪器测量,也可以用主观听觉衡量。

为了避免室外噪音进入演播室,通常还要考虑演播室的隔音。建筑隔音包括空气声和撞击声两种。室外噪音,来自墙壁、天棚或门窗;室内噪音,来自空调、排风管道、灯具、风扇、设备、电源等。

3. 演播室的照明要求

照度:低照度摄像机的出现大大降低了对照度的要求。但目前演播室要求的标准照度还需要1500勒克斯(lx),才能保证摄像机拍摄场景的基本效果。如果照度低,摄像机靠使用大光圈调节,会出现景深变小、图像不清晰、彩色不逼真等弊病。提高场景照度并不意味着越亮越好,要避免给供电、通风、散热带来过大负担,以及让演员感到不舒服。另外,还要考虑演播室的照度均匀。

色还原:摄像机对光源的色温变化十分敏感,其变化会直接影响画面的色彩构成。不能忽视光源色温的作用。必须做到色温平衡,即演播室内光源的色温与摄像机需要的色温一致。如果不一致,应用灯光滤色片提高或降低光源色温,或靠摄像机自身的滤色片以及白平衡调整,实现色温平衡。

演播室大多数的节目制作,都需要形成一种色彩基调。这种色彩基调是以一种颜色或相邻的几种颜色构成的,呈现出一种色彩和谐、简单、统一的倾向。这种色彩基调要同整个节目的内容统一,便于观众理解和接受。在灯光前加上各种各样的色片,可以形成一种静态的或动态的五彩缤纷的色光效果,有效地增加现场气氛。

4. 演播室的安全要求

防火:配备消防栓、喷头、安全门,大型节目期间要有消防、交警、武警配合。

散热、保温:装有空调、排风管道,但要注意空调等的噪音。

配电:设备与照明最好由两个变压器分别供电,避免干扰;三相电时,注意每一相电负载均匀;电源线要够粗,能承受供电负荷。另外,还要配备专用的发电机,以便特殊情况下供电。机房设备用电要经稳压电源稳压。电源插座布局合理,标志清楚,为便于使用,应该沿着四壁分布。

照明:照明灯的开关在演播室的角落或控制室内,演播室内应配有应急灯、提示灯。

(三）演播室视频系统

演播室视频系统可分为模拟复合、模拟分量和数字演播室制作系统几种。当前，模拟复合、模拟分量和数字串行系统共存或互补。但不管是什么系统，它们的设备配置和系统构成是基本相同的。根据规模大小、要求不同，演播室的系统配置也会有所不同。下面我们举例说明（见图 2-3）。

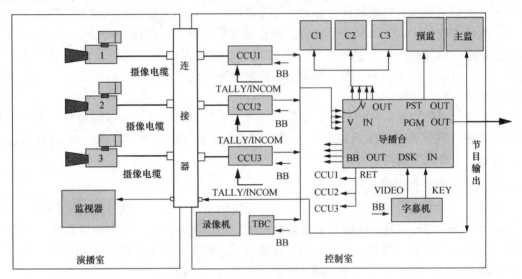

图 2-3　演播室视频系统构成示意图

1. 视频系统构成

由图 2-3 可见，视频系统以导播台为核心，有各路视频输入，以及一个时间基准（GENLOCK），也称黑场（BB）输出，黑场用于使摄像机和放像机的时基校正器（TBC）同步锁相。一台字幕机作为切换台下游键的一个字幕信号源，也受控于切换台的时间基准。切换台的输出（PGM）连接到录像机和监视器，直播时，可传送至播控中心。

2. 导播台

导播台的系统连接：图像输入信号可以是摄像机或放像机输出的信号，送到导播台上来，每个输入信号接一台监视器，称为讯道监视器，专门用来显示各种信号源图像。预看监视器受导播台上预监母线的控制，供导播在切出一路信号前，预选确定图像及特技方式，尝试和观察效果。节目输出一方面输出到录像机或播控中心，另一方面显示在主监监视器上。

3. 演播室摄像机

演播室用的摄像机一般是摄像机中质量较高的。它产生的图像质量好，且具有遥控的功能，配备高倍率变焦镜头，整机架设在专用的摄像机移动车上，运转灵活。寻像器一般为 6 英寸监视器，位于摄像机上方，便于摄像师观察取景。在摄像机的取景器里有一个小提示灯，当摄像机打开时它便会亮起。按住返看按钮，由导播台返送的其他摄像机拍的画面也可转换到本机的取景器中，这样就可以配合其他摄像机进行拍摄，也可以避免重复拍摄。镜头的变焦、调焦操作都通过镜头伺服装置改装在移动车云台手柄上。

"演播室摄像机"这个词有时会造成误解，因为演播室摄像机也可以用于室外拍摄。这个词代指的是高质量的摄像机，尽管这样的摄像机比较笨重，但是用途并不唯一。有的摄像机可以由演播室摄像机转变为 ENG/EFP 状态使用，也可以从 ENG/EFP 摄像机转变为演播室摄像机。摄像机可以变换的元素通常是：镜头、取景器、摄像机机架和支架、某些摄像机控制设备。当从演播室摄像机转变为便携式时，通常将大变焦镜头替换为较小的镜头，将大取景器变为小的目镜型取景器。整个机头不用支架，可以拴一个肩带背在身上。一些控制设备，如变焦控制和磁带录像机的启动，可以放在镜头上或放在一个特殊的控制柄上。大多数高质量的 ENG/EFP 摄像机可以在用于演播室制作时装备更大的取景器和镜头，也可以将某些控制功能转给遥控装置。

在演播室中，一般同时使用两台以上的摄像机，电视导播利用切换台选择几台摄像机中的任一个画面，直接播放或录在录像带上。这就要求几台摄像机的信号要同步，而且色度、亮度等信号都要一致。

4. 摄像机控制器（CCU）

大多数摄像机都设有光圈自动调节功能。在演播室或现场拍摄时，调像员可以根据监视设备上图像信号的画面质量，通过摄像机控制器遥控光圈。调像员可以使用波形示波器把亮度和对比度变成可视信号，用矢量示波器把色彩变成可视信号，用摄像机控制器进行调整，使图像处于最佳状态。有些摄像机分为机头和机身，其机身就是它的摄像机控制器。便携式摄像机不一定要配备摄像机控制器，而用于演播室工作时，则一般要配备摄像机控制器。摄像机控制器有调整和控制的功能，可以调节色彩平衡、亮度、对比度等，还可以向摄像机提供直流电源。

5. 摄像电缆

摄像电缆把所有摄像控制功能输入摄像机并把摄像机拍摄的视频信号输回摄像机控制器。大多数演播室摄像机仍用标准多芯电缆操作，它有 2000 英尺（大约 600 米）长，在大多数情况下已经足够了。然而，在某些情况下，仍需要比它长得多的电缆，用于连接摄像机和摄像机控制设备，如转播滑雪或高尔夫球比赛。此时，多芯电缆必须由三同轴电缆或光纤电缆所代替。三同轴电缆由两个同轴包着一个中心电线，光纤电缆由一系列软玻璃纤维组成。三同轴电缆和光纤电缆的优点在于可以多路传输，这就意味着许多信号可以同时通过同一电线。大多数摄像机在使用三同轴电缆或光纤电缆之前需要配备特殊的接头。所有演播室摄像机还至少应有两个通道供内部通话使用，一个给制作人员，一个给工程人员。还有一些摄像机甚至有传送节目音响的第三个通道。

6. 支撑装置

演播室摄像机支撑装置用来保证摄像机在演播室或户外运动时的易行性和平稳性。有五种基本类型：（1）三脚架移动摄像车；（2）演播室基座；（3）低角度移动摄像车；（4）主体支架；（5）演播室摄像升降机。支撑装置上的云台具有很好的阻尼作用，可以保证摄像工作的平稳。

7. 提词器

在新闻或其他节目中，观众希望播音员直接对着他们说话而不是看着稿子读，而播音员又不可能把稿子全背下来，这就需要提词。提词手段必须能保证播音员在阅读提词稿时不失去与观众的视线联系。

提词器是使演出人员阅读讲稿的同时与观众保持视线联系的设备。它采用一台小监视器显示活动的稿子，监视器的屏幕反射到摄像机镜头前有角度的单向镜面玻璃上。观众看不见讲稿，摄像的操作也不受影响，演出人员却能够在读讲稿的同时仍然直视摄像机镜头，始终保持着与观众（镜头）的视线联系。可以通过计算机文字发生器提供稿子给监视器，也可以通过播音台上方的摄像头拍摄讲稿，提供给监视器。讲稿的移动速度可以根据演出人员的阅读速度来控制。在新闻直播中，最好给播音员提供书面稿，如提词器出现故障时可应急，同时，播音员也可在播音间隙预览熟悉后续内容。

较短的稿子还可以采用提词卡，通常采用较大的硬纸板，用较粗的笔手写，而且应该用较大的字书写，便于远距离阅读。提词卡要尽可能地靠近摄像机镜头。可以由人站在摄像机边上，举在镜头旁。举提词卡时应注意演播室灯光所造成的炫光和反光。在演出人员阅读提词卡时，举卡人必须相应移动提词卡，使所读的内容总是在镜头旁，待演出人员阅读完一张后，马上换下一张。演出人员要学会用眼睛的余光阅读提词卡。另外，较长的稿子也可以打印在一卷纸上，让工作人员随着演出人员的播音速度转动卷纸，使稿子不断呈现在镜头旁边。

8. 演播室监视器

演播室监视器用来显示从节目切换器送出的视频信号，是摄制人员和播音人员重要的辅助设备。摄制人员能看到导播选择好的镜头，因而可以预先考虑未来的任务。例如，当你看到播出摄像机是小景别镜头而不是全景时，你可以更靠近布景工作而不致进入播出镜头。在看到播出摄像机拍摄的镜头后，其他摄像师可以拍摄别的镜头，给导播提供更大的选择范围。播音人员从演播室监视器中可以看到插入的镜头，为自己下一步的任务做准备。在观众参加的演播室节目里，通常要提供几台监视器以便演播室观众能看到节目呈现在屏幕上的情形。另外，演员候播室也需要一台监视器，以便演员知道节目的进展情况。

9. 波形示波器和矢量示波器

可用于完成时间、相位、幅度三者统一的调整，对视频信号进行实时监测。

（四）演播室音频系统

如图 2-4 所示，演播室音频系统以调音台为核心，将各路传声器拾取的声音，以及录音机、MD、CD、MP3 和录像机等的线路音频输入调音台，通过调音台选择、处理、混合，再通过各种声音处理设备处理后，输出到录像机和扬声器。

声音信号在不同的节目类型中有不同的形态，在新闻类节目中主要是现场同期声的录制，而在社教类节目、文艺类节目中则既有同期声，又有配音配乐的问题，其中尤以各类文艺节目、电视剧的音频制作最为复杂。但不管是何种节目类型，声音制作的基本要素是相同的。

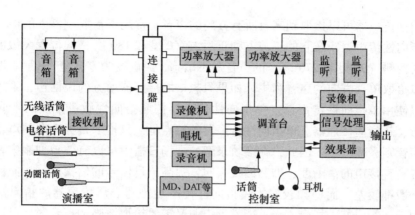

图 2-4 演播室音频系统构成示意图

1. 录音系统

录音系统有拾音、调音、录音、还音几个环节。

(1) 拾音

拾音的成功在于正确选择、设置传声器。传声器即我们通常所说的话筒等设备。需根据声场的特点（如有无混响时间过长或过短，有无颤动回声、声聚焦、声影区、声染区等）、声源的特点选择合适的传声器，并对其进行合理设置。

传声器可根据声电转换方式的不同分为静电式（电容式和驻极体式）、电动式（动圈式和带式）、压电式、半导体式、碳粒式等类型，也可按指向性的不同分为全向（无指向性）、心形、超心形、8字形、超指向传声器等类型，还可从使用方式和功能进行分类，如鹅颈式、手持式、领夹式、头戴式等等。

在专业录音中，实际使用的传声器主要分两大类，即电容传声器和动圈传声器。

电容传声器的优点为灵敏度高、频率响应宽、动态范围大、音质优美、保真效果好，是音乐录音中最常用的传声器类型。缺点是价格偏高，使用时比较娇气，工作时需外加电压，在野外使用时不方便。这种传声器对物理震动、温度变化及输入过载敏感，但是即使声源较远，拾取的声音质量也比较高。驻极体电容传声器同普通电容传声器一样，具有灵敏度高、频带范围宽、频响曲线平直等优点，不同的是省去了供极头工作的极化电压电源。对于外接驻极体传声器，可用电池给它提供电源，因其消耗电流极小，可长时间工作（正常情况下 5 号电池可以工作 400 小时左右），大大方便了使用。同时价格也较低，体积也可以做得很小。

动圈传声器的优点为结构简单、稳定可靠，无需电源供电，使用方便，输出阻抗低，固有噪声小。这种传声器最结实，可以在靠近声源的条件下工作，顶得住高音量级而不至于损坏。缺点是灵敏度较低，当有外磁场干扰时，容易产生磁感应噪声，其频响和音质一般也要比电容传声器差一些。它有加大爆破音和咝音的特点，主要用在语言的录音和扩音中。在音乐录音中，用于拾取声音大的声源，如打击乐器等。带式传声器瞬间性能好，频响宽、灵敏度较高、音质柔和优美，特性很好。但金属带一般用铝合金制造，比较柔弱，不稳定，当传声器近旁气流过强或敲击过猛时很容易损坏。

无指向性传声器可以拾取到来自所有方向的声音，常用于拾取一群人的声音或背景环境音。双指向性传声器，在它的正前方和正后方（0度和180度）的位置灵敏度最高，拾音最强，对两侧（90度和270度）的声音最不敏感，灵敏度为零，呈"8"字形。单指向性传声器以拾取单一方向的声音为主。如果只想拾取传声器前方的说话声，不想录下背景噪声，可以使用单指向性传声器。单指向性传声器按照指向性敏锐程度的不同可分为心形、超心形、超指向传声器。单指向性传声器的特点是，只拾取目标方向的声音，来自其他方向的声音则衰减很大，因此，在多轨录音、现场直播中可以有效地抑制串音，屏蔽环境噪声，提高直接声的清晰度，抑制回授啸叫，提高节目信号的信噪比。指向性在高频和低频部分一般都较差，而中频较好。超指向性传声器比超心形传声器的指向性角度还要窄，主要用于新闻或特殊场合，当不能靠近声源又需要拾取清晰的声音时，可以采用。超指向性传声器有抛物面传声器和枪式传声器两种。

　　领夹式传声器可以夹在演出人员的领带或衣服上，使演出人员不受传声器的限制，自如表演。但当演出人员的衣服发出摩擦声，或演出人员转动头部时，这种传声器的拾音质量就不理想了。领夹式传声器有无线和有线两种。无线传声器传送信号不用电缆线，有一个小型发射机，将接收机放在控制室内，便可以接收信号，使用方便，特别适用于移动声源的拾音，如现场演出。无线传声器载波频率有V段和U段两种，U段的抗干扰能力强，但其价格也贵一些。要注意的是无线传声器在使用时容易出现调谐频率偏移，以致破坏正常拾音。另外，在移动使用过程中，由于发射机辐射电波的多径传输与反相反射，容易导致天线感应信号弱，接收机信噪比大幅度下降，或由于金属障碍物产生屏蔽作用，在某些位置上出现接收"死点"。解决的方法是采用分集接收方式，把几个天线组合在一个接收机上，或者在两个天线中进行比较，提取信号电平高的一路使用。无线传声器使用中常常会有干扰源的存在，如移动式电话。多支无线传声器同时使用时，也会互相干扰。应注意载波频段的选用，避开干扰源或互相干扰。

　　传声器的灵敏度的选择应根据实际需要而定，并非灵敏度越高越好。如在录制声乐时应选择较高灵敏度的传声器，在录制鼓类等打击乐时，选择灵敏度高的传声器反而往往容易失真；在录制语言信息时，选择灵敏度相对较低的传声器，往往可以避免其他噪声的进入，使声音比较干净。在现场扩声中，我们需要信号在场内达到一定的音量，因此倾向于选择灵敏度高的传声器，但这往往会增加回授的可能性。

　　传声器的频率响应是指传声器的正向灵敏度随频率变化的情况。这种频率响应特性通常用频率响应曲线来表示。一般来说，频响曲线越宽越好，但也不是绝对的。应从实际效果出发，选择适合的传声器。频响曲线选择过宽，则将不必要的频率也包括进来，导致杂音加大。此外，频率范围内的不均匀度要小，也就是说曲线要平。通常情况下，人声频带范围比音乐频带范围窄，乐队演奏比独唱、合唱等的频带宽。为获得特殊的音响效果或弥补声音的不足，有很多传声器专门设计成不平坦的频率特性，例如播音使用的颈挂式和佩戴式传声器。

（2）调音

　　调音指对传声器拾取的信号进行混合时作必要的音量平衡以及频率均衡、效果处理等。调音台是录音、扩音必不可少的重要设备之一。不同类型的调音台，其体积大小及复杂程度不同，但基本功能是类似的。

① 信号的处理：指调音台对每一路输入或输出信号单独进行加工和处理。主要是电压放大（gain）或衰减（fade）、频率均衡和声像定位等。调音台有多路输入。输入端有两种接口，分别为高音量（线路输入）和低音量（话筒输入）。线路输入接收来自录音机、录像机等设备音频声道的电平较高的输出信号。话筒输入接收来自话筒的微弱的音频信号，需通过调音台的输入部分的前置放大器将其不失真地放大到预定的额定电平，然后经均衡器送到音量调节器，进行音量平衡控制。这样可以降低通路中固有噪声对音频信号的干扰。

② 信号的分配：对输入信号进行均衡（equalize）、延时（delay）、混响（reverb）、压缩（compress）、扩展（expand）等效果处理之后，要将处理好的信号按要求送到双轨母带录音机或多轨录音机，同时，调音台还必须提供监听和返送信号，所以调音台必须具备对信号进行分配的功能，即将指定的信号送入相应的立体声输出母线、辅助输出母线、监听选择母线及 SOLO 母线等等。

③ 信号的混合：在录音或扩音过程中，调音台要把来自各种音源的音频信号按一定比例混合为两路立体声或多路输出信号，再分别送入监听系统、录音机。

④ 信号的监听控制：在录音或扩音过程中，必须给控制室的录音人员提供监听信号，以便他们在整个录音或扩音过程中始终保持对信号的有效监听（包括带前带后监听、SOLO 监听等），以及给演出人员提供返送信号，给观众席提供扩音信号，这就是调音台的监听控制功能。

⑤ 附属功能：除了上述基本功能外，不同类型、用途的调音台还具有不同的附属功能，如对讲联络（录音人员与演出人员）、测试信号（1000 赫兹的正弦波）等。

（3）录音

录音设备是录音系统中最重要的组成部分。随着录音技术的发展，出现了多轨录音机、数字录音机（DAT）、硬盘录音机、磁光盘录音机（MD）等新型录音设备。

记录声音的方式有线性音频、音频调频与脉码调制三种。线性音频（linear audio）指的是声音以水平线方式铺在录音带上，而音频调频（AFM）和脉码调制（PCM）方式都是以倾斜方式记录音频信号的（就像记录视频信号一样）。音频调频信号和视频信号记录在一起，不能单独抹掉或单独记录。脉码调制信号是和视频信号分开记录的，它在磁带上有单独的记录区域。由于这种方式记录的声音质量高，又是数字信号，而且可以和视频信号分离，所以在影视制作中应用广泛。

录音机有一个音量表（VU），能够显示记录到的声音的音量高低。音量表在有些机型上以表盘的形式出现，其中一端有一个红色区域。还有一些机型的音量表是由一长串闪烁的格子组成的。不管哪种形式的音量表上，都不应该出现红色峰值，哪怕只是短时间地出现也不应该，因为这时录下的声音会失真。另外，音量指示如果一直在较低的那端，则音量会偏低。比较理想的音量指示应该是 20% 到 80% 之间。

有的设备上有音频信号发生器，它能产生一个 1000 赫兹的声音信号，作为设定音量控制的基准音。在设定音量控制时把这个声音信号定为 100%，就可以以此为依据判断不同声音信号的相对音量。通常在磁带的开头先录一分钟的基准音，这样在放音时，就可以通过调节音量表的音量控制，使放音的音量和录音时的音量保持相同的水平。

录音机大都有自动增益控制装置（AGC），这个装置能防止音频信号过强或过弱。如果信号太弱，增益控制就会自动将其加强，如果太强，则会自动减弱。然而，自动增益控制并不是在任何情况下都适用。如果对话中有一段沉默，自动增益控制会把这个无声信号加强，使环境噪声放大。同样，自动增益控制还会对距离带来的声音差异进行自动补偿，失去真实感。为了避免这些情况，最好采用手动方式进行增益控制。

（4）还音

还音是把已转换为电信号（包括磁信号）的声音信号经过功率放大、电声转换，重新还原为声音信号的过程。

2. 监听系统

监听系统包括专业监听音箱、功放机、分频器、耳机等。监听是录音师赖以完成录音工作的依据。调音台上分配的监听信号分为两部分：一是给控制室制作人员的信号；一是给演播室演出人员的返送信号。

3. 扩音系统

扩音系统由传声器、调音台、声音信号处理器、功放机、扬声器、音源设备等组成。在电视节目制作中，还要给现场（演播室、剧场、露天场所等）观众提供扩音信号，给舞台演出人员提供返送信号。现场扩音是一个很复杂的工作，处理不好就会导致系统回授，轻则引起啸叫，重则损坏设备。扩音系统必须给观众区提供足够的扩声增益，只有良好的扩音系统才能满足现场观众欣赏节目的要求，使演出人员处于良好的情绪状态。

在剧院、体育场馆进行的文艺演出，扩音系统的设计往往要重视演员的返送信号系统，因为现场扬声器往往是尽可能覆盖观众区，而舞台上的演员可能会处于不利的听音位置，听不清其他演员或自己的声音，无法掌握表演的分寸和感觉。

（五）演播室灯光系统

电视摄像机像人的眼睛一样，借助光才能看得清。电视摄像机的灵敏性又比人的眼睛差得多。一方面，光线不足，拍出的电视画面缺乏力度，还会因视频噪音过多而受损，视频噪音也被称为画面雪花；另一方面，光线过强，会使画面显得苍白。电视照明与舞台照明不同，电视照明的主要目的是服务于摄像机，以实现将清晰图像呈现给电视观众的最终目的。

1. 照明设备

聚光型灯具可产生定向光，其强光束照射区域比较小，但产生的阴影边缘清晰，常用来当主光，或作为场景主要区域的照明。它包括聚光灯、回光灯、追光灯等。菲涅尔聚光灯是专业影视制作最常用的灯具之一。这种灯因其灯座前端有一个菲涅尔聚光透镜而得名，使用时可以调整灯座后面的控制杆，变换灯管反光面和聚光透镜之间的距离，从而改变光束的宽度。目前，有两种常见类型的专用聚光灯，一种是杆控聚光灯，另一种为电动机械化聚光灯。杆控聚光灯较适合于规模不大、顶棚不高的中小型演播室。杆控聚光灯上有一些可供调控的耳环，耳环与灯的传动装置相连，通过地面上布光者手中带钩的专用杆，钩住灯具相应位置的耳环并进行旋转，来控制灯具水平、垂直转动和调整聚散光。电动机械化聚光灯造价高，需要有相应的机械化灯具控制系统，由灯具控制台控制，主要用于大型专业演播室。它操作简便灵活，减轻了照明工作人员的劳动强度。目前电动机械化聚光灯最基本的动作有三个，即调整转向、俯仰、焦距。多的可以做11个动作，包括调整转向、俯仰、焦距、三个遮扉的开关、遮扉的旋转、灯前色片的变换等。

泛光型灯具可产生散光，光束照射区域比较大，阴影柔和，边缘模糊，而且会缓慢减弱，常用作辅助光。泛光型灯具包括散光灯、天幕灯、地排灯等。泛光白炽灯由一个灯泡和一个碗形的金属反射器组成。

柔光灯产生的光比泛光灯更分散、更均匀。柔光灯的灯泡多半隐藏在灯具底部或者灯具前端下方的罩壳后面，因此投射出的光线几乎完全不会产生阴影，光线柔和。常用作辅助光或降低反差。

在灯光前放置一块散光物，可以改变光质。常见的散光物如玻璃纤维、丝布、毛玻璃、涤纶织物、耐高温塑料等，都可因其散光特性不同程度地改变光质。散光物可以装在灯具的滤光片架或滤光片槽里，也可以架在光源和主体之间。由于散光物都用在温度很高的灯光前，所以越坚固耐热越好。

柔光布可以用来减低光线强度，又不会影响光质和色温。柔光布由半透明的黑色织品或不锈钢丝制成，可以放置在灯具前方，也可置于光源和主体之间的脚架上。

在电视演播室的灯具配备中，有时还要有少量的效果灯，如宇宙灯、投影幻灯、跑灯、束射灯等，专门用于现场气氛烘托，增加画面节奏感。目前，电脑灯被广泛应用于演播室。电脑灯可以变换出丰富多彩的图案、光柱、颜色，并可随着音乐的节奏变化。

另外，冷光源灯具（三基色灯）是演播室灯具的一大改革，其具有节省电能的特点，可节电70%以上，同时也降低了演播室空调费用；灯泡寿命长，使用寿命可达10000小时；作为光面光源，光线均匀柔和，不刺眼、温度低，播音员反应良好，是新闻演播室和小型演播室的理想用光。

2. 悬吊装置

悬吊装置是演播室灯光系统的重要组成部分。过去多采用吊杆悬挂灯具。吊杆水平方向长4～6米，用两根钢丝绳吊在顶棚上。每根杆上固定4～6个灯具。为了能用较少的灯具更多地满足照明的要求，现在多采用格栅式顶棚和单点移动式悬吊装置。格栅式顶棚是把演播室的顶棚分成若干块，中间有纵横轨道，灯具的悬吊装置可在轨道中滑动。布光人员在顶棚操作。优点是灯具调动灵活，缺点是手动操作，调光时间长，费时、费力。

定点吊杆式，吊杆较短，一般长2米左右，且布置得很密，一般1000平方米演播室要装500～600台灯。用电动方式遥控吊杆的升降，不需要上顶棚调整灯位，大大地节省了时间和人力。不足是所用悬吊装置和灯具较多。

小演播室原来多采用固定式悬吊装置。后来，滑轨式悬吊装置渐渐普及，其由纵向轨道和横向轨道组成，横向轨道可以沿着纵向轨道滑行。灯具一般配有可上下伸缩的伸缩器，并通过小滑车挂在横向轨道上。灯具原则上可在三维空间任意移动。这种装置手动控制，只可用于顶棚高度不大于 5 米的小型演播室，顶棚太高不易操作。35 平方米以下的小型演播室或临时演播室，可以采用格架结构或撑杆结构。格架结构是在顶棚上装一些纵横交叉的管子，灯具可以挂在所需要的位置。撑杆结构与此相仿，只是它的机动性强，可以随时安装和拆卸，并可不破坏建筑物墙壁与顶棚。另外，还可以把固定式和移动式悬吊装置结合起来，例如，固定式水平吊杆的杆用"工"字铝合金制作，使灯具可在杆上滑行。

3. 调光设备

目前均采用可控硅进行调光。可控硅的主要优点是可以用计算机控制，调光操作台可以远离调光立柜（硅箱）。这样，调光台可以放在控制室，调光立柜可以放在其他房间。由于可控硅导通时有电磁干扰，因此，演播室的调光设备要单独使用一台电源变压器，与视音频设备分开。调光设备的输出线要远离视音频线，并需为可控硅的输出线加上屏蔽，做良好的接地。由于有了计算机控制，各种各样的灯光要求都很容易得到满足，可以对灯光进行编组，存储不同的灯光场次和亮度，满足节目艺术效果的需要。

调光设备的功能：

（1）亮度控制：可根据需求降低灯的亮度，不仅有助于延长灯的寿命，而且有助于控制对比度。

（2）照度变化：迅速而简便地把某个区域的某种照明方式变成另一种照明方式。

（3）特效：借助调光台，可以取得各种照明特效，如各种闪光图案。

（4）存储与检索：计算机辅助调光器可以存储、调出各种调光功能。

具体地说，调光台可以在排练时，将布光结果一场一场地存起来，包括不同灯的组合以及各个灯的不同亮度的存储。正式录像或直播时再将它调出来，并可以随时修改。在一些节目中，要求一部分灯产生某种效果变化，如跑灯效果，这在调光台上很容易实现。一场戏或一个节目的整体灯光效果可以在计算机的精准控制下连续、准确地实现。

二、电视演播室节目制作

在演播室中可以采用多机拍摄、即时切换的同期制作方式，也可以采用前期拍摄、后期制作的分段制作方式，也可以二者相结合。

近年来，演播室同期制作的节目越来越多，成为我国电视节目的主体，这也是发挥电视独特优势的节目发展之路。

（一）演播室摄像

摄像师负责选择角度、景别、光线，掌握运动节奏等，通过运用这些造型手段进行画面构图。在电视节目录制过程中，往往有多台摄像机共同工作，各个机位上的摄像师从不同角度拍摄画面，最后由导播选择切出。

在现场观看节目的观众可以根据自己的兴趣来关注现场的任何位置，而观看电视的观众则只能看到电视导播所选择的画面。

从技术角度来说，摄像师必须熟练地掌握摄像机的性能和推、拉、摇、移、跟、甩、急推、急拉等操作技术，务必使画面清楚、到位。一般情况下摄像机镜头的运动要准确、稳定、均匀。从艺术上考虑，摄像师要了解和熟悉整场节目，根据内容的需要，进行最佳构图。

1. 演播室摄像机的操作

第一步：机器准备。

尽管技术人员一般会在节目录制前将摄像机调节好，使之能够产生最佳的图像还原效果，但摄像师在摄像机即将投入使用前仍须做好以下几件事情。

（1）戴上耳机，检查内部通话系统是否正常。

（2）解开摄像机底座上的机械锁定装置，检查摄像机在固定头上是否平衡，确保其升降到任何给定的位置都可保持平衡，并能自如操作。

（3）放松转动控制钮，然后调节阻力控制钮，检查摄像头是否能够平稳地摇摄和俯仰拍摄。

（4）检查电缆线与机头的连接是否牢固，与录像系统是否接通，电缆线的长度和位置是否会影响摄像机操作。

（5）在确知摄像机已经装配好并且已经开机预热后，打开镜头盖，这时可以从寻像器中看到实际要拍摄的图像。看看寻像器是否已调节好，然后将焦点对在一个中景上，同时把稳摄像机，以便录像师调节图像的对比度。

（6）检查焦点控制，调整镜头的各个控制钮，从一个极限位置移向另一个极限位置，看看变焦钮和对焦钮是否灵活平滑。

（7）检查、预调变焦镜头。将镜头推近和拉远，看看整个变焦范围是否都能平滑地移动，以及变焦的精确范围是多大。预调变焦镜头时，先将镜头变焦推到最远的物体上聚焦，再变焦拉出来，看看整个变焦范围里能否保持聚焦清晰。

（8）检查电缆线的长度是否足够摄像机在规定的范围内自由移动，以及摄像机移动范围内有无障碍物。

（9）试机时遇到的特殊问题，要及时报告现场导演或通过对讲机直接与导播联系，将现场情况说明，比如拍摄区域照明不足，或者导播指定的机位离拍摄对象太近导致无法聚焦，镜头拉全时无法拍到所需要的全景，等等。

（10）离开摄像机的时候，要拧紧支架上的转动和俯仰等机械装置，将摄像机锁定在支架上。如果是长时间地离开摄像机，最好将摄像机关掉，并将镜头盖盖好。

第二步：正式拍摄。

拍摄大型演播室节目，通常在正式开拍前要进行带机排练，摄像师对机器的准备调节可在这个阶段进行。有一些小型的或常规性的演播室节目常常不经过排练，直接进入正式拍摄。

（1）戴上耳机，与导播和控制室建立联系，注意只有在必要情况下才使用对讲系统，尽量避免不必要的讲话。在清晰地接收导播指令的同时，也应认真听取导播给其他摄像师的指令，了解其他摄像机的工作状态，使自己的镜头与其他摄像师的镜头协调起来，方便导播选择使用。

（2）开机后先检查焦点，正反方向动一动聚焦装置，直到调到最清晰为止。预调变焦后，若要移动摄像机位置，就需要再一次预调，确保整个变焦过程都保持焦点。

（3）拍摄移动镜头时，注意使变焦处于广角位置，并使焦点处在适中的位置，以免镜头的平移造成画面变形。移动时要将电缆线放得足够长，并注意要平稳轻捷地移动和停下摄像机支架。移动时不要妨碍其他摄像机的工作，不要碰着其他东西。

（4）摄像机提示灯亮，表明导播正在使用你的镜头，如果不是导播特别指示，这时不要动镜头。只能在提示灯灭后，再去移动机位或预置变焦，拍摄下一个镜头。

（5）一般来说，正式拍摄时摄像师的眼睛总要盯着寻像器。如果情形允许，摄像师可以利用间隙主动去拍一些感兴趣的东西，但这种主动性是有限的，是以服从导播的调遣为前提的，因为导播是唯一综观全局的人。

（6）最好事先整理一个拍摄镜头表，记住拍摄镜头的类型和顺序，并特别标出摄像机移动拍摄的范围和过程，以便现场拍摄使用（可以用胶布在演播室地板上做上记号，以便知道摄像机挪动的极限位置，如果不需要重新预调变焦镜头，就不要来回推拉）。如果根据镜头表工作，那么前一个镜头一完，就可以立即开始准备下一个镜头。优秀的摄像师在导播叫下一个镜头之前，已经把下一个镜头调节好了。

（7）在取下或支起摄像机时，务必先关机，以免这时的"走火镜头"出现在监视器上，干扰导播的判断。

（8）遇到意外情况，如导播指导失误，演员或现场工作人员穿帮，或导播切换到一个尚未调好的镜头，等等，摄像师唯一要做的是"泰然处之"，因为观众这时并不知道你的意图。当然，摄像师应该时刻警惕，尽量避免失误的发生。

第三步：结束工作。

拍摄完毕，摄像师的工作便基本结束。

（1）在导播发出"一切完毕"的信号后，固定机头，盖上镜头盖，询问录像师是否可以关机。

（2）锁住摄像机底座的转动和俯仰控制钮，将机座降回到最低点，然后锁定机座立柱。

（3）将镜头放在完全散焦的位置，使光产生无规则反射，从而保护摄像管。

（4）摄像机、耳机、电缆分别收好，放在通常的安全位置，以免受到意外损坏。

2. 摄像师的工作内容

摄像师专门负责操作摄像机。当节目需要摄像机不断变换位置时，会有一位助手帮助移动电缆、推动移动车或升降车。

拍摄前，摄像师需要了解导播对整个摄制的要求和单个摄像机的安排以及分工。

摄像师在尝试拍摄镜头时，要清楚导播的要求是什么。如果摄像师发现拍摄、角度和运动有问题，如被摄者不突出，或者其他设备挡住摄像机升降架的通道等，应该马上告诉导播，以便做出必要的调整。拍摄中的取景和构图、变焦及推拉的速度的重复性是很重要的。彩排与正式摄制时两次拍摄或推拉的图像的大小不一致，或每次的速度不相同，会给导播带来麻烦。摄像师的拍摄重复性越高，在以后的摄制中导播要求作的纠正就越少。

摄像师很快就会发现，每个导播在处理彩排和正式摄制，以及对摄像机的安排和镜头选择方面，都有自己的风格。特别要熟悉导播的各种拍摄指令的具体含义，这很重要。例如这个导播的"中近景"可能是另一个导播的"特写"。经过一段时间的适应后，摄像师应该能快速理解导播指令的意图，并按他的要求来取景。摄像师可能看到了一系列很美的画面，但只有坐在控制室里的导播看到了所有的画面，并了解整个节目的画面进展安排，从而决定取舍。摄像师必须首先完成导播安排的任务，在此基础上寻找一些美的、有趣的画面以备导播切换。

（二）演播室灯光照明

照明的主要作用就是控制光线，为电视摄像机提供合适的照明度，帮助完成画面造型、表达情绪和气氛。灯光照明在演播室电视节目制作中起着越来越大的作用。

1. 电视灯光的基本作用

（1）为满足电视系统的技术需要，必须有足够的灯光照明，这样才能保证电视摄像机正常工作，可靠地接收及还原图像。

（2）提供三维空间的透视感。电视是二维平面的屏幕，是用高和宽来再现形象的，对深度的表现，必须通过摄像机拍摄角度和被摄物的造型、布景的设计及光线的运用来获得。正确的用光能强调被摄物的质感、形状，从而获得深度感。

（3）把观众注意力引导到场景的重要部分上。对光线和阴影的应用，能引导观众的注意力集中到所摄场景最重要的部分上。

（4）营造场景的意境。光线的应用，能烘托场景的意境。幽暗和阴影会让人感受到神秘、紧张，而明朗的场景则会给人以愉快、欢乐的感受。

（5）表现事件发生的时间。光线的应用，能表现出场景中的事件发生在一天中哪个时间，是白天、傍晚还是晚上。

（6）形成摄制画面的艺术结构。光线的应用，能突出画面中的各个部分，有助于导播构建形象，塑造出优美的图像。

在摄像中，光能影响被摄体的形状、色彩、空间感以及美感、真实感。故事片的照明，现在都有写实照明风格的倾向，也就是看起来像日常生活中感受到的自然光一样，如街灯、台灯、月光或太阳光等。从光线的角度来看，像是模仿了场景中的某些光源，或是加强了其中的某些光线效果，所以这种照明也被称为有源照明。与之相反的照明风格，称为表现主义照明，讲究的是创造镜头里特殊的气氛或感觉，而不大在乎是否真实。

2. 电视照明与舞台照明的区别

舞台照明的服务对象是观众，而电视照明的服务对象是摄像机。电视屏幕是平面的，因此，对三维空间的表现是电视照明的重点。人眼与摄像机的视觉特性不同，从对于照明的明暗变化范围的宽容度来看，眼睛要远强于摄像机。舞台照明色光用得较多，照度较低，电视照明色光较少，照度较大。当然，随着高质量、低照度摄像机的出现，电视色光的使用越来越多，对照度的要求也有所降低。也可通过一些简单操作对照明作特技处理，如 5600K 色温的照明，舞台下观众看到的是白光，而摄像机使用 3200K 的滤色片拍出来则呈蓝色。

3. 演播室的布光方法

（1）三点布光：主光、辅助光、轮廓光。

（2）多主光布光：使各个位置的摄像机都能表现出主要光源。

（3）软正面光：加强逆光的作用，整个表演区的照度比较均匀。

（4）利用侧逆光：从布光两侧来的硬光，提供主光和侧逆光，辅助光从布景的正面来。

（5）总体布光：先根据表演区的大小、演员活动的范围、几台摄像机的机位，布置基本光，使摄像机能够基本再现色彩；然后再采用三点布光，这里的三点布光是多主光、多辅助光、多轮廓光。几台摄像机机位给出的图像色调基本一致。

（6）层次布光：演播室的大型文艺节目，在较大的表演区中采用层次布光，也叫分区布光。分区布光，分前区、中区和后区，前、中、后区的照度依次减弱。采用这种方法可以增强层次感和立体感。

4. 演播室布光照明程序

（1）初步构思与设计

导播和舞美设计师应该先画出演播室平面图，并给灯光指导一份。导播根据剧本和演播室平面图，确定演员和摄像机的位置。灯光指导应该根据演员的位置、摄像机角度和主要的表演区域画出灯光平面图。灯光指导要决定灯具的类型和大小，决定这些灯具在演播室的位置和作用，监督灯具的悬挂和调节，掌握光线总亮度的平衡，提出所需要的特殊用光效果的建议。在灯光平面图上纠正错误要比在演播室重新布置灯具容易得多。

（2）现场布光

现场布光一般采用由面到点、由远到近的布光顺序。首先从天幕光开始。天幕光常用天幕灯和地幕灯从正面上、下进行均匀照明，根据节目需要和场景气氛要求，可以处理成各种色调。如用天幕光可以表示时间，夜景可以用深蓝色光投到天幕背景上，让电视屏幕中呈现夜景的气氛。如果是日景，可以在天幕上投上浅蓝色的光。如果是旭日东升的景色，天幕上部可以投上浅蓝色，天幕下边用地幕灯投上橙红色的光。其次，布置环境光，即场景四周及人物活动区域以外的背景照明。环境光的整体布光要同天幕光协调一致，根据节目内容的需要，处理好现场气氛和基调。环境光要与布景联系起来，提供与美工设计色彩基调相吻合的照明。在照明的同时，还可通过灯光营造不同的气氛，产生不同的效果。如：可以用偏红、绿、蓝的灯，营造不同的气氛；电脑灯可随音乐的节奏变化，来表现节目的节奏；运用烟机产生的烟雾可以使光柱得到表现，填充画面空间，表现空间的透视效果。灯光参与置景，也是必不可少的一种手段。如可通过色灯的变换来改变景片的颜色，用电脑灯在景上绘图，用跑灯或筒灯、排灯、反投灯的光柱直接参与置景。

表演区的布光是演播室布光的重点和难点。如在一场文艺晚会中，各种类型的节目编排在一起，节目的内容和情感不同，节奏的快慢、场面的大小、人物的多少不同，布光也就应有差异和变化。这就要求我们对每个节目的布光进行分组编排，通过调光台存储、控制。

（3）排练与摄制

在正式摄制前，演员可能要进行实地走位。这一排练的过程，是对布光效果的一种检验。这时，灯光设计可以根据演员的排练，修改布光，完善照明效果。进入带机排练之后，照明人员可通过监视器观察现场灯光配置后的明暗、反差和色彩，并对场景中的灯位进行适当调整。有时还可建议导播与演员更好地利用照明效果，实现更好的配合。一些不理想的地方，如果调整灯光也无法解决，就需要会同舞美、摄像、演员等部门进行协调处理。在彩排过程中，一切效果体现在画面上，照明人员应密切注意画面照明效果的变化，随时记录下需要进一步调整的问题。当有的演员即兴发挥走出表演区时，照明应有应急措施，最大限度去弥补。

在正式摄制中，照明灯光指导与灯光控制人员应一同按照照明设计程序进行现场调控，随着节目的进行，实施各种照明变化。要注意场与应场的灯光衔接，包括渐明、渐暗、效果灯控制等。电脑灯和追光要有专门的操作人员控制，操作中要注意跟光的节奏、速度和起落点。

（三）演播室音响

1. 关于演播室音响要考虑的问题

（1）了解音响的复杂程度。采访节目的音响较简单，文艺节目的音响较复杂。

（2）决定所需传声器的种类及其安装。要了解传声器是可以出现在画面内还是必须在摄像范围之外，决定采用传声器的种类和安装方法。

（3）了解是否有特殊的音响采集问题。例如，演员会有些什么活动？是否要多人合用一支话筒？是否需要另加话筒，来覆盖演播室的其他区域，比如观众区？如果演员的活动较多，选用吊杆话筒或无线佩戴式话筒会更合适。

（4）了解是否有音乐要求。如果作现场音乐的录制，还应了解乐队的组成情况，以及了解导演打算把话筒放在何处，是否需要预先录音，是否需要音响返送。

（5）了解是否需要特殊的音响效果。是否需要用效果声？如果需要，是现场的，还是预先录制的？是否需要特殊的电子效果？

（6）了解是否需要多方面的音响。是否需要为开场片名、结尾配音乐或效果声？由谁选择音乐？为节目的开场和结尾配的音乐需要多长？是否需要录像片声音？在摄制中怎样运用这些声源？

2. 前期录音

有些场合，需要预先录制某些音响段落，以备实际摄制时用。以下为常见的情况。

（1）给画面配音：是指预先录制好一些声音，来配合节目中的画面。

（2）预先录制音乐伴奏：有时为歌唱家提供现场乐队伴奏是不切实际的。这就需要音响师用预先录制的音乐伴奏与现场演唱相配。它的完成是通过调音台播放预先录制的音乐伴奏录音，同时输送到演播室的扬声系统，使演员能听到它，并进行现场演唱。录音师把话筒声音输入调音台，与预先录制的音乐伴奏进行混音，再放送出来。

3. 录播现场要注意的问题

（1）传声器的设置

针对不同的声源要选择不同的传声器。选择传声器时，应考虑传声器的采集形式是否能采集到所需的声音，还应考虑所选传声器在摄像画面中看起来效果怎样，不能影响节目的视觉效果。比如要考虑话筒的出现或设置位置是否遮挡了观众的视线。对移动声源的拾音，可采用微型话筒或悬挂电容话筒。如果有困难，也可设置两三个强指向话筒。观众席的话筒可以吊挂，来拾取观众的掌声、欢呼声等。

在使用多个传声器时，要注意相位问题。必须使几支传声器同相位，扩音音量才会增加。否则虽然传声器增加了，但效果却适得其反。检验传声器相位的方法很简单，若两个传声器是同相的，则这两个传声器指向同一声源时音量会明显增加，若两个传声器是反相的，则音量会减轻。因此，可任选一个传声器作为基准，用系统中所有的传声器与之比较，对相位不一致的情况在调音台上进行调整。调节调音台上的相位开关，使各个传声器的相位保持一致。两个传声器之间的距离不能小于传声器与声源之间的距离的三倍，这样传声器之间相互发出的回音干扰才能减小到最低程度。或将两个传声器头对头地放置，这样它们才能精确地在同一时间接收到信号。

音响师可以通过调音台对话筒的音量进行调节。话筒到人物的距离变动时，只需调节一下调音台上的拨杆就行。升高或降低调音台上的拨杆，能改变声音强度，但不会改变声音的呈现。人物离话筒越近，声音的呈现越强，接收到的声音就越饱满、丰富和清晰。人物离话筒越远，声音呈现越弱，接收到的音质就会变得越干瘪、单薄和含混。调音师可根据每个演员的音质、音高预先对话筒作调节，使它达到最佳状态。对于歌唱、演讲比赛等内容的节目，为了体现平等、公正的原则，可由专家监督，将选手用的话筒调到一个标准的音质、音高后，就不再调节了。

声音的混音上，要考虑多个演员声音大小的平衡，可以一个一个地试音。现场乐队的录制是最困难的，准确的录制方法是采用多个话筒对各类乐器分别录制。

（2）扬声器的设置

扬声器可以根据具体情况集中或分散放置。当两组音箱距离间隔为17米以上时，必须使用延时器对送入音箱的信号进行调节，用以防止重音、回声，改善音响的清晰度，消除不同扬声器的直达声到达听众的时间差。

（3）防止扬声器啸叫的方法

每个房间都有各自的固定共振频率（大多在低频段），在此频率上易引起啸叫。为此，在扩音功放之前需接入多频段均衡器，消除由共振频率引起的啸叫。也可使用声反馈抑制器自动寻找反馈频率点并加以抑制。选用无线话筒来近距离拾音，可以较有效地增加信号电平，抑制反馈。

（四）舞美布景与道具

观众对很多节目的第一印象来自布景。设计得较好的布景一开始就能向观众传递节目的意图、基调和气氛。

1. 电视布景的要求与设计

布景能为节目创造适当的气氛和环境，建立视觉形象，影响观众对节目的感受，在技术方面又与其他很多方面的操作有密切的关系，如灯光照明、摄像、音响和演员的演出等。

电视舞美布景要符合电视摄制的要求。全部布景在舞台上是同时出现的，而在电视中可把整个布景分解成很小的块，由导播用各种拍摄角度来创造视觉形象。所以舞美设计师只有明白导播的整个拍摄计划，才能使背景区域从各角度拍摄都有较好的构图和画面。舞美设计师要考虑全景、中景、近景、特写，正面、左面、右面等不同的拍摄角度，并注意不要出现穿帮镜头。可以考虑用彩带等软线条参与构图，打破布景横竖硬线条的构图。舞美设计师还应该知道导播的拍摄计划中是否有特殊的拍摄角度，是否需要为复杂的摄像机运动留出更多的空间，是否安放话筒和吊杆话筒。布景设计除要为拍摄人员考虑外，还要为演员的演出考虑，如布景是否方便演员上下场，台阶、楼梯和平台的大小高度是否合适。要考虑布置多个表演区，避免节目转场时，在同一景区产生上下场的混乱。需要特别强调的是，观众区也是表演区，也要考虑布景。布景材料一般不要选择反光材料（除非是特殊需要），否则，画面上大面积的反光会很难看。电视屏幕是两维的，因此，要加强场景的立体纵深感。可以用线条的变化来增强纵深感，重要的前景应该比背景的色彩更明亮和更浅，这样就能使前景变得更突出醒目并且更吸引观众的视线。

　　演播室周围常常悬挂着半圆形幕布，以产生横向极宽的感觉。幕布一般有白幕、黑幕和蓝幕。白幕可以用彩色光线"上色"，产生各种各样的背景效果，可以用电脑灯、幻灯在幕布上打出各种形状，更增加了变化。黑幕可以用来获得黑背景。但背景的反射光会破坏全黑的黑背景效果，尤其在较小的演播室内，要想保证前景照明又不照到黑背景上是很困难的。黑丝绒幕布能吸收掉周围的光线，提高黑背景的效果。蓝幕（或绿幕）只是用来抠像的一块大型的蓝色或绿色的布，常用在虚拟演播室。

　　常见的布景是各种软、硬景片，用来模仿室内的墙。软景片使用各种布和纸，硬景片用泡沫塑料、纤维板或三合板。它们有的固定在地面上，也有的挂在墙上，上面画着背景。有些布景采用大幅照片以取得较真实的背景效果。现在，布景也常用到各种半透明的材料，可使背光通过而不露出背后的东西。

　　演播室常常还要做升高台。它是一种用木板制成的平台，可把布景升高，高出正常的演播室地面。它主要的作用是：①能把演员座位升高到适合于支架上摄像机操作的高度，这样拍摄角度就与演员眼部平行。如果让演员坐在正常的椅子上，他们的位置低于通常的摄像机工作高度，拍摄出的图像呈俯视，影响节目效果。②能增加布景的纵深感和空间感，尤其拍摄场景的全景时。③可用组合的方式为舞蹈、音乐节目的摄制创造更多层高度。

　　演播室地面的处理必须不影响摄像机的移动，而且看起来要美观。最常用的方法是铺地毯或橡胶面，还可以粉刷或绘制图案。色彩常选择灰白色和浅黑色。

　　道具包括普通的家具和用于特殊目的的物品，如播音台、座椅等。演出人员旋转、摇晃、活动转椅是不好的习惯，不仅会造成拍摄取景的困难，而且这种持续的活动会让观众看起来很不舒服，所以演播室里大都不使用转椅。场景装饰也是布景设计中重要的一环。一些装饰物可以用来增添气氛，如花瓶、衣架、台灯、电话等。还可以用画或其他物品装饰单纯的背景，使摄像机的特写镜头能表现背景质感。

　　随着新技术、新观念的发展，舞美布景也在发生变化，现代化手段不断运用于舞台，如通过机械设备的升降、转动、平移，实现布景的变换，添加喷泉、水幕效果，等等。现在常用的方式有"灯光布景"和"虚拟布景"。

　　灯光布景：其置景简单，利用灯光造型营造气氛。通过灯光的变换，实现环境的变化。现在大多数的演唱会或综艺节目都采用灯光布景。

虚拟布景：数字技术为传统搭景方式提供替代途径。人们越来越多地利用计算机制作场景而不是实际建造场景。这种"虚拟布景"是由计算机生成的图片，拍摄时利用大屏幕将它们置于演员身后，这样演员实际是在身边没有实景的情况下进行演出的。

最后还要指出的一点是，制作布景时，出于节约成本的目的，有时采用三合板、泡沫塑料，制作比较粗糙，但搭景时一定要充分考虑它的稳固性，做到安全、牢靠。在实际节目制作中，曾出现过一场节目还没做完布景就散了架的情况，布景倒塌砸伤人的情况也时有发生。

2. 布景制作程序

较大的电视台要为各种节目设计大量的布景，就有专门的布景设计和制作人员。在较小的摄制部门，布景设计师常常是一身多职的，往往还兼做灯光指导，因为这两种工作在很多方面是交叉的。

在设计布景之前，布景设计师必须知道节目的有关情况，向导演了解节目构思。在此之后，要画出草图，并充分考虑节目的整体风格及摄像师对灯光和拍摄位置的要求。布景设计师还要绘制出演播室平面图，它对于所有的摄制人员都是很重要的，除了是布景工作人员的重要工具，灯光师也需要用它设计灯光布置图，导演、导播需要用它规划演出人员、摄像和话筒的活动。在导演同意搭景后，就要及时动工，因为道具、布景的制作可能需要比较长的时间。在布置阶段，制景人员和灯光人员要配合好，在进行各自的工作时，不要互相妨碍而耽误时间。制景人员一般要在灯光人员布置照明设备之前布置好基本的景片。因为没有完成主要的布景，就很难做到精确的布光。当灯光可以照亮布景后，舞美设计师应该通过演播室或控制室的监视器对整个布景和场景布置作最后的检查，检查色彩、调子、亮度和整个气氛是否无误。

（五）服装、化妆

不同的人有不同的审美取向和风格，对于服装的样式、色彩喜好也各不相同。但在服装选择时应遵从一条原则，即避免色彩太鲜艳、太明亮或纯度太高，这些色彩在屏幕上还原度较差，而色彩柔和、纯度较低的服装更适合于屏幕呈现。

服装与布景的搭配要协调，不要因色彩相同或杂乱，而使演员淹没在背景中。要使场景和服装色彩之间有较好的色彩平衡，有适当的色彩对比。场景和服装色彩的对比太强，如穿着白衬衫映在黑背景上，就会影响摄像的操作。反过来，太平淡的色彩对比，又不能使人物与背景分开。要避免穿纯白和纯黑的服装，除非非常必要。如白衬衣配一套黑西服有可能会超出摄像的反差比率，摄像机重现人物真实的皮肤颜色就会很困难。假如摄像机减小白电平，人物的脸部就会变暗；假如摄像机增大黑电平，人物的脸部就会失去层次。淡蓝色、黄色或灰色的衬衫会比白色的好，更有利于拍摄。

另外，如果是要抠像，则要避免穿与蓝色幕布接近的蓝色，甚至服装上的小的蓝色装饰物，都会被抠成透明的。选择服装的图案和质地时要注意两点：一是要避免图案线条过密，如小格子图案可能会产生"波纹效果"；二是不要穿强反光的、发亮的服装或大量吸收光线的服装，强反光的服装会产生耀光并损失层次，丝绒和天鹅绒由于吸收光线，所有接近暗色调的层次都会损失掉。

化妆也必须服从于电视的要求，要受制于色彩的失真、色彩的平衡和特写镜头的需要。电视摄像机对人脸的特征和皮肤色彩的还原是不真实的。摄像机会夸张肉眼不能注意到的较小的皮肤缺点，如男人的胡子在屏幕上看会更明显。摄像机还会夸张皮肤上的红、黄、绿的色调，在屏幕上产生不自然的效果。化妆的基本作用是使上镜人的屏幕视觉形象更自然。电视化妆与舞台化妆不同，舞台化妆为了让远处的观众看清演员的脸，需要夸张脸部特征和色彩，而电视不仅要有远景，还要有特写，因此，要化淡妆，不能过于明显，录制前要试镜。化妆还要与摄制的灯光条件配合，偏高色温的灯光（较蓝）可采用较暖色的化妆（较红），反之则需要较冷色的化妆（较蓝）。注意，化妆室的灯光的色温必须与摄制的灯光一致或接近。多数化妆室有两个照明系统，即3200K和5600K标准色温。

角色化妆要复杂得多，为了改变演员的外观特征，需要有较高的化妆处理艺术。如京剧脸谱、特殊造型等，需要提前准备。发型也要根据演出人员角色特点来确定，甚至购买合适的假发。

（六）演出人员

演出人员在舞台上进行表演时必须考虑：①摄像机的位置在何处？②各摄像机拍摄些什么？③哪一台摄像机正在拍摄？可以通过摄像师、导播了解，也可以通过摄像机镜头的运动和指示灯来获得信息。

有些节目，演出人员必须直接对着摄像机说话，而导播在摄制中又要变换摄像机拍摄，要使这种变换流畅自然，演出人员就必须与导播配合好。首先，演出人员要面对正拍摄的摄像机，当得到切换指令时，只要向下看一会儿，然后抬起头来看着另一台摄像机就行了。导播可以在演员抬头时从一台摄像机切换到另一台摄像机。这一操作完成得很准确时，这种切换在画面上显得非常自然。演出人员在摄制中若发现自己是对着没有拍摄的摄像机说话时，只要眼睛向下看，用余光找到亮着指示灯的摄像机，再抬起眼睛看着它，就可以自然地完成转换。

在拍摄特写镜头时，演出人员不要大幅度地扭动脑袋或身体。特写镜头难以跟随人员作快速反应。在特写镜头中演示较小的物体时，要握稳并注意反光和角度，以便给摄像机更好的视角。演出人员在要做活动之前，要判断摄像机是否对着自己，摄像机是否可以拍到自己的表演。演完后不要马上离开，以便镜头转场。当确认播出镜头没有拍摄自己时，可以放松一下，但并不等于就可以随随便便，因为这时其他摄像机镜头还能拍摄到你。例如，在某节目中，男女两个播音员在播报新闻，男播音员播完后，女播音员开始播报，男播音员认为通常情况下，镜头会是女播音员一个人的画面，于是就在一旁做鬼脸。由于导播的失误，用的是两个人的镜头，结果男播音员出尽洋相。

在这里我们还要特别提出，电视的照明、舞美、化妆和表演与舞台有许多的不同。有些电视台制作节目时，相关岗位的这些人员是临时的或兼职的，如果他们只有舞台经验，而没有电视经验，工作中可能会出现一些偏差，这就要求导播留心并协调处理。

（七）演播室电视直播程序

下面我们就综艺节目来谈一谈演播室电视直播的具体程序。

1. 演播室的准备工作

包括摄像机、灯光、音响、舞美置景、化妆、服装、通话联络、技术保障、安全保障、节目准备等。

摄像机：需要多少台摄像机？何处需要？放置位置是否有物体挡住摄像机的视线？是否需要移动摄像机？地面是否平滑？活动范围有多大？是否需要升降臂（拍摄的画面动感强烈，可展示场面）？摄像机工作是否正常？

布置机位，进行分工，为每台摄像机编号。为便于记忆，可按逆时针方向编号，1号机在最左边，最后一台摄像机在最右边。导播台上也要从左向右连接1、2、3号等摄像机。

灯光：进入摄像机视角的灯光是否足够？灯光色温是否相同？是否有备用灯管、接线盒？是否散热良好？是否安全？正式摄制之前，要长时间大功率试灯，以免出现意外。

音响：需要多少话筒？是用固定话筒、手持话筒、无线话筒还是吊杆话筒？是否需要前期录音？是否需要音响资料？

舞美置景：了解节目，设计布景草图。是否有观众参与？是否需要多个表演区？是否设置主持台？是否需要制作特殊道具？摄像、灯光、音响等是否对布景有特殊要求？道具、布景的制作需要较长的时间，要提前制作。

化妆、服装：准备好节目所需的服装以及各种化妆品，搞清楚是普通化妆，还是特殊化妆，是演员自己化，还是需要请化妆师。

通话联络：导播必须通过通话系统指挥、调度全体工作人员，协调工作，应准备好可能用到的各种通话系统，如专用对讲系统、电话、移动电话、扬声系统、对讲机、干扰反馈系统等。

技术保障：摄像、音响、联络及其他连接线、电源线的铺设要安全、可靠。导播系统要进行调试，使多个摄像机的相位、色彩、亮度统一。录像机要能够正常录放，备有足够的录像带。直播还要准备演播室与播控中心的传送，以及发射、微波与卫星上连。尽可能准备备份系统，以便主设备发生故障后及时更换。在演播室、候播室、音响室、灯光控制台布置监视器。

安全保障：为使节目顺利录播，还要考虑消防、电力、空调、交通、现场秩序等方面的安全保障工作。

节目准备：给每个工作人员都发一份节目的程序表，让他们了解情况，有情况互相通气。同时，还要考虑意外情况的发生，准备相应的对策。

此外，还有解说词、歌词、字幕、录像资料、外景现场插播、音乐音响等的准备。

2. 走台

走台也叫走场，能帮助摄制人员和演出人员快速了解电视拍摄和表演的要求。如果演出人员是第一次进入布景，可以在布景中按表演程序走一圈，熟悉一下台阶、道具，了解所走的路线和在何处有些什么物件，从而熟悉表演环境。演出人员走场时，全体摄制人员应到场，导播应边看边记，对拍摄计划加以完善，如摄像机如何移动，什么地方进行什么切换，什么地方用什么特技效果等，在拍摄计划上备注清楚，例如特写、全景、推拉、摇移等。摄制人员此时可能发现妨碍摄像机和话筒活动的问题。演出人员走台需要精心安排，以便摄像机能够从最佳角度拍摄到他们的动作。如果出现演出人员的站位偏台、走出灯光区、不好构图等问题，导播常常会根据拍摄、灯光和音响的需要在地面上贴上胶布，表示演出人员应该站立的地方。演出人员应该准确找到这些标记，且不让观众看出来。在有些低调布光的场景中，演员只有恰好站在所需的位置上才能得到合适的照明。

3. 联排

联排阶段，需要演出人员、技术制作人员集合，最后确定位置。助理导播进行说明，指导演员站位。摄像、灯光等人员从自身的立场提出最后的意见，讨论并决定如何做。演出人员不需要把每个细节都表演出来，只需要大致过一遍自己的走位和台词，这样工作人员就可以选取拍摄角度、精调灯光以及确定话筒的最佳位置。

导播要确定每台摄像机的镜头、角度、位置和任务。摄像师在拍摄位置试镜头，熟悉机位、对象、景别、运动的分工，根据演员的走动，练习调节跟拍的速度、焦点的变化。技术人员调整视频、音频信号，检查连接线等是否安全，确保其在摄制区域内不会导致潜在的麻烦。照明师进行布光调整，录音师布置话筒、调试音质，字幕员检查字幕是否有错，明确上字节奏。

演出人员试镜，试音，找镜头感觉。演出人员要有镜头感，有时需要导演指导。导播应该让演员知道每台摄像机的位置在何处，采集演员声音的吊杆话筒安置得有多远，以及他们应该怎样配合，等等。当演员按预先的计划进行表演时，经常会发现有些设想是行不通的，需要修改，例如舞台太小，需要裁减部分舞蹈演员等。

联排时，道具、布景、服装及化妆和整体效果各方面都可能出现差错，应找出问题记下来，随后召开协调会议解决问题。

4. 带机彩排

彩排是正式摄制前的最后一次排练。如果没有进行从头到尾的完整彩排，正式摄制中就会出现一些本来可以解决而没有解决的问题。当然，不是所有节目都有彩排，但即使是即兴的和无剧本的节目，也有可能对节目的某些段落进行彩排，或组织一次技术彩排。彩排有两种形式，一种是专门针对演员的，一种则牵涉到演员和工作人员的配合。

彩排应该包括最后摄制中涉及的所有环节，比如灯光、音响、字幕和录像片的插入。演出人员都要着演出装、化妆，和正式摄制一样。在正式摄制中，可以把彩排录制的节目中好的部分剪接在正式摄制的节目中，以弥补正式摄制节目的不足。当然，要注意的是演出人员穿的服装、布景、灯光等必须与正式录制时一致。

5. 现场录制播出

正式摄制，要注意控制开始和结束的时间。在节目进行过程中，可以安排一台流动机位适当拍摄一些备份镜头。

摄制人员经常是节目的闯入者，应尽量避免摄像机及操作人员进入镜头。演出人员和工作人员无必要时，不要出现在舞台上或两侧，以免进入镜头。有时要准备一些替补节目，以便直播时出现意外情况时顶上去。有时还要裁减部分节目，保证节目准时结束。这些都需要演出人员的理解和配合。

另外，还要注意以下问题。

现场秩序：观众和演出人员一样必须提前到场。节目录制前要宣布现场纪律，所有人员关掉手机，不要在现场，尤其是摄像机前随意走动，以免影响节目的摄制。观众也是出镜人员，要注意形象，有时也要参与表演，如随着歌声摇动、鼓掌。现场要有领掌的，精彩处带领观众一起鼓掌。这些一般都是现场导演需要负责的。

舞台工作：舞台监督要负责催场。一个节目在演出，下一个节目必须在台口候场，再下一个节目在台后准备。演员、道具的上下场要有序、迅速，以免影响节目的进展。

话筒的使用：要有专人负责，给话筒做好标记，避免话筒没有打开，或者演员用错话筒。对没有话筒使用经验的人，要告诉他应该注意什么。为了防止话筒啸叫，有时还要限制演出人员的活动范围。

6. 收尾工作

演出结束后，假如摄制中有什么问题，不要互相抱怨，应提出建议性意见，互相感谢付出的努力。需把所有设备都收拾起来，注意清理现场，避免安全隐患。

演播室电视直播是一个复杂的过程，是一项集体工作。制播过程中的各个工序是紧密联系的，配合、衔接的好坏，直接影响到节目质量，甚至关系到节目的成败。因此，相关人员要熟悉各个工序，协调配合、互相尊重，如遇问题，应根据节目内容、节目规模，具体问题具体分析，使制播的工序更加合理，从而安全、高质量、高效率地完成制播工作。

第三节　电视现场节目制作

当电视节目离开演播室，到电视台外的场地进行录制时，就叫电视现场节目制作。电视现场节目制作可以分为两类：一类是电视台只参与摄制播出，不参与组织的节目，如体育比赛、各种节日庆典、重大新闻事件等，另一类是电视台组织的，适合在演播室外摄制的节目，比如某些场景、道具在演播室不容易设置时，就需要进行现场摄制。电视现场节目制作，不具备演播室提供的便利条件，无论是在室内还是室外都很难得到较好的灯光效果，以及高质量的音响效果。在室外拍摄还会受到天气、人员配合等问题的制约，例如，下雨会耽搁拍摄，在闹市区拍摄需要交警帮助控制交通和旁观人群。但由于现场制作可以观察事件或使事件置于真实的场景中，因此应用范围越来越广。

一、电视现场节目制作系统

（一）电子新闻采集（ENG）系统

用 ENG 设备，既可作事件的录制，也可作直播传送。许多 ENG 转播车都装配一台微波传送机，能建立远距离的现场与电视台之间的信号传送连接。还有一种卫星新闻转播车（SNG），可以把直播或录制好的 ENG 信号上传到卫星上进行播送。卫星新闻转播车用于大型或特别有价值的新闻事件，如美国有线电视新闻网在 1991 年的海湾战争中对战争现场的直播就是采用这种方式。

（二）电子现场制作（EFP）系统

EFP 既采用了 ENG 技术又采用了演播室技术，既利用了 ENG 的机动性和灵活性，也沿用了演播室摄制的质量控制。电子现场制作可能用到多台摄像机或多台一体机拍摄，这些摄像机可在分开的位置上同时拍摄同一事件，并通过电缆连接到切换台上，类似于演播室的多机摄制。

（三）EFP 设备

EFP 设备有电视转播车和飞行箱系统两种集成系统。电视转播车和飞行箱系统都装有自己标准的配套设备。如果没有转播车和飞行箱系统，EFP 设备不是固定的套装，那么，在去现场前，就要仔细核对所需的物件，并列出设备清单。需要的物件可多可少，取决于 EFP 的复杂程度。下面以三讯道为例列出设备清单。

摄像机：摄像机三台，寻像器三台，摄像机控制器（CCU）三套，摄像电缆三条，变聚焦控制系统三套，三脚架三套，三脚架托板、雨罩等。

导播台：视频切换台一台，数字特技台一台，字幕机一台。

录像机和录像带：录像机三台，编辑控制器一台，录像带若干盘。

监视设备：监视器五台，波形示波器、矢量示波器。

音响：多支话筒，话筒支架和吊杆，调音台一台，录音机一台，现场音箱一套，功放一台，监听音箱一套。

电源：发电机、交直流整流器、电源接线板、电池等。

电缆线和连接插头：多条视频、音频电缆，以及相应的连接头。

灯光：便携式灯具、灯架、灯泡、反光板等。

内部联络：通话耳机四套，对讲机。

其他：小型微波发射机、机架等。

（四）实况转播系统

实况转播系统的概念远不止一辆电视转播车。它需利用一辆或多辆转播车及卫星、微波、光缆、同轴电缆等进行传输。可一级或多级切换，可一地完成或多地共同完成。可以制作文艺、专题、体育、会议等节目。

二、电视现场节目制作

电视现场节目制作与电视演播室节目制作有许多相似之处，又有很大的区别。下面我们对电视现场节目制作应该注意的问题作一个简单的描述。实际上，电视现场节目制作十分复杂，需要具体问题具体解决。

导播要仔细勘察选定的外景地，以确保拍摄顺利进行。如果在室外拍摄或在室内利用自然光拍摄，导播应该按拍摄时间点在前一天去现场察看。这样的话，如果发现问题（如阳光方向）就可以事先有所准备。察看现场时还要注意许多因素，例如转播车停在什么位置，机位设在哪里，灯光怎么打，传声器怎么布置，电力负荷是否足够，怎么布线，周围有没有噪声干扰，有没有物体遮挡拍摄角度，等等。同时，要画出布置图，注明现场情况。

（一）前期准备

摄像机：哪里可以架设摄像机？摄像机需要什么器材（如三脚架、滑轨、吊臂等辅助设备）？需要什么特殊镜头（如广角镜头、鱼眼镜头、高倍长焦镜头等）？有无物体遮挡摄像机的拍摄角度？如何解决？是否需要摄像机平台？高度多少？摄像机的活动范围有多大？是否能用电缆连接？（否则用无线摄像机？）

照明：在何处用什么灯光？灯具的悬挂是否方便？是否需要灯架？灯具是否会进入镜头？室内和室外光混合使用时色温如何解决？背景中的窗户是否会引起光线问题？太阳光的变化带来的影响如何解决？如何避免不必要的阴影？

声音：现场有无音响安排？是否需要将音响返送回现场？周围有无噪声干扰？室外拍摄应注意风的杂音，话筒要带有防风罩。如何布置话筒？需要什么传声器及辅助器材？如何走线？需要多少音频电缆？如果使用有线话筒，话筒线是否影响演员的活动也需要加以注意。

电力：现场电源设施、负荷是否足够？是否需要准备发电机？电力来源是否能够保障？是否有备用电源？需要多长多粗的电源线？电源插座是否安全牢靠？

其他：哪里停转播车（考虑安全、不影响交通，离现场和电源尽可能近，以便走线短）？如果作现场直播，是否有较好的微波或卫星上连措施？通信设施是否齐备？现场秩序、安全等问题与有关部门（电力、消防、交通、公安等）是否取得了联系？及时安排交通、食宿，以免影响摄制工作。设备、场地要有专人负责安全保障，以防失窃或受损。

（二）拍摄

假如进行室外白天拍摄，要充分利用每一段时间。还要注意长时间拍摄过程中光线的变化，根据光线的色温、光强、方向的变化作适当的调整。要为不正常的天气作准备并采取相应的措施。现场拍摄时，摄制人员往往闯入镜头造成"穿帮"，因此要密切注意，以免影响节目的真实性和自然性。

在开始实际摄制前，可能的话，应该先让演员与摄制人员先做一次走场，这样会大大提高实际摄制时的效率。有的以重大事件为内容的节目不可能走场，也需要摄制人员模拟排演一次，以便在摄制前发现问题，及时解决。

在实际摄制前，先检查各台摄像机是否调节了白平衡。摄像机尽可能装在三脚架上，保持摄像机的平稳，避免摄像机无目的地运动。如果需要摄像机的运动，可以采用轨道车、斯坦尼康摄像机避震器等辅助设备。摄制时,要注意避免各种环境噪声干扰录制。

拍摄完成后,在现场监视器上回放一下,看画面是否完好。如果发现严重的问题,在离开现场之前,还可以作些重拍。应在录像带上做好记号并写好场记。

(三) 清理场地

节目摄制完毕,要对拍摄阶段布置的现场进行清理。关闭电源,将各种电缆绕在收线盘上,把各种设备、配件全部装箱,清点设备清单。

(四) 后期制作

有些节目需要进行后期编辑或修改。在编辑时,不要直接在素材带上进行,首先要做备份,以免造成对素材的破坏。在后期制作处理中,要注意节目时间和空间的连续性,对有问题的部分通过重拍镜头、加入空镜头进行补救。同时,还要注意演员的口型、动作要与语言、音乐、音响对得上。

第四节 电视导播的工具——视频切换台

无论是电视演播室节目制作还是电视现场节目制作,电视导播的工具"视频切换台"都是视频系统的核心设备,起着中枢的作用。

一、视频切换台的基本功能

视频切换台的基本功能有三个:
① 从几个视频信号中选择一个最佳的视频素材输出。
② 在两个视频素材之间执行基本转换,从一个图像转换到另一个图像,实现即刻编辑。
③ 在转换中创造或接入特技。

二、视频切换台的主要组成部分

视频切换台主要由输入切换矩阵、混合/效果放大器、特技效果发生器、下游键处理与混合器、同步信号发生器及控制电路等几部分组成(见图2-5)。

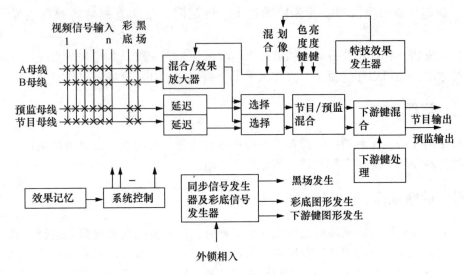

图 2-5 视频切换台结构示意图

(一) 输入切换矩阵

横线与竖线组成的阵列称为输入切换矩阵。通常竖线表示信号输入通道，横线表示信号输出通道（也称为母线或总线）。竖线与横线的交叉点代表视频信号的通断开关，称为视频交叉点。

当某一交叉点导通时，连接到该交叉点的输入信号就可以通过与该交叉点相连的总线输出。

(二) 混合/效果放大器

总线输出信号送到混合/效果放大器，该放大器受不同信号控制可以处于混合、划像或键控状态，从而实现这些种类的特技切换。

(三) 下游键

输出信号经过选择开关、节目/预监混合电路后，进入下游键部分，完成字幕或其他画面的叠加。这便是最后输出的信号，可以直接播出或录制。

(四) 总线

总线的概念：总线就是所有输入信号的一条公共输出通道。

比如，一个演播室有两台摄像机（C1、C2）、一台字幕机（CG）、一台放像机（VCR）、一个辅助信号（AUX）和一个黑场信号（BLK）。这些信号都连接到一条总线上，每一路输入信号分别有一个控制按键，按下不同的按键则输出不同的信号，因此这条总线对应六路输入信号。实际的切换台中一条总线的输入键数远大于此，其目的是在节目特别复杂或增添新设备时，可以加入更多的信号源。

视频切换台上有多条总线，每条总线都有同样的按键数，按键的排列顺序也相同，并且与同样的输入信号一一对应。

下面介绍不同的总线及其功能。

1. 节目总线（Program Bus—PGM）

如果是从一个图像源到另一个图像源的无须预看的切换，可以用只有一条总线的视频切换台（相当于视频切换开关）。

总线上的每一按键对应一个图像源输入，这条总线能把各种图像源直接输送到播出或录像机，故称为节目总线，也称直通总线。需要注意的是，节目总线的左边第一个键通常是附加键，标注 BLK 或 Black，不连任何信号源，作用为使屏幕变成黑色。

2. 混合总线（Mix Bus）

如果想用切换台作化入化出（两图像有短暂的重叠）、淡入淡出（一个图像逐渐出现或逐渐消失），就需要增加两条总线（称为混合总线 A、混合总线 B）和一个控制杆（一般称为拨杆或拉杆），控制杆是用来控制速度的。另外还需要增加一个混合控制键，按下混合控制键，混合总线得到的混合信号才能通过节目总线输出。

3. 预监总线（Preview Bus—PVW）

预监总线与节目总线的按键数量、形状和排列完全相同，它们的功能也非常相似，只不过预监总线输出的图像信号不是提供给播出和录制，它只是在播出前预看用。预监总线按键的选择切换只是在预监视器上变换画面，并不影响正常的播出。在播出进行中，一般使用预监视器和预监总线按键寻找下一个节目来源，从而完成镜头衔接。

4. 特技总线（Effects Bus）

如果切换台要完成一些比较普通的特技效果，如各种划变（一个画面逐渐取代另一个画面）、标题的键入（把文字嵌入到一个背景画面上）和其他图像的操纵（开头和色彩的变化），那么切换台应再增加两条特技总线与一个控制杆。

这样，一个切换台要具备以上功能，就需要 6 条总线、2 个控制杆和数十个按键，大大增加了操作难度和电路设计的复杂性。这就引出了新的设计理念——多功能视频切换台。

（五）多功能视频切换台

为了使切换台更便于使用，制造商们设计了能执行多重功能的总线。这样，就不需要分开节目总线、混合总线、预监总线和特技总线，可以用最低限度的总线数目来分配各种混合/特技功能。

多功能视频切换台的主要设计思想是一线多用，力求用最少的总线（和按键）来制作各种混合和特技，不再遵循传统的分开设计节目总线、混合总线、预监总线、特技总线的理念。

当把混合总线和特技总线调到混合方式时，就能做出 A 到 B 的混合效果，如化入化出、叠化。当调到特技方式时，能得到特技效果，如从 A 到 B 的各种划变。甚至还能把节目总线和预监总线用于混合和特技功能。

用于指派某条总线进行这些工作的按键，称为指派控制键。指派控制键一般就在叠化控制杆旁边。

按下BKGD键，A、B总线被设定为背景总线。

按下KEY键，键源总线信号嵌入到A、B总线中，A、B总线可以互为快切。

按下MIX键，节目、预监总线变成混合A、B总线。

按下WIPE键，节目、预监总线变成特技、划变A、B总线。

按下CUT键，快切键。

按下Auto Trans键，自动转换键，不用拨杆。

目前我们使用的切换台基本都是多功能切换台，多功能切换台共设计了三条总线，有节目总线（PGM）、预监总线（PVW）和键源总线（KEY）。

节目总线做输出用，如果按下PGM上的C1键，CAM1的图像就输出。如果按下C2键，输出就从CAM1切换到CAM2。如果不需要监看下一个画面图像，只作切换，那么一条节目总线就可以完成这一切工作。

当设定到混合或特技功能时，节目总线变成M/E—A总线，预监总线变成M/E—B总线。主监视器上为A总线的图像，预监视器上为B总线的图像。当做具体切换时（用键快切，用拨杆做化入化出、划变等），预监视器图像马上会取代主监视器图像。

节目总线和预监总线有时又都被称为背景总线（Background Bus），因为它们能为各种特技做背景。例如在节目总线上嵌入字幕，这幅画面就为字幕提供了背景图像。字幕机信号是由第三条总线提供的，称为键源总线。

三、视频切换台的基本操作

（一）硬切换方式

即一个画面瞬间切出消失，另一个画面瞬间切入出现，又称为快切方式。

（二）软切换方式（混合方式）

淡出淡入：一个画面由强变弱直至全部消失后，另一个画面再出现，效果由弱渐强。

化出化入：一个画面由强变弱逐渐消失的过程中，另一个画面逐渐出现最终取代前画面。

（三）特技切换方式

划变：两个画面以某种几何图案方式，从某一方向进行转换。

叠化：一个画面叠化于另一个画面之中。

分屏：屏幕上出现二分、四分及多分画面效果。

键控：一个画面嵌入另一个画面之中。

本章思考与练习

1. 比较分析 ESP、EFP 和 ENG 这三种电视节目制作方式的优缺点。
2. 分析认识多级切换系统的特点,并策划设计一场由三地联合举办的大型现场直播活动的电视转播系统。
3. 电视演播室节目制作系统具体有哪些部分?
4. 视频切换台的主要组成部分和基本功能有哪些?

第三章

电视导播常规通用技巧

学习目标

通过本章的学习,认识电视导播的职能与权限,熟悉多讯道节目制作中常用设备的使用技巧,熟练掌握电视导播的口令术语和解决切换不到位的方法。

关键术语

机位设置;调机;电视转播车;飞行箱 EFP 系统;摇臂技术;斯坦尼康;飞猫系统;高速轨道系统;遥控摄像机

第一节 电视导播的职能

一、机位设置

机位,在多讯道节目制作中是一个统称,包括了录制必需的摄像机、三脚架、高台等等。如果更细地划分,机位的摄像机是由镜头和机身组成的,其中,镜头又有型号的区分,即标准镜头、广角镜头、长焦距镜头等等。机位的三脚架包括支架和活动脚轮。机位的高台也有不同的高度,如0.5米、1米、1.5米、2米,甚至还有更高的台。

每一个机位最基本的配置是摄像机和三脚架支架,其中,每台摄像机的镜头型号只能选择一种。三脚架的脚轮和高台不是每个机位必备的。导播在设置机位的过程中需对每一个摄像机机位的附属配件予以明确。

多讯道节目的录制机位是由摄像机的拍摄位置和摄像机的拍摄高度两方面构成的。

第一,摄像机的拍摄位置。

摄像机的拍摄位置指的是在活动现场选择摄像机三脚架架设的具体点位,从而确定摄像机与被摄对象之间的拍摄距离。

第二,摄像机的拍摄高度。

摄像机的拍摄高度是指在确定了摄像机三脚架具体位置的基础上,确认摄像机的拍摄角度，以获得平视、仰视或者俯视的拍摄效果，还需确定是否搭建高台以及高台的高度、长度和宽度的尺寸。

在选择每一个机位时，都必须综合考虑上述两种情况，这是多讯道节目录制的特殊之处。

比如在首都体育馆举行的澳门回归祖国庆祝大会，主席台与场地之间大约有2米高的落差，要采用平视角度拍摄领导人，则需要搭建1.5米左右的高台。需要注意的是，是否搭建高台更主要取决于被摄主体。

在多讯道节目制作中，我们习惯将摄像机的位置与高度选择统称为"机位设置"。

（一）机位设置的形式

多讯道节目机位设置的形式主要有以下几种。

1. 标准配置

（1）定点机位

多讯道节目录制现场，每一个机位只要确定到位，基本上是不能再进行移动的。无论远距离机位还是近距离机位，大都以固定机位为主。我们称这些机位为定点机位。

① 远距离机位

远距离机位包括录制现场的制高点机位、升降车和高点机位等。远距离机位的主要功能是展示场面，说明场景间的各种关系，因此，所选用的镜头型号以广角镜头或者标准镜头为主。

② 近距离机位

近距离机位指的是除远距离机位以外的现场其他机位。这些机位的摄像机以拍摄活动的各项具体内容为主。相对于远距离机位来说，近距离机位的摄像机与活动中的事件主体的距离比较近。

（2）游动机位

游动机位主要是指摄像师在活动现场进行流动式拍摄的机位，当然，流动的范围是有限的。比如"两会"领导人会见中外记者的活动，就需要设置两部游动摄像机，以便随时抓拍位于现场不同位置的记者。

2. 特殊配置

特殊配置指摄像机的机位或架设在移动车上，或架设在铺设的轨道上等。另外，像吊臂、飞猫系统和斯坦尼康也属于特殊配置的范围。

机位的配置分为以上所介绍的标准配置和特殊配置两种形式，在一般规模的现场拍摄中，机位采用标准配置就能够满足需求，而在大型现场，需采用标准配置与特殊配置相结合的形式。

（二）导播必须具备机位设置的能力

在多讯道节目制作中，机位设置是导播要把好的第一道关。机位设置要体现节目的制作目的，满足观众的期待，能解决从哪里看、往哪里看的问题。在机位的设置上要考虑以展现舞台表演为主，从各个角度、各个高度、各个景别来观察表演者。机位设置就好比围棋的布局、建筑的框架，好的机位图是具有美感的。

机位设置以节目的文学台本和导播工作台本为依据。在设置机位时，离不开环境的影响，舞台和观众区的相对位置、演出场地的物理形状、周围建筑的特点等，都是要考虑的因素。把摄像机合理地分布到环境中，可以让电视观众不仅有身临其境的感受，还能看到各个方位的景物特写。

摄像机的位置在节目开始后一般不能大幅调整，所以在设置方案中要考虑各个机位的相互关系，力争在同一角度上有两个以上的机位，以便进行接力拍摄，也能更好地保证精彩镜头的捕捉。导播最好能画出机位图。图3-1中给出的是一个常规综艺晚会的机位图，在图上可以看出各个摄像机的位置、机号、辅助设备等信息。

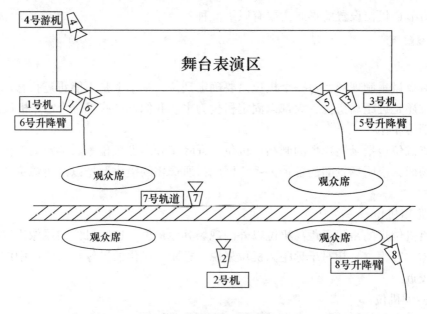

图3-1 常规综艺晚会机位图

机号可以对应切换台上的按钮和监视器，方便查找。镜头性质要在设备清单上标注，方便领取，也可以从中看出该机位所要表现的范围和对象。辅助设备主要指摇臂、轨道、索道、航拍等不同的摄像机底座，当然还包括三脚架等常规类型。借助机位图，导播能构筑出大致的画面感觉，各机位的摄像师也能明白自己的拍摄范围和对象。

（三）机位设置的原则

机位设置并没有通行的方案，但不同的节目所采用的机位设置方案会遵循一些共同的原则。

1. 正面拍摄原则

正面拍摄是一种最常用的拍摄角度。正面方向拍摄有利于表现被摄对象的正面特征，产生平稳的构图效果，烘托出庄重稳定、严肃静穆的气氛。正面拍摄有利于表现被摄对象的横向线条，但如果主体在画框内占的面积过大，那么与画框的水平边框平行的横线条容易封锁观众的视线，使其无法向纵深方向透视，画面易显得缺乏立体感和空间感。

正面拍摄人物时，可以看到人物完整的脸部特征和表情动作，如用平视角度和近景景别，则有利于画面中的人物与观众面对面地交流，使观众产生参与感和亲切感。一般来说，各类节目的主持人或被采访对象在屏幕上出现时都采用正面拍摄。

2. 场景原则

导播要想清晰有效地呈现一档节目，必然需要通过画面让电视观众了解这档节目进行的现场。不同的节目，其现场与工作区的关系又是有所不同的。导播在进行机位布局的时候，既要考虑用怎样的机位来展现场景的全貌，又要考虑这个场景所能够提供全景机位的可能性与制约因素。

目前，电视节目场景设计的风格越来越多地呈现为由多重造型元素拼贴组合的"演播"空间。这种趋势的形成在某种程度上表明了观众对"演播"过程的熟知，那种以"具象形似"烘托节目氛围的做法已被逐渐抛弃。节目制作者转而追求既能给观众留下奇异的视觉印象，又能顺应其收视心理的场景设计策略。对电视观众而言，一档节目的场景特点会转化为一系列视觉符号留存在记忆中，从而起到强化识别的作用。对于长期固定播出的节目来说，场景特点就成了品牌形象的重要表征之一。

用以表现场景特点的最具代表性和概括力的画面即为全景，全景的表达是电视叙事功能的基础。场景的全景是帮助电视观众辨识空间环境、确认人物位置和相互关系的必要步骤。

因此，导播需要设置负责拍摄场景全貌的机位，通过场景整体环境的展现来完成以上所述的诸项功能。

3. 区分被摄对象原则

无论录制什么节目，对拍摄对象进行区分，是机位设置的基础。现场参与节目的人是两个、四五个还是几百个，这个人数方面的规模直接决定了导播工作的复杂程度，这种复杂程度又主要体现在多讯道拍摄的任务量上。

两个人的节目，无非是双人关系的小全景与单人近景的拍摄，那么三个机位的讯道设置就肯定是充足的。四五个人参与的现场节目，既要有展现所有人关系的全景，又要有展现局部两三个人关系的中景，还要有每个人近景的拍摄，因此，三个机位的讯道设置就成为最低的限度，最好能够用四个机位来完成拍摄。当然，几百个人参与的现场节目，机位的拍摄任务量会更多。

总之，导播要清晰地掌握节目参与的人数，由此对整体的拍摄任务量与调机的可能性做出判断，从而准确设计多讯道制作所需要的机位数目。

在机位设置的过程中，导播必须规划出哪个机位是主持人的机位，哪个或哪几个机位是嘉宾或表演者的机位，哪个或哪几个机位是现场观众的机位。在负责拍摄观众的机位中，又要划分出哪个是拍摄观众反应的机位，哪个是抓拍随机参与到节目中来的观众的机位等。

4. 机位数目最小化原则

有人认为，机位越多，获得的画面可能性就越多，越不会遗漏有价值的东西。于是，会在制作经费与技术保障许可的情况下将机位数目最大化，觉得这样做心里很踏实。但是，机位数目的增多未必是件好事。

随着机位数目的增加，首先，现场的机位工作区就会增多，造成机位互相影响、彼此穿帮的可能性就越大。其次，导播需要同时监看和调度的讯道数目就会增多，看、说、听、切的工作量都会同时增加，这样对导播注意力的分配就提出了更高的要求。也就是说，随着机位数目的增多，多讯道制作的复杂程度加大了，各环节的失误率就会提高。当然，还存在一个很关键的问题，就是这些机位的使用率和必要性如何。仅仅因为经费充足、技术条件好而多设机位，不仅构成一种极大的浪费，而且还可能成为隐患，导致工作中出现问题。因此，机位的数目并不是越多越好。

我们提倡，在设置机位时应本着机位数目最小化的原则。当然，这并不能简单地理解为机位数越少越好，而是指，机位数目应该力求有效、适用前提下的最少量。一般情况下，导播进行机位设置的时候，都会先综合考虑各种拍摄需要（如前所说的各种因素）来安排充足的机位，然后再考虑如何合理减少机位数目。

5. 单个机位功能最大化原则

在多讯道节目制作中，每一个机位的任务量总是有轻有重，不可能是平均的，而合理地发挥每个机位的功能，使它具有更多的拍摄可能性，则是导播在设置机位时要掌握的原则。同时，单个机位功能最大化也是实现机位数目最小化的有效途径。

（1）给它一个好位置

导播在考虑单个机位功能如何最大化的时候，首先应该想到"给它一个好位置"。当一个机位占据了合理的空间位置点，它就具备了多机位的使用功能。

（2）给它一个好属性

无论是摄像机的类型（大型、便携等），还是各种摄像辅助设备（运动辅助设备、电子遥控设备、水下摄影设备等）、特殊的镜头性质（广角、长焦等），都属于机位属性。但一个机位的好属性不在于它的配置高低，而在于适用、能使拍摄能力最大化。

（3）给它一个好配合

多讯道的每个机位都处在与其他机位配合的关系之中。对于一个机位，导播"给它一个好配合"，不仅可以让它实现功能最大化，也是对其他机位拍摄难点的一种"解救"，从而形成整个机位设置在应对现场不同需要时的变通能力。

二、调　　机

"调机"是导播对各机位任务分工的部署，包括对各机位所拍摄镜头的角度、景别、运动形式等方面的具体要求，传达有关各镜头衔接顺序的指令，以及处理现场突发情况的预案，等等。它可以分为两个阶段，一个阶段是导播制作工作台本时对各机位拍摄任务的分配，另一个阶段是导播在录制过程中对方案的实施与临场的调整。

调机是导播工作中非常重要的一个技术环节。

导播按照自己对于节目的理解、对于场景的理解、对于画面的想象以及工作台本中关于镜头设计的要求，来指挥各个讯道摄像师的拍摄，告诉他们在此时此刻或者是在之后的一段时间内拍摄的任务和要求。

调机不仅仅是导播的工作，更需要摄像师的配合。摄像师如果熟悉分镜头本，可以自行按要求进行调整，导播则能更加专注于切换和控制工作。如果是突发的新闻事件，无法实现彩排和制定分镜头本，导播这时就需要仔细地调度各个摄像机，让其拍摄符合技术标准和艺术要求的画面。

调机计划和机位设置一样，可以在开拍之前确定。例如人物从左侧出画，然后从右侧入画，就是使用两台位置相近的摄像机向右接力摇动实现的效果，如果不是事先约定，很难在实拍时通过口令实现。优秀的导播有必要在平时的训练中多准备一些小型的调机组合，以便运用在实拍中合适的时机。

在调机中，导播要注意使用规范的技术语言，比如"推""拉""摇""移""松""紧""留天""留地"等术语。规范调机术语能方便、有效地得到构想中的画面，避免时间的浪费。

调机要追求画面的构图美感，比如关于各个景别的具体范围，如果需要，可以在开始拍摄前和摄像师协商，统一观点，避免歧义。构图是摄像师的主要任务，导播主要是从两个画面相连接的角度来考虑构图匹配，比如上一个画面人物在画框左侧，下一个画面则应将同一景别的人物构图在画框右侧，以避免人物影像的原地跳动。调机时要充分考虑剪辑的流畅，比如避免跳接、避免"越轴"镜头等。调机可以有效地捕捉观众的反应，比如当摄像给了观众的群体图像时，导播认为某一位观众的表情富有表现力，则可调动该摄像机给其近景。调机可以显示导播运用"长镜头"的能力，即在同一个镜头中，调动摄像机，甚至调动演员等各种要素，营造意味深长的画面意境。

调机中既要注意避免调动中的机位穿帮画面被切出，还要保证切出信号的良好。导播可以在预监中准备将要切出的信号，调动镜头。如果遇到切换频率较高的情况，则很难有时间逐一调机，这时可以选择机位中的优良信号切出。在突发事件中，导播要预见将要出现的关键画面，这时调机的主要任务就是防止遗漏重要画面信息。导播要有很强的时间感，因为"时间控制"是电视台整体节目编排的要求，同时也影响了节目内部张力。现场调机要注意时间余量，提前下达口令，留给摄像师充分的时间去把摄像机调整到合适的位置。调机对象如果是运动的机位，比如摇臂、轨道等，则在艺术上要注意"起幅"和"落幅"，可以约定下达"准备"和"启动"口令，以避免过早或过晚启动。

三、运镜节奏

一场节目中的运镜节奏（即运用镜头的节奏）是衡量一个电视导播水平高低的标尺。在录制节目前，电视导播要先决定运镜的节奏，如果是节奏紧凑、变化较大的运镜，最好事先参与彩排。

音乐节目的运镜节奏一般应该跟着音乐的节奏。例如节奏快的歌，切换镜头就跟着快，节奏轻柔的慢歌，就尽量放慢画面切换的速度，或是可以稍快一些（丰富画面的变化），但都使用短时间的叠化来切换。这就是运镜的节奏感。

音乐节目是如此，体育类的赛事也是一样。例如，赛事在紧张时（例如正在进行点球大战），导播切换画面的速度可以快一些，或随着射手牵制守门员的节奏来变化，或主动制造更紧张的视觉效果（比如开个画中画），直接抓拍射手与守门员的特写也是一种方式。在球赛中的短暂休息时间，例如有人喊暂停时，可以拍些观众或球队教练镜头，这时就可使用叠化放慢速度。各种球类比赛都一样，球赛的运镜节奏是与球场的气氛、主播的节奏相配合的，这点很重要。

谈话性的节目也有运镜的张力。例如会起争执的谈话类型节目，导播的节奏要随现场的气氛而改变。如果发生两个人你一句、我一句的情况，切莫随着二人讲话直接硬切，因为导播永远会慢半拍，往往第一个人讲不到一句，第二个人就插嘴了，这样你来我往，导播如果用硬切，一定会因为慢半拍跟不上而乱掉。这时可以使用全景来拍摄。如果这起争执的两人是坐在一起的，那就使用两人大小的全景。或是干脆开出一左一右的分割画面，把争执中的两人都放进来。但此时一定要保留一个机位是全景或是停留在主持人身上，作为安全画面来使用。如果此谈话节目是很温馨柔和的性质，那导播最好使用慢节奏的运镜方式，切换画面时以叠化为主，甚至可以用慢速移动的轨道车或是摇臂来表现画面的动态感，使节目的视觉效果看起来不会那么单调。而如果这时有某位发言者已谈到了很深入的情感或是有伤心难过的画面出现时，导播就可以硬切，原本拍摄这个人的摄影师则开始慢速地推，这也是一种运镜的方式，不切换画面，直接改变现有镜头的大小，也可以表现出吸引观众注视的张力。

上面所谈的只是导播运镜中的几个例子。导播的运镜变化多到数不清，越有经验的导播会累积越多的运镜方式。

四、切　　换

切换是多讯道节目制作中导播对摄像机画面等各类视频信号进行即时剪辑的操作。切换要解决观众如何连续看的问题。切换由导播在实拍中完成，导播可以根据分镜头本获得基本的切换依据，但实拍时会出现各种变化，这就要求导播要集中注意力，以应付随时出现的情况。

切换可以分为表现型和叙述型，表现型切换主要用于演唱会、文艺演出等节目的制作中，叙述型切换则用于新闻事件的直播、情景剧的制作、谈话节目和娱乐节目等。叙述型切换是以事件发生发展的经过为主要线索来组织画面，而表现型的切换主要是以情绪和气氛的微妙变化为线索来组织画面。切换和电影艺术中惯用的"蒙太奇"手法很相似，不同的是如果说电影蒙太奇是在时空中变换，那么导播的切换则是再现某个特定时空。而它们所依据的心理学基础是一致的，即观众在单个画面的不断闪现中通过"心理完型"重构一个完整的时空。

切换中要注意节奏的控制。切换的节奏类似前面谈的运镜节奏。切换节奏在演唱会节目中可以根据演唱的歌曲节奏来确定，可以在每一句歌词结束之后切换，也可以在每一句的强拍处切换。在调机中也要注意节奏，以适应切换的要求。比如摄像机的运动快慢可以随歌曲的节奏相应变化。切换中还要注意符合剪辑的一般规律，比如"动接动""静接静"等。同时需注意相应景别的时长，全景的信息量大，时间相对要长，可以用时4至5秒，近景的信息量小，可以用1至2秒的时间来表现。切点的选择要保证信息足量而不要冗余，在切换中不拖泥带水。

切换不要一味炫耀技巧。高级的切换台都有十分丰富的特技效果，如果用得恰如其分会给制作出的节目加分，如果滥用则反而会令人感到滑稽。比如，叠化效果在抒情歌曲缓慢的节奏中运用可以再现细腻的气氛，如果给快节奏的劲歌劲舞配上柔情似水的叠化，则互相矛盾。再比如翻页的转场效果，用在片头片尾可以吸引眼球，歌手在演唱中若被导播不断"翻页"则会引起时过境迁的错觉。

切换从另一个角度说是个技术操作，是一种人机交互，所以导播还要具备相应的硬件知识，对摄像机、录像机、切换台等设备的原理和操作方法要十分熟悉。一旦硬件出现问题，导播要能在第一时间进行处理，或启动备播带，或动手排除故障。

第二节　多讯道节目制作中的常用设备

一、电视转播车系统

电视转播车系统是将电视系统设备存放在汽车上的制作系统，通常用于现场实况转播和录制。转播车系统相对演播室系统集成度高，系统复杂完善，在一台大型电视车上往往集成有十几到二十几个有线讯道和几个无线讯道，车内还有完整的供配电系统和空调系统，侧拉结构的转播车还有车载液压控制系统，属于集广播电视技术、网络通信技术、液压技术、工业控制技术等于一体的高科技系统。其代表有高清转播车（见图3-2）、卫星直播车、微波通信车、音频车等。

图3-2　高清转播车

电视转播车具有摄像、录像、编辑等功能，信号用微波设备送至电视台进行播放。电视转播车是一种具有机动灵活、活动范围大等特点的车载小型"电视台"。它可以远离电视中心进行现场节目制作，并即时向电视中心传送所录制的节目，进行现场转播。

每台电视转播车的多讯道容量在该车制造出厂时就已经设计完成，如四讯道转播车、六讯道转播车、八讯道转播车、十二讯道转播车等等。另外，还可以通过姊妹车来完成讯道负载量的扩充，即有两辆转播车，一辆主车、一辆副车，两车同时作业，将副车的信号发射到主车上，以便同时获取更多的信号来源。不同的电视台往往根据自己的不同需要与经济条件来选择不同配置的转播车。

（一）电视转播车的分类

按规格分类：大型转播车，中小型转播车，微型转播车。
按视频标准分类：标清转播车，高清数字转播车。

（二）车载设备配置

1. 摄像机

车上的摄像机是按照不同的制作要求配备的。根据导播的意图，摄像机安置在现场不同的位置，摄像机输出的信号通过电缆送到转播车上。

2. 视频切换器

视频切换器具有多路信号输入和一路以上输出，可以对两路或者两路以上的视频信号进行多层次画面的特技组合与切换。

3. 微波发射设备

经视频切换器输出的信号，通过电缆传送给架设在制高点上的微波发射机。微波发射机将电视信号调制后，用微波发射天线将电波直接发射给架在电视中心楼顶上的微波接收设备，经解调后的信号送电视播出中心。

4. 录像机

视频切换器输出的信号同样也送给录像机，它可以对节目进行不间断的录制，并能进行各种现场编辑工作。在体育节目转播中配备有慢动作控制盒，可以遥控录像机进行慢动作重放。

5. 同步机

同步机产生各种定时和基准信号，使各电视设备的系统同步地进行工作。

6. 音响设备

音响设备包括传声器、调音台、录音机、音频插口板、音频分配器等。现场的节目声，由传声器转变成电信号，然后通过音频电缆送到转播车上，再经过音频插口板、音频分配器送给录像机、微波发射机和监听扬声器。

7. 监视系统

每台摄像机都相应地在车上配有一台监视器，供导播选择画面和技术人员监视技术质量用。还有主监视器和预监视器等。

8. 通话系统

在节目制作的过程中，为了确保导播能指挥各岗位人员协调工作，必须配备专用的有线和无线通话系统。

9. 空调系统

空调系统要确保车内的工作条件和设备的稳定。

10. 供电系统

一般分外接市电和车内自带的发电机供电。

（三）车体结构

从当今国际趋势看，电视转播车分别朝着大小两个方向发展。两种类型的转播车在车体结构上区别较大。

为了追求灵活性，小型转播车通常采用性能优越的小型箱式货车或小型房车进行改装。这类车通常具有良好的行驶和减震性能，但车内空间狭小。为了充分利用空间，通常不在车内进行大的改动，仅根据车内结构，灵活摆放机柜。通过精心设计及选用小巧的设备，小型的转播车也可以装备两三个讯道，适合应用于小型 ENG 新闻转播。

大型转播车在车体空间上有很大的发挥余地，车体结构通常分为卡车式和拖挂式两种。卡车式结构转播车通常以大型货车底盘为基础进行改装，但按照国内现有车辆标准的规定，货车底盘的改装车全车最大重量不能超过 15 吨，全车最大长度不能超过 12 米。同时，受底盘结构的影响，该种车辆的下围可用空间有限，最多可容纳八讯道的转播设备。与卡车式相比，拖挂式结构的转播车在改装上具有许多方便之处。拖车在载重量和长度方面的限制较小，不算拖车的动力车头，拖板长度可以达到 15 米，载重量可以达到 20 吨以上。

在箱体结构上，大型转播车正在朝侧拉箱式结构发展，该结构可以大幅度增加转播车内的使用空间，提高转播车内的舒适性。货车底盘的转播车通常采用单向侧拉结构，而拖挂式结构的转播车现多采用双向侧拉的结构，除导播区一侧的箱体可拉出外，导播区监视墙一侧的箱体也能向外拉出。这样不仅可以进一步增加车内空间，而且还可在导播台后侧再增加二级控制区，形成两级导控结构，以适应大型节目转播的控制需要。

在转播车的内部结构方面，卡车式和拖挂式也有一些区别。卡车式由于内部空间有限，通常车内分为技术区和导播区两个部分，有的车也设有单独的音频区。拖挂式因为有充足的车内空间，所以车内可以根据功能分为录像区、摄像区、导播区和音频区四个部分，导播区又可分为前导播控制台和导播控制台两部分。

（四）电视转播车系统的发展方向

对作为特种车辆的转播车来说，广播电视系统是其核心部分，这部分也是转播车发展变化最活跃的部分。其发展目前主要表现在数字化方面，而网络化、智能化将是进一步的发展趋势。

1. 数字化

这里所讲的数字化涉及两方面，一是信号采录和处理方式的数字化，二是信号传输的数字化。随着数字技术的广泛应用，现在的转播车系统从采集到传输已全面向数字方式过渡。有实力的电视台甚至已经实现了转播车系统的全数字化。设备的数字化，也给转播车系统带来了许多的变化。

2. 网络化

音频系统、通信系统和卫星传输系统在数字化后正逐渐迈向网络化，这为多辆转播车的联网工作提供了方便。在大型转播活动中，往往需要多台转播车辆、多个系统联合工作。这些系统如果能够通过网络连接起来的话，可为控制和管理提供极大的方便。

目前三网融合推动了广播电视行业的快速发展，为了迎接多媒体时代的到来，各种传媒机构都更加重视信息的时效性，这必然会推动国内电视转播车行业的进一步发展。智能化的趋势也将逐渐出现。

二、飞行箱 EFP 系统

近年来广播电视节目制作的多样化，对传统 EFP 系统提出了更高的要求，对节目制作的分工也提出更专业化的要求，飞行箱 EFP 系统便应运而生，成为现场节目制作的新宠。

飞行箱 EFP 系统简称飞行箱，是将 EFP 系统的视频、音频和通话系统的各类设备，按照节目制作的专业要求，分别固定安装在可搬动的多个箱体内，并加装各种防震垫，防止运输过程中的震动，保证设备的安全。这安装了一台台电视设备的箱子，就称为飞行箱。飞行箱运抵节目制作现场后，工作人员按照节目制作的要求，对一个个飞行箱进行合理的排列、组合，正确连接电缆，就使之成为一套完整的 EFP 系统，调试完毕之后即可进行节目的制作。（见图3-3、图3-4）

在飞行箱的设计过程中应仔细考虑具体设备的安装，以便于之后节目的制作、系统连线、调试和操作。如将几个摄像机安装在一个单元飞行箱中，将切换台的主机和矩阵的主机安装在一个单元飞行箱中，监视设备要考虑相应设备的要求，等等。

通俗地说，电视转播车系统是将 EFP 系统全部装进一个大大的箱体内，而飞行箱系统是将 EFP 系统所有设备分别装入几个甚至几十个小箱体中，便于运输和安装。

与传统 EFP 系统相比，飞行箱可拆可分，可聚可散，更具灵活性。一般飞行箱系统为4台摄像机安装于一个单元飞行箱中，如果要制作大型综艺、体育节目，可以把3个摄像机单元飞行箱组合在一起，加上切换台和周边设备单元飞行箱，成为一个12讯道的 EFP 系统。如果要制作谈话类的节目，将两个摄像机单元飞行箱组合在一起，这一6～8讯道的 EFP 系统就足以应付了。小型节目如新闻节目的制作更为方便，一个摄像机飞行箱加上一个小型切换台和周边设备飞行箱即可。如果要制作更大型的节目，则可将 4 个甚至更多的飞行箱组合在一起，使 EFP 系统成为 20 讯道以上的大系统。

从节目制作的现场系统来看，演播厅是将节目现场"请进来"，转播车是"走出去"，而飞行箱 EFP 系统可以将节目"请进来"和"走出去"结合起来，可进可退。

从节目制作的时间长短来看，演播厅是"持久战"，电视转播车是打一枪换一个地方的"游击战"，而飞行箱 EFP 系统就是时间可长可短的"运动战"。

飞行箱 EFP 系统的连线较复杂，需要工程师对系统非常熟悉，对信号的流程、走向及设备的接口熟记于心，才能在系统运输到位之后，用较短时间完成安装调试，并交付使用。使用过程中如遇故障，要能准确判断故障的原因，对产生故障的设备迅速做出判断，尽快解决问题，保证系统的正常工作。

飞行箱 EFP 系统的操作与演播厅、转播车基本相同，只是因设备的安装紧凑，增加了部分操作难度。

飞行箱 EFP 系统从价格上来说要比转播车便宜，毕竟少了车体部分，但是也不像转播车那么来去自由。飞行箱 EFP 系统最大的优势就是可以灵活组合，尤其是组合成大型的 EFP 系统，所以很受大型电视台青睐。对于一些嫌转播车价格昂贵的中小电视台来说，飞行箱 EFP 系统也不失为一种经济的选择。

由于每次外出均需进行箱体搬运，与转播车系统相比，飞行箱 EFP 系统会增加人力和时间上的成本。但其对场地的适应能力较强，适合在较远距离的或驾车难以到达的地方展开工作。

图 3-3 飞行箱 EFP 系统

图 3-4　飞行箱 EFP 系统

三、摇臂摄像设备

在电视技术日新月异的时代,摇臂摄像在综艺、体育、谈话类等节目中发挥了不可忽视的作用。它大大丰富了电视节目的镜头语言,加强了镜头画面的动感和多元化,给镜头画面增添了磅礴的气势和纵深的空间感,使观众有身临其境的感觉。摇臂摄像机特有的长臂优势,使其经常能拍到其他摄像机不能捕捉到的镜头。

摄像机的摇臂分为很多种,一般是按电影应用和电视应用来划分。电影摇臂相对于电视摇臂来说技术含量更高,同时价格也要高出许多倍,不过其种类相对较少。由于电视节目类型较为丰富,所以应用于电视的摇臂种类也比较多,主要可分为带座位、全遥控及全手动三种,其中只有部分摇臂具有臂杆收缩的功能。目前,世界上的电视类主流摇臂主要有:德国 MovieTech 大型摇臂、德国 ABC 大型摇臂、美国 Jimmy Jib 大型摇臂、英国 Polecam 渔竿式摇臂等。

摇臂的优势在于广角移动,包括横向、纵向、上下的移动。通过摇臂的移动结合摇臂云台上下左右的位置移动,可以得到各方向移动的效果。在应用这些运动的时候主要用广角镜头,因为长焦拍摄不是摇臂摄像的优势,很难控制准确的焦点。用好摇臂最基本的要求是三个字:稳、匀、准。

在一个节目中如何使用摇臂，使用几次，是用摇动拍摄还是固定拍摄，是拍全景还是拍近景，都应在分镜头方案中加以明确，以减少摇臂的盲动性。由于一个节目中的镜头数量是有限的，让摇臂无限制地摇来摇去显然不合适。事实上，摇臂刚出现时还令人觉得新鲜，到后来人们越来越感觉摇臂用得太滥。在摇臂的使用上还应该澄清一种误解，即摇臂只有摇动才行，其实摇臂运行至一处后，也可以作为特殊的定点机位使用，而这往往被人们所忽视。

摇臂摄像机在节目中的应用水准很大程度上取决于摄像和导播之间的沟通。在节目录制前，摇臂摄像人员一定要和导播就节目录制流程进行充分的沟通，并预先熟悉录制的内容，设计录制中需要用到摇臂的镜头画面，使摇臂摄像能够发挥最佳作用。对于演播室录制的大型电视节目或直播节目来说，还有必要在节目排练过程中，尽可能根据节目要求演练一遍所有的镜头应用。

（一）摇臂摄像在演唱会类节目中的使用

目前，一般演唱会中常使用两台摇臂摄像机，一台放置在台前，主要用于拍摄台上的歌手，另一台主要拍摄现场的观众反应镜头。为了最大限度拍摄到台上歌手的各种精彩镜头，台前摇臂设备位置要尽可能靠近台口，尽量放在主台两面的位置。摇臂在这种情况下能突破固定机位拍摄的局限性，可以全方位地抓拍到现场演出人员的精彩瞬间。

在实际拍摄中，摇臂摄像人员应尽可能地利用现场环境，比如现场布景、灯架等来掩饰庞大的摇臂设备对其他摄像机镜头画面的影响，并尽量不要影响观众的视线。

（二）摇臂摄像在歌舞类节目中的使用

摇臂摄像机具有在高机位平稳运动的优势，可以很好地利用这种移动拍摄得到的动感效果，丰富歌舞类节目的表现。从高处俯拍能更好地表现舞蹈的队形排列。有丰富经验的摇臂摄像师还能掌握好边摇边推拉的技巧。在电视台，摇臂摄像师往往由最优秀的摄像师担任，因为摇臂摄像对摄像师的方位空间感觉要求较高。

（三）摇臂摄像在体育类节目中的使用

市面上有针对各种类型体育节目的摇臂，如德国的 ABC 大型摇臂（见图 3-5）就是专门为拍摄足球比赛设计的，而英国的 Polecam 摇臂（见图 3-6）主要适用于小型技巧类体育运动节目的拍摄。

拍摄体育节目时，摇臂摄像技术可以捕捉到运动员在比赛中的动感镜头，让观众感受到现场激烈的比赛氛围。英国 Polecam 摇臂能突破原有摄像机位，做到近身拍摄运动员，以突出运动特性。此外，由于不同的运动有不一样的特点，摇臂摄像人员应熟知各种运动的特性，这样才能把不同运动的特点生动地展现在观众面前。

不同的体育运动项目所用的机位也不尽相同。以足球为例，一般拍摄足球赛所用的摇臂摄像机应放在球门后面 45 度角的地方，这是因为足球场中布置机位的限制较大，球赛规定很多地方不能布置机位，所以摇臂只能放在球门后面捕捉画面，展现在观众面前的运动镜头都是从球门后面所拍的镜头。像篮球和排球等运动空间较小的项目，则可以使用 Polecam 小摇臂来捕捉运动员的风采。

图 3-5 德国 ABC 摇臂摄像机

图 3-6 英国 Polecam 渔竿式摇臂摄像机

（四）摇臂摄像在谈话类节目中的使用

相对于别的电视节目类型来说，谈话类节目的形式比较简单。在谈话类节目中，主要是以固定机位的切换为主，摇臂摄像镜头主要用于运动全景的拍摄，增加现场感和可看性。谈话类节目中摇臂设备一般放置在和台口成 45 度角的位置。谈话类节目的节奏缓慢，摇臂摄像镜头不适合作大幅度运动。

四、斯坦尼康

斯坦尼康（Steadicam），即摄影机稳定器，是一种轻便的电影摄影机机座，可以手提。由美国人加雷特·布朗（Garrett Brown）发明，自20世纪70年代开始逐渐为业内所普遍使用。

斯坦尼康大约是在20世纪90年代进入中国，一些电影制片厂的摄像师成为斯坦尼康进入中国后的第一批体验者，其中涌现了一批对斯坦尼康技术进行改良的资深用户。现在国内市场上的万德兰弓形手持、FRANKIE手持斯坦尼康等，都是他们改良后的作品。目前大部分的斯坦尼康都是由我国生产的，产地主要集中在广东中山、深圳等地。

通常，在移动拍摄时我们可借助轨道车、摇臂来减轻摄像机的抖动。但与之相比，斯坦尼康更具灵活性、便利性。它可以辅助拍摄比摇臂时间更长的长镜头。轨道需要平坦的地面，斯坦尼康却可以适应山地、台阶等更多的环境，可以完成更为复杂的移动镜头拍摄。这也许就是它们的区别，也是斯坦尼康的特点。当前，影视作品中开始越来越多地运用斯坦尼康来拍摄长镜头和运动镜头，以保证更好的视觉效果和叙事节奏。

在电视节目制作中，斯坦尼康主要用于跟人、环绕等长镜头的表现，要求斯坦尼康摄像师有着极其娴熟的操作技艺、富有创造性的构思、一定的临场发挥能力、很强的应变能力，同时还得与导播配合默契。

有一点一定要清楚，斯坦尼康并不是取代轨道和摇臂的新生事物，而是另一种拍摄视角和观点的实现方式，是营造一种空间感的工具。如果要用它实现轨道的画面效果，那是不实际的，不要试图用它代替轨道，而要好好地利用它营造另一种感觉。简单地说，就是要掌握和理解斯坦尼康特有的语言。另外，斯坦尼康是高度人机结合的设备，使用时需要对走路姿势、腰肩角度、手臂配合、手指分配、机器三轴向的配平等若干环节进行训练和校调。在专业领域里斯坦尼康是一个专门的工种，很多斯坦尼康拍摄人员都到美国接受过专门的培训。（见图3-7、图3-8）

图3-7　BSW斯坦尼康稳定器D-C101 5D2支架

图 3-8　斯坦尼康稳定器的使用

斯坦尼康如今可以分为 5 类：
① 大型斯坦尼康：承重背心 + 减震力臂 + 稳定平衡杆。
② 陀螺仪斯坦尼康：承重背心 + 减震力臂 + 稳定平衡杆 + 陀螺仪滚筒。
③ 低拍版斯坦尼康：承重背心 + 减震力臂 + 稳定平衡杆 + 低拍 C 型架 + 角度调节器。
④ 监视器斯坦尼康：承重背心 + 减震力臂 + 稳定平衡杆 + 监视器 + 电池 + 角度调节器。
⑤ 手持版斯坦尼康：稳定平衡杆。

五、飞猫索道摄像系统

飞猫索道摄像系统（Spidercam）简称"飞猫系统"，又称为"蜘蛛眼""蜘蛛摄像机"。飞猫索道摄像系统按运动方式可分为二维飞猫索道摄像系统（简称"二维飞猫"）和三维飞猫索道摄像系统（简称"三维飞猫"）。

（一）二维飞猫

二维飞猫源于欧洲，是一种比较先进的电视摄像装置。二维飞猫有两个支点，支点间用索道连接，索道上搭载摄像用的移动平台，拍摄跨度可达 1000 米，适合大场景拍摄，如国庆阅兵式、大型的体育赛事等。所谓的"飞猫"就是一个带有滑轮的平台，可以在轨道上运行，上面装有摄像头，所拍摄的画面，由平台连着的线传送到地面转播车上。整个系统，包括摄像头、驱动、绳索、索道、电控、移动平台等，加在一起，统称为飞猫系

统。(见图3-9、图3-10)

飞猫系统在空中总共有四条绳索,其中两条为导向绳,两条为牵引绳。与之相配套,地面上配备了驱动系统和操控系统。

飞猫系统的两个支点通常选用吊车、建筑物或雷亚架,每个支点自重通常为六七十吨。

图 3-9　二维飞猫

图 3-10　二维飞猫

(二) 三维飞猫

三维飞猫共有四个支点、四条绳索，地面上配备了驱动系统和操控系统，具有自由灵动、镜头旋转不受限、拍摄随心所欲的特点，可使摄像机在预设的三维空间内（如体育场、广场、国际会议中心室内等）任意移动、悬停飞行，提供非同一般的视觉效果。三维飞猫突破摇臂云台壁垒极限，可在区域现场任意设定，适合大型晚会、开幕式及运动类项目，如央视春晚、各卫视跨年晚会及网球、足球比赛等。图像用光纤传输，具有高清、标清、模拟兼容且视频信号无衰减的效果。（见图3-11、图3-12）

图3-11　三维飞猫

图3-12　三维飞猫

传统的空中拍摄大多采用摇臂摄像机、直升机航拍系统、曲臂升降车摄像系统等设备，这些拍摄手段在拍摄角度和区域上都受到一定的条件限制，飞猫系统能有效地弥补这些不足。

飞猫系统的拍摄高度落差可有几十米到几百米，理论上在风速 70 千米/小时时仍可正常使用，跟踪拍摄主体可达上千米甚至更远，最高时速可高达 130 千米/小时（即约 36 米/秒），镜头可旋转 360 度，没有震颤，画面稳定，没有噪音。

飞猫系统作为一种高科技的拍摄手段，在世界上已经得到广泛的认可和应用，在体育赛事、大型集会、大型晚会等现场都经常使用。

六、轨　道　车

轨道车主要用于进行跟踪拍摄。轨道车往往架设在固定路径的移动轨上，摄像师则坐在轨道车上拍摄。（见图 3-13、图 3-14）

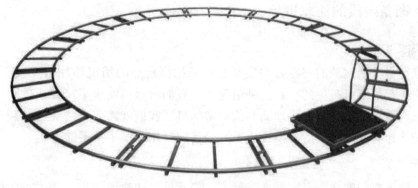

图 3-13　轨道车

图 3-14　轨道车

轨道车运动的精确性和稳定性对镜头的拍摄具有重要意义。如果摄像助理在控制轨道车移动的路线或速度上与预演不一致，那么摄像师则很难对这种失误加以弥补。通过预演，摄像助理应在演播间地面上标记出轨道车的移动范围，并在镜头卡片上记录下移动的详细要求。

如果需要在一条移动轨迹上标注出多个位置标记，则应当按顺序对每个标记进行编号，以便镜头的运动可以准确无误地与拍摄计划相吻合。同时，还要确保地面上的所有位置标记都一一对应地记录在镜头编号系统中。除此之外，镜头编号系统中还可以备注移动速度快慢等其他相关要素，且这些内容应便于在实际拍摄中快速浏览。不难想象，节目拍摄过程中肯定不会有充足的时间去阅读冗长的文字注释。

无论在什么情况下，操作轨道车时绝不能危及自身、摄像师以及其他制作人员的人身安全，同时还要确保观众、嘉宾等节目参与者的绝对安全。轨道车的移动不应对任何节目制作设备的正常操作构成负面影响。

（一）准备阶段的注意事项

1. 地基坚实

地基选择很重要，地面一定要坚实平稳，但拍摄地点的情况往往很复杂，坑洼不平、松软泥泞往往都是不可避免的，在这种情况下，我们可以借助水平尺在轨道底下塞进若干木楔子，来调整水平情况。如果地面起伏非常明显，我们就需要用砖头或者利用现场的木箱等结实物体作为基础，然后再架设轨道，最后同样用木楔子找平即可。

2. 接头紧密

轨道与轨道之间的接头一定要连接紧密，绝不可以让轨道的接头受力，那样既影响使用，又影响轨道的寿命。

3. 架子平稳

三脚架与轨道车之间一定要平稳衔接，最好用"打捆器"拉紧，如果是立柱式的轨道车，立柱与车体一定要锁紧。

4. 预先试用

设备全部安装调试好之后一定要运行一下再进行正式的拍摄。

5. 避开电缆

要考虑到电缆的放置，以免电缆被轨道车碾压，造成损坏或导致危险。

（二）拍摄阶段的注意事项

1. 拍前沟通

拍摄之前导播、摄像师与摄像助理一定要进行详细的沟通交流，要在技术允许的情况下尽可能满足艺术上的要求，同时，良好的沟通也利于摄像师在拍摄当中掌握运动的位置和节奏。

2. 把握速度

速度既要均匀，还要与拍摄节奏吻合。很多摄像助理只顾车推得有多么平稳，却忽略了速度与拍摄的配合。另外，还要注意画面比例对速度的影响，4∶3和16∶9的画面比例以同样的速度拍摄，画面的速度感觉是不一样的。

3. 起步停车

快速的启动和停止会有很大的惯性，导致画面出现抖动（立柱式轨道车除外），即使用打捆器拉得很紧也会出现抖动，所以要尽量避免速度的急剧变化。

4. 安全行驶

要时刻注意轨道车的行驶位置，避免轨道车在轨道尽头冲出轨道。可以在轨道上面贴上标记点作为辅助位置参考，标记点也可以配合拍摄的需要作为移动位置点或者速度变化点。

5. 画面稳定

再平稳的运动也会有察觉不出的颤动，在用广角和中焦镜头拍摄时，轻微的颤动是没有问题的，但用长焦镜头拍摄，运动就难免导致画面的抖动，而且长焦镜头会夸大这种抖动，就好像用天文望远镜找星星一样，这边一点轻微的颤动，那边早已偏移不知多少万公里了。所以尽可能不使用长焦镜头在轨道车上进行拍摄。另外，也要避免摄像助理与工作人员在拍摄过程中踩踏轨道，以免影响画面的效果。

七、高速轨道摄像系统

最近几年，随着科技的发展，高速轨道摄像系统（也叫"电兔子"）应运而生。它运动敏捷，可以跟随田径运动员、游泳运动员或者其他任何需要摄像机捕捉的目标，拍摄完美的画面。（见图3-15、图3-16）现在一般常用的为Ross Furio摄像机机器人云台控制跟踪系统，简称Furio系统。

图3-15　高速轨道摄像系统

图 3-16 演播室高速轨道摄像系统

Furio 系统的最大特点是：精准、稳定、迅速。Furio 系统包括摄像机轨道车、伸缩式支撑升降镜筒和 PTZ 云台。为了保证拍摄的稳定性，Furio 系统采用了沿轨道移动拍摄的运动方式及独特的静音及稳定设计，双滚轮设计确保了运行的平稳流畅。轨道可以使用不同尺寸的直轨与不同半径的弯轨，可任意组合以适应各种复杂的要求。通过控制面板及脚踏板，可以实时控制轨道车的移动、升降和摄像机的推拉摇移、变焦、聚焦，还可对轨道车进行编程控制，预先设定摄像机运动轨迹。通过内置的水平和垂直传感器，可以计算出摄像机当前的三维 XYZ 数据，将其实时提供给虚拟场景、图文包装制作设备。Furio 系统目前已应用于许多新闻演播室、综艺节目和体育赛事中。

八、遥控摄像机

如今在电视转播中，遥控摄像机的身影随处可见，在不同场合、从不同角度为电视观众提供更加出色、生动的画面，其应用越来越广泛、越来越重要。

遥控摄像机大概可以分为以下几种类型。

（一）遥控微型摄像机

由于架设位置的局限性，遥控微型摄像机和云台都趋向小型化和轻型化。遥控微型摄像机可架设在场馆顶部、球门后、赛车赛道边缘等位置，其输出信号及摄像机镜头伺服、机头调整、云台俯仰等遥控信号以及电源供电等全部要在远程端提供。由于信号、控制以及电源是分别提供的，因此，多条电缆的布设是该系统架设的必要条件。由于在信号传输线中采用了用视频线传输 PAL 模拟信号或者 SDI 数字信号的方式，在信号传输上受到距离的限制，所以，此类微型摄像机的使用有一定的局限性。

（二）云台遥控摄像机

云台设备可以与任何种类的摄像机进行配合，根据使用定位对摄像机进行选择。可以是工业监控摄像机，也可以是广播电视质量的摄像机，关键是看使用功能和范围。通常有室外和室内两种。在野外架设的云台和摄像机具备完善的防雨和防风功能，可以用于室外、野外长期无人值守的机位，如某些电视台在新闻播报时使用的全天候、全遥控室外全景镜头等。这种摄像机的架设通常为一次性安装，装置笨重但牢固。

（三）超微型遥控摄像机

此类摄像机有很小的摄像头和很小的云台装置。通过短距离的控制和信号传输，实现对某种场景的拍摄。由于其信号质量的局限性，通常用于体育赛事的过渡镜头。

（四）微型定点摄像机

严格地说它并不属遥控摄像机，因为它既不能对摄像头（通常为定焦镜头）部分也不能对云台部分进行遥控，其遥控功能只用于解决信号的传输和供电部分。由于其体积微小，通常架设在球网、赛事器械以及其他难以有空间架设拍摄设备的区域里。所拍摄画面只是固定的定焦镜头，因此，通常用于花絮镜头。

（五）GoPro 摄像机

GoPro 摄像机是变革性摄像机，是一种小型、可携带、固定式、防水、防震的摄像机，现已在冲浪、滑雪、极限自行车及跳伞等极限运动团体中广泛运用，因而"GoPro"也几乎成为"极限运动专用相机"的代名词。GoPro 的创始人兼发明者是尼古拉斯·伍德曼（Nicholas Woodman）。GoPro 摄像机机身小巧，功能强大，支持各种视频格式，可通过遥控器或手机应用程序控制。（见图 3-17、图 3-18）

图 3-17　GoPro 摄像机

图 3-18　GoPro 摄像机

第三节　电视导播口令术语与常用手语

一、电视导播口令术语

在多讯道现场节目制作中,导播是各工种联合作业的核心。他不仅要决定整场节目或各段落的开拍、通过与重拍,还要随时将自己的构想、需要、安排与调度传达给相关的岗位。显然,导播要讲话,要和不同工作性质的人讲话。因此,在录制现场,导播需要特定的工作术语,清晰高效地传达自己的意图。另外,导播的口令必须具有指令的意义,必须得到相关人员的认可和遵照,毕竟,导播是最终对节目录制质量负责的人。

到目前为止,电视导播口令术语在全世界尚没有一个绝对的标准规范。在各个国家和地区,或某个电视台、机构,人们会有一些约定俗成的表达方式,但也不尽相同。在国内的电视制作机构中,导播所使用的基本术语多来自于美国的专业术语。在制作实践中,导播的专业术语往往被口语、方言或个人的习惯所改装,尽管它们其实都来自同样的蓝本。

尽管电视导播的工作中并没有绝对标准的术语,但有些表达方式已经存在共识,形成了相对通用的术语。这也即是说,导播要尽量使用大家都能认可、理解的说法,才容易达到沟通的目的。这一点确实应该成为导播工作岗位需要明确的原则。

(一) 口令术语使用的原则

导播的口令术语是一个非常复杂的系统。导播需要将各种术语元素根据现场制作每时每刻的具体情况加以灵活组合，才能形成实际的导播语言。导播语言的基本要求是简单明了和规范通用。

导播在发口令时所使用的语言应力求简单明了，既能使接受口令的人听懂，又不显得啰唆。这样，导播的意图才能高效地传达到位。

啰唆的口令会造成如下几个方面的问题。

第一，废话太多，浪费了宝贵的时间，于是技术人员用来准备导播所分配任务的时间就大大减少。这会影响任务完成的质量，也会影响技术人员的情绪。

第二，导播一般不会只对单一工种发口令，下达一个任务使用的时间太多，必然导致另外的指令由于时间仓促而影响发布语速。处于杂乱现场中高度紧张工作状态的技术人员听不清语速太快的口令，就会影响任务的实施完成。

第三，在节目录制中，每个工作人员都应该保持注意力集中，专心工作，太啰唆的指令、太随意的语言只能降低大家的警觉，造成涣散的工作状态（除非有时导播想有意调剂一下同伴们的情绪）。

导播发口令还应尽量使用本地、本制作机构、本节目制作组通用的术语。当工作伙伴一时还不习惯导播的术语时，为了不影响工作效率和质量，导播必须先同大家沟通观念、沟通语言。导播术语的规范化需要一个逐步的过程。

为了实现集体工作的协调默契，在一个电视制作机构内部，工作术语需要统一。甚至可以由节目主管部门规定大家必须使用的统一术语，并对术语所指予以明确。这样才可能避免由于语言理解上的误会而造成工作的失误。

（二）口令术语使用的时机

在录制过程中，导播的口令可以分为预备口令和正式口令两大类。无论是哪类口令，发出的时机既有关任务的达成，又有关导播在有限时间内对各种指令先后主次的分配。正确掌握口令的发出时机是导播经验的重要体现。

1. 预备口令

在下列情况下导播需要发出预备口令。

（1）正式录制或直播前一分钟，导播要提醒全体工作人员注意。导播可以通过工作台上与现场通话的麦克风告知演播现场的所有工作人员、演出人员和观众，也可以通知现场导演，现场导演在耳机中接收导播的指令后传递口令。开拍前倒数计时 10 秒，导播须关闭与现场通话的麦克风，而用耳机话筒（所有讯道摄像师和现场导演统一配备）来高声倒数。此时，现场导演应随着导播的口令用手势向全场示意倒计时，这样，现场和导播控制室的所有人员都能做好相应的开播准备。

（2）节目主持人在节目进行中会有一些没有任务的时间间隔，他们可能会分心忙于下面的准备工作（例如补妆、看台本）。因此，当需要他们再次上场或发言之前，导播一定要先提醒他们做好准备。

（3）在节目进行中，负责录像的人员在现场录制停顿期间可能去忙别的事情或暂时离开岗位，容易导致再次开始录像时还没有启动录像机。因此，导播在继续录像之前，一定要给他预备口令，确认录像机开启、录像带进点。

(4) 负责播放插播片的人员由于工作不太连续，中间可能出现分心的情况，导致没有准备好下一段插播片的起点。因此，在每次临近插播段落时，导播要给他预备口令，以免放错了插播片，这对于直播来说就更是无法弥补的失误。

(5) 某个机位可能在过去数个镜头中都没有使用，因此，需要使用它的镜头时，导播一定要提前让摄像师做好准备。其实，如果时间允许，对于每一个摄像师，导播最好都能一一发给他们预备口令。

(6) 需要某摄像机调整位置或角度之前，要让该摄像师提前准备并给他预留合适的调整时间。

(7) 对于录音师，在节目进行中需要开启新的一路麦克风或播放新的音乐、音响时，导播应提醒他做好准备。

(8) 对于特技人员，导播在需要他做特技效果之前，要让他提前准备。

总之，凡是那些需要时间预先动手准备的工作，导播都要给予预备口令，以免错过时机，延误工作，甚至造成无法弥补的损失。

2. 正式口令

导播发出正式口令，要不早不晚，正好落在恰当的时机。这看似简单，其实需要导播一再练习，并通过长期的实践去积累经验。正式口令的发出时机是难以形容的，也不可能用绝对的时间数据来考量。因此，我们在这里只是提供一些可供借鉴的原则。

(1) 适应快慢不同的反应

只有适应了节目现场多变的情况、适应了反应快慢不同的工作人员和性能优劣不同的各种机器设备，导播才可能使自己的正式口令发出时机准确。

因此，导播既要了解工作伙伴的性格、反应，也要了解各种设备支持的情况。

(2) 简化口令，提前约定

在节目摄制中，集结多工种岗位同时作业的导播，其口令总会是繁多且交叉的。当导播来不及将所有口令逐一发出时，就需要对口令进行简化。

比如，从上一个歌曲演唱的节目到下一个小品表演的节目自然转场，中间需要连接紧密，在歌曲的尾声，导播的口令可能会是："音乐渐消、2号准备演员近景、开麦克风、给演员手势。"

当然，口令的简化需要导播在节目摄制之前与各工种人员在工作会议上提前约定，大家在工作台本的相应位置上标注，以便取得共识，形成默契。不同的制作组织对口令的简化可能有不同的习惯。也有某些工作根本不需要导播下口令，大家就会自动适时执行。

(三) 对摄像师的指令原则

1. 口令循环的原则

许多情况下，导播一使用完某部摄像机，马上就要告诉该摄像师下一个镜头的要求，不要让他茫然无所适从。要让摄像师习惯性地思考："这个镜头使用完了，下一步做什么？"比如，导播的口令应该这样循环："切1号，2号准备电话特写——切2号，1号保持不动，3号准备跟男人中景——切3号，2号准备全景——切2号，3号准备男人近景……"

可见，导播的调机口令是成组出现的。在每一组口令中，既包括切出的正式口令，又包括对其后镜头提出要求的预备口令。这样，摄像师在耳机里听到的导播调机口令也是循环的、有间歇节奏的。

2. 先叫机号的原则

导播应养成先叫机号再发指令的习惯。比如，应说"1号，准备摇伴唱演员"，而不应说"准备摇伴唱演员，1号"。先叫机号的原因有如下两点。

（1）若不先叫机号，可能会使此时正被切出的摄像机的摄像师误以为是对他的指令，于是摇向伴唱演员，反而把本该拍摄的主体丢掉了。

（2）等待被使用的摄像机不止一部，你的口令一发，摄像师们会迷惑，不知此指令是给谁的。在你倒装其后的"1号"说出之前，可能会有几个机位的摄像师都去认领任务了，造成不必要的浪费，甚至因而误失其他。

3. 确认景别的原则

在拍摄人物时，有关全景、中景、中近景、近景、特写镜头，其规范虽然在专业教科书上有所明确，但具体取景的大小范围，每个导播、每个摄像师的理解是存在差别的。因此，要提前达成共识，才能使指令明确、执行无误。

4. 听命与回应的原则

导播要在摄制前与摄像部门沟通的工作会上告诉各位摄像师，什么环节下希望他们等候你的口令并严格按照指令去做，而哪些时候又希望他们根据现场情况自由灵活地抓取镜头。在现场摄制时，导播通过监视器看到某个摄像师抓取到的镜头时，无论是否选用都要给他回应，每个机位的摄像师听到导播的具体指令时也应该给予回应。

二、电视导播常用手语

在现场摄制中，虽然导播戴有通话用的耳机和话筒，但有时因同时要下达的指令太多，顾不过来，或者为了避免语音指令进入拾音话筒，有的指令不便以语音形式来下达，再加上现场有的人并没有佩戴耳机（如舞台上的演员等），无法通过语音来下达指令，因而，就得改用手语方式来进行指挥。

我们常说的导播手语实际上多为导演所使用，因而严格来说应该叫作"导演手语"，但由于这种指令方式所用的手势是全世界统一的，在国际上已经有了通用的称谓，所以我们只好服从习惯了。

常用的国际通用导播手语如图 3-19 所示。

图 3-19　国际通用导播手语图

需要指出的是，近年来，由于高灵敏度微型无线耳塞的出现，导播对于演员的指挥又逐渐由用手语指挥改为用语音指挥，在转播戏剧、文艺演出时，让每位演员耳朵里都塞上一个无线耳塞，这样，导播就可以随时向任何一个演员发出指令。所以，以导播手语来对演员进行指挥的指令表达方式，也有可能逐渐被淘汰。

第四节　多讯道节目制作中导播要注意的问题

在多讯道节目制作中，由于各种原因，现场切换中经常出现"漏切""错切"和"丢切"等现象。我们不能小视这些现象，因为它直接影响节目的播出效果。

一、切换不到位的几种表现

（一）漏切

这类现象属于导播事先知道某个镜头必切，甚至做了精心准备，可关键时刻却漏切了。造成这样的情况一般是因为导播现场情绪太紧张。

（二）错切

这类现象比较多，造成这类现象的主要原因是导播在关键时刻对镜头主体的认识不清楚，比如对于访谈节目怎样处理嘉宾与现场观众的关系、电视晚会怎样处理演员与现场观众的关系，导播往往心中没数。现场观众一掉泪、一鼓掌、一欢呼，导播不由自主地就把镜头切给他们了，这是一大忌。比如在歌唱家郭兰英的独唱音乐会上，当郭兰英唱完《小二黑结婚》中"清凌凌的水来蓝莹莹的天"选段以后，非常热情地向观众介绍该剧的作者田川同志，观众怀着崇敬的心情向他报以热烈的掌声，掌声烘托气氛，现场气氛高涨。此时切出田川同志的镜头是最佳时机，可导播却把镜头切给了现场观众。等镜头切回田川同志的时候，他与郭兰英的热情握手、相互致意的细节已经过去了。

（三）丢切

主要指把演员的"戏"丢掉了，这种例子也不少。比如，赵本山和宋丹丹演的小品《儿子长大了》，表现他们相依为命、互相关心时有一个动作：两人互相往对方嘴里夹菜。赵本山刚把菜放到宋丹丹嘴里，现场就响起热烈的掌声，导播眼疾手快，立马将镜头切给了观众。其实接下来宋丹丹往赵本山嘴里夹菜的镜头更出彩，可电视观众就错过了。

二、切换不到位的原因分析

首先，是忙中出错。当年直播柯受良驾车飞越黄河"漏切"关键镜头就是典型的例子。该怎么切、什么时候切，事先导播是非常清楚的，因现场紧张、慌乱、手足无措，影响了大脑的判断，才造成了漏切观众所期待的镜头。遇到这种大型活动，导播对镜头要心中有数，并且头脑要清醒，行事有条不紊，才能万无一失。

其次，是对镜头主体不清楚，心中没数，像以上列举赵本山、郭兰英等节目的例子就属于这一类。

再次，是盲目"耍"镜头，造成切换不到位。为了避免镜头单调，导播对镜头作些处理是完全必要的，但一定要根据内容去处理。

最后，是对镜头的景别和镜头运动的实质不了解，造成切换不到位。镜头的景别（特写、近景、中景、全景、远景等）、镜头的运动（推、拉、摇、移、升、降等）都有其各自的特点和作用，作为导播一定要熟知这些基本常识，才能恰到好处地灵活使用。

三、解决切换不到位的几种方法

（一）要了解节目的特点和规律

比如访谈节目和文艺节目各有特点。访谈节目不需太多的运动镜头，主要强调镜头切换的准确性。文艺节目就复杂了，有动的（比如舞蹈），有静的（比如相声），有场面大的（比如大型歌舞），有场面小的（比如独唱），有激烈的、快节奏的，有抒情的、慢节奏的；舞台设计也不一样，有平面舞台（一个层面），有立体舞台（两个层面或更多层面），等等。不同的内容，不同的形式，要用不同的镜头去处理，镜头语言要既流畅又准确，才能让观众赏心悦目。

（二）要加强艺术修养

导播应是杂家，各种艺术形式可以不精，但不能不懂。哪些地方是"戏眼""戏核"，哪些地方出彩，导播不仅要知道，还要会用镜头去表现。比如，在戏曲开打场面中，一个武打演员一口气翻了二十多个跟斗，翻到七八个时观众掌声响起，你"啪"地一下把镜头切给了观众，看得正起劲的电视观众就被打断了。即便是不懂镜头，也应该知道这个时候应该表现演员，或许电视观众正在数跟斗呢。

（三）导播要与摄像师沟通

节目的镜头虽然都是由导播切出，但却是由摄像师提供的。因此，摄像师应具备一定的艺术素养，导播则必须就节目的总体设计、具体要求，甚至分镜头，与摄像师进行充分沟通交流。摄像师也可根据导播的要求提出自己的设想，最后达到意见统一，做到胸有成竹，现场才能配合默契。

（四）弄清楚台上（演出人员）与台下（观众）的关系

从以上"错切"的例子看，大都是不该切给观众的时候切给了观众。那么，在何种情况下应毫不犹豫地切给观众呢？

1. 台上与台下合为一体时

比如在一台国庆晚会中有一首歌曲联唱，其中的几处合唱部分都是由现场方阵的观众演唱的。尤其唱到"这是伟大的祖国"时，台上的演员英姿勃发，台下的观众精神抖擞；台上的演员群情激奋，台下的观众放喉高歌；台上的演员挥舞国旗飘飘，台下的观众成了红色海洋（每位观众挥动手中的小国旗）。台上台下融为一体，现场气氛异常热烈。台上台下正打、反打镜头交叉切换，近景、全景各种运动镜头灵活应用，场面壮观，激动人心。这时的场面是台上台下一体的，怎么切也不会切错。

2. 台上与台下产生互动时

比如台上比赛的演员和台下支持的方阵（或啦啦队）产生互动时，就要恰到好处地切给观众席。

3. 台上的内容与台下的观众产生联系时

比如有一期《艺术人生》栏目中，当大山谈到他的中文名字是借用北京大学学生食堂大厨许大山的名字时，导播切入了台下的许大山的镜头。电视观众并不知道他是许大山，但当主持人把他请上台并将他介绍给观众的时候，由于先前的铺垫，大家很快就记住了他。

4. 台下对台上产生烘托时

台上演员的表演引发台下观众产生反应时（或哭、或笑、或鼓掌），切入观众镜头，可以对电视观众的情绪有所感染。但切记：不能中断演员的精彩表演，须保证表演的连贯性，只能在表演的"空当"中切入观众镜头。

四、把握现场切换的基本要领

（一）以"情"为主

比如在谈话类节目中，被访嘉宾动情之时一定要把镜头给他，甚至要用近景或特写。这种情况下一般不要把镜头切走，切走要有理由。曾有一个谈话栏目采访著名小提琴演奏家薛伟，当薛伟谈到初到英国的艰难经历时，导播切入了一个观众镜头：中景，镜头慢推特写，他的眼圈红了，他的眼睛湿润了，眼泪流出来了，他在擦泪。随着薛伟画外音的叙述，这位老人的感情也在一步步变化。电视观众会想：他是谁？为什么比别人动情？当主持人介绍他是薛伟的父亲时，现场响起热烈的掌声，原来，这些遭遇薛伟从来没有告诉过父母。"儿行千里母担忧"，真心疼爱儿女的正是父母。所以，像这样的观众镜头不仅应该切，而且还有"文章"可做。

（二）以"演"为主

演即演唱者、表演者也。尤其演出中的一些精彩之处（演唱的华彩部分）、惊险之处（杂技）、神秘之处（魔术）、动情之处（戏剧、小品），以及绝活、绝技等，都不可为切观众镜头而中断演员的表演。

（三）以"动作"为主

有些节目是以动作为主的，比如舞蹈、杂技、戏曲的开打、哑剧等。它靠演员的形体动作来表情达意，所以，在切换中一定不可中断。

导播一定要记住，自己切出去的镜头是给电视观众看的，不是给现场观众看的，所以，要从接受美学的角度去研究受众心理，切出去的画面应是他们最想看的画面。有很多节目质量确实不错，但因导播水平的原因，播出效果大打折扣。优秀的电视导播要善于学习、取长补短，在不断完善自身的知识与素质之外，发现与学习他人的技巧与经验，从而不断成长。

本章思考与练习

1. 电视导播在设置机位时一般会遵循哪些原则？
2. 如何理解"调机"是导播工作中非常重要的一个技术环节？
3. 分析飞行箱 EFP 系统在当今电视节目制作中的优势。
4. 观摩一场电视综艺晚会，分析斯坦尼康在综艺节目中的运用。
5. 结合体育赛事转播案例，分析飞猫索道摄像系统在当今电视节目制作中的综合运用。

第四章

电视新闻节目的导播

📹 学习目标

通过本章的学习,了解不同形态电视新闻节目的特征,熟悉不同形态电视新闻节目的机位设置、导播要点及相关技巧。

📹 关键术语

演播室电视新闻节目;会议直播;新闻事件直播

我国有庞大的电视节目受众群,是一个电视产业正在蓬勃发展的电视产业大国,但是与西方国家相比还显得年轻,其中最明显的表现就是我国电视节目的直播量还很低,尤其是新闻类节目(包括消息类新闻节目和新闻专题、新闻评论节目)。我国新闻类节目目前还是以录播为主,绝大部分节目都要等到录制好了才能播出,而目前西方电视最引人注目的是屏幕上总打着"LIVE"字样,时刻提醒着你本台"正在直播"。相形之下,中国电视节目中"现场直播"字样就很少出现在屏幕上了,尤其是新闻节目(最需要发挥电视现场同步记录功能的原生态的新闻传播)总是滞后播出。

从历史上看,电视节目的制作经历了一个直播—录播—直播的转变过程。在电视台制作节目的初期阶段,电视台播出节目的总时长很短。由于技术条件的限制,大多数节目不得不采用直播的形式,由真人直接播音或表演节目,由摄像机直接拍摄播出。随着录像机的产生,后期编辑设备的完善,电视才全面走向录播,人们这时可以把节目做得更精致,有更多的时间去准备素材、查找资料,并且避免直播中的偶然因素带来的麻烦。但这个局面很快又被打破,电视直播卷土重来,人们更希望在第一时间看到同步发生的事件过程,实时跨地域地参与,甚至在重大历史事件发生的同时,同步看到悬念一个个地揭开。

电视业曾经经历了一场录播与直播之争。20世纪50年代中期,磁带录像机刚刚面世时,美国电视界就出现了录播与直播之争。尽管磁带录像机比原先采用的电影胶片在记录手段上方便了一些,但它在本质上仍与电影相同,更重视存储、录制,而无法快速反映新闻事件,无法体现电视与生俱来的特点。所以,西方评论家指出,录制之后播出的电视节目,是"罐头"而不是鲜肉。

因此,随着电视产业的不断发展,电视新闻从业者越来越迫切地感受到,有一个问题亟待解决,那就是:如何在新闻规律、受众心理、传媒特色的交汇点上找到最佳的新闻报道方式,以充分发挥电视的特性。几经探索与实践,电视人终于在电视新闻直播中找到了答案。

电视新闻直播是指在新闻演播室或新闻事件的现场把新闻事实的图像、声音以及记者对事件的报道（包含现场采访、解释、评价）转化为电视信号并直接播送出来的报道方式，它是最能体现、发挥电视传播特点和优势的新闻报道形式。

电视新闻直播一般可以分为三种类型。

一是在演播室正常播出的日常新闻节目。

二是可以预知的并能事先准备的大型活动（如长江三峡截流，香港、澳门回归，"两会"，各国首脑互访直播等）。

三是不可预见的突发性新闻事件（如"9·11"事件、海湾战争等）。

它们有各自不同的特点。第一类，可以是可预见的，也可以不是，事件影响力不是很大，直播可以增加新闻的实效性。第二类，事件重大，准备时间充分，人力物力充足，规模大。第三类，事件新闻性强，发生突然，准备时间短，事件变数大。

第一节 演播室电视新闻节目直播

一、电视新闻演播室系统简述

电视新闻演播室面积一般在100平方米左右，可以划分为几个演播区，以提高演播室的使用率。演播区内设置新闻标识的景片，景片距离播音员的口播区应有2米到3米的距离，以防止播音员的投影落在景片上。有的大型新闻演播室用编辑区或导控区作为新闻播音员的背景。

电视新闻演播室一般使用摄像机3~5台，放像机2~3台，录像机两台（也可使用硬盘录像机），10路以上的切换台1台，两路输入的下游键，还有备份的矩阵或切换台，两台字幕机。

摄像机机位设置一般遵循传统的布机形式，如图4-1所示。

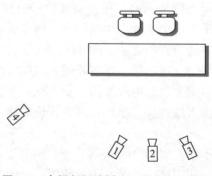

图4-1 电视新闻演播室一般机位设置图

1号机和3号机分别给两位播音员的中近景；2号机拍摄全景或两人中近景；4号机拍摄侧全景，也可以用小摇臂，主要用作片头或者片尾字幕的背景。比较讲究的电视台，新闻演播室还会使用大型摇臂摄像机，摄制大全景，用作节目开始或结束时字幕的背景画面。

电视新闻演播室的话筒多用有线话筒，因为播音员的位置不会移动。也有用无线话筒的。调音台至少用8路以上。另外，播音员应有通话耳机，以便与导控室中的导播联络，由导播向播音员发出各种指令。

灯光系统一般使用冷光源，可减少演播室内的热量，照明也比较均匀。也可以使用冷热混合光源。

电视新闻演播室中，正对播音员的摄像机应在镜头前设置提词器。提词器是显示文字的设备，它用来给播音员提示新闻词，让播音员彻底摆脱低头读稿的尴尬状态，能抬头面向观众播音，实现在屏幕上与观众的交流。提词器通过一个高亮度的显示器件显示文稿内容，并将显示内容反射到摄像机镜头前一块呈45度角的专用镀膜玻璃上，使得播音员在看新闻词的同时，也能面对摄像机。播音员、提词器、摄像机三脚架支撑在同一轴线上，从而形成了播音员始终面向观众讲述的亲切感，提高了播讲质量。（见图4-2、图4-3）

现在常见的提词器一般由控制器、显示器和提词器主机三部分组成。

① 控制器。有摇杆控制和红外控制两种功能，包括摇杆控制器、红外控制器、红外接收器和控制盒几个部分。

图 4-2　电视新闻演播室提词器设置

图 4-3　电视新闻演播室提词器

② 显示器。用于显示提词器主机输出的文字信号。显示器就安装在摄像机镜头的下方，在镜头的前方挡着一块倾斜 45 度角的特制反光玻璃，可以把下方显示器中的文稿画面反射给播音员看，而拍摄对象的光线则能穿过它进入摄像机镜头，不受到影响。播音员只需通过红外控制器或摇杆控制器滚动字幕就可连续播音了。

③ 提词器主机。是一台电脑主机，它把要播音的台词通过提词器软件输出给显示器。

此外，电视新闻演播室内还应该在播音员对面配置监视器（当然监视器不能出现在摄像机镜头里），主要是使播音员在工作时看到插播的新闻片的情况，以便在导播切到自己的镜头时及时开口播音说话。这也是导播和播音员实现密切配合的关键设备。

另外，新闻节目的播出时间和时长都有严格的规定和限制。演播室应在显著位置安装标准时钟系统，以提示播出时间、剩余时间和结束时间，以便导播、播音员和其他工作人员掌握时间。

二、演播室电视新闻节目直播的导播

演播室电视新闻节目的导播是所有导播工作中最基础的。相对其他节目来说，电视新闻节目的导播往往有一套固定的程序，开头结尾的镜头也是固定的。导播对开头结尾镜头的组织要注意一致性，因为这些部分的镜头节奏也属于栏目的"招牌"形象元素。

在演播室电视新闻节目的制作中，导播需要的往往不是创新，而是形式的统一和安全播出。

(一) 演播室电视新闻直播节目中导播的任务

演播室电视新闻直播节目一般采用双导播制,即一个编辑部门的导播、一个制作部门的导播。

编辑部门的导播是编辑系统的播出中心人物,主要负责整体调度编辑人员工作,控制节目进程、时间,通过对讲设备,通知主持人及放像编辑、视音频人员倒计时及播出顺序、上下字幕等。

制作部门的导播是制作技术系统的播出中心人物,主要完成视频切换,同时,他有责任在完成视频信号切换的基础上,关注其他技术工种,如视音频、摄像机状态调整人员及美工师、字幕员、灯光师等的工作状态,随时协调、处理播出中的紧急事件及意外故障,并与编辑部门的导播互相查疑补缺,共同完成节目的直播。

(二) 演播室电视新闻直播节目的导播流程

演播室电视新闻节目的直播是以当时新闻直播节目的"总播出稿"和"新闻直播串联单"为基本依据的。它以导播为核心,通过播音、放像、音频、视频、字幕、美工、灯光和摄像等多工种协调配合,才能有机完成新闻节目的播出。

电视新闻节目直播播出的一般程序为:

片头(放像)→播音员口播导语(摄像机拍摄)→新闻短片(放像)→播音员口播导语(摄像机拍摄)→新闻短片(放像)→……→播音员口播结束语(摄像机拍摄)→片尾字幕(放像)。

由此可以看出,新闻节目的直播从工作程序来看有以下几个环节的配合。

1. 导播与放像编辑、播音员、摄像师之间的配合

导播需要在摄像机拍摄的播音员画面与放像机放的新闻短片之间进行切换,因此导播与放像编辑之间的配合至关重要。

另外,导播与播音员的配合也十分重要。当片头一放完,导播就应该切到播音员的镜头;播音员从演播室的监视器上看到画面切到自己时就要马上开始口播;播音员口播一结束,导播就应该切到放像,这时放像编辑应立刻放像。

一般记者编辑完成的新闻片是一片一盒,即一条片子一盒磁带,正片前用黑场(黑画面)隔开。放像编辑在审看片子时切记一定要将片子倒到头,并安排好哪条片子在1号放像机上放,哪条片子在2号放像机上放,等等,千万不能出错。播出时,放像编辑还要不时提示导播:"放机1!""放机2!"以免导播切错。当放像即将结束时,放像编辑还会用倒计时来提示导播注意,及时切出放像镜头,切回到演播室播音员的口播镜头。

2. 导播、放像编辑、播音员与录音师之间的配合

在导播切到播音员口播时,录音师要将话筒输入通道打开并调整音量;在导播切到放像机时,录音师要拉掉播音员的声音,针对放像机1或者放像机2等打开放像机的音频通道。

必须要指出的是,失误往往出现在直播节目即将结束的时候,这时候导播甚至各工种人

员都认为直播即将结束，紧张的情绪有所放松，高度集中的注意力有所松懈，从而往往产生失误。而失误又使自己和其他工作人员手忙脚乱，从而导致连锁反应，让失误更加扩大。

3. 导播与字幕员的配合

具体环节是：

（1）播出前，字幕要按照"新闻直播串联单"的程序清单做好。

（2）播出时，字幕员操纵字幕机负责字幕的播出。

（3）字幕何时出、何时下，都由导播下指令。

（4）字幕的位置有时要叠加在播音员的镜头上，有时要叠加在新闻短片上，这些应该由导播决定。

（5）字幕的内容和顺序应该严格符合新闻串联单的内容和顺序，不能出错。如果不仔细检查，会出现字幕与镜头画面不符的失误。

导播是节目播出的指挥者，指令必须清楚、明白、简短，不应含混、模糊。另外，由于新闻的播出有严格的时间限制，导播要注意播出时间的余量，按照直播串联单的估算时间，经常提醒播音员和其他各部门控制好时间。导播应该注意倒计时，或另外安排人员提醒倒计时。如果时间有余，可提醒播音员放慢语速；如果时间不够，则需提示播音员加快语速等。

导播在新闻直播节目的切换过程中，一般使用"硬切"，不用"混合"等转换特技。有时会在画面上开一到两个窗口，分别切播音员和新闻短片等。

（三）演播室电视新闻节目直播中导播操作的规范化要求

电视新闻节目的直播过程是由许多细小环节组成的，且绝对苛刻地要求任何一个环节都不能有错误。由于节目的重要性和现场气氛的高度紧张，参与人员心理上会承受很大的压力。面对直播的压力，参与人员首先要加强专业学习，把专业素质提高到一定程度，甚至达到"条件反射"的程度，遇事不想就可以解决，这样才能提高处理问题的速度，节省时间。其次，要做到规范化操作。每个工种的操作规范了，那么工种之间的衔接也就规范了，不仅可以保证自己不出错，而且能够及时发现别人的错误，协调处理。最后，要不断寻找最简单的操作方式，并规范下来，真正做到在心理上放松。

1. 导播规范口令

"切"（切男口播、女口播，从片子切回到主持人，主持人之间切换）——指下一播出画面为主持人。

"走"（主持人导语接片子，口播接片子，片子接片子）——指下一播出画面为录像带。

"换"——更换字幕。

"上"——上字幕等。

"下"——下字幕等。

2. 导播规范动作

开播前倒计时："五、四、三、二、一，开始"。

对全体现场人员下令：下条是……（可以是走带——"几号"放像机，或演播室——"导语""口播",或前方现场,等等)。

如下条是演播室主持人,则通过演播室对讲系统对播音员发口令"下条口播+简单的提示性新闻内容"。

时刻关注倒计时。当正在播出的是录像带时,放像编辑有责任在倒计时"15秒""5秒"时分别提示导播,导播再提示主持人"10秒准备",或者通知视频切换"下条3号放像机"。

注意上下字幕、字板及角标(栏目标志),对字幕及视频切换人员发口令"上(下)标""上(下)字幕"。

(四)演播室电视新闻节目直播中导播应注意的问题

电视新闻节目的制作人员一般都要经过较长时间的协调和磨合。但是,长年累月的重复工作,高度紧张的工作环境,难免会使人产生懈怠情绪,致使工作时注意力不够高度集中。可直播是一项非常严谨的工作,往往一个小小失误就会产生很大影响,甚至会错上加错。因此,在直播中必须要注意力高度集中,克服细微的懈怠,保持沉着、冷静,并注意放松情绪,防止过度紧张。

另外,新闻导播没有决定新闻内容的权力,甚至没有决定当日播出新闻顺序的权力。所以,只能按照直播串联单的顺序——切出,做到安全播出。

电视新闻节目的直播制作节奏快、时间紧,新闻内容短小精悍、节目信息量大,这就要求全体工作人员通力合作,熟悉自己的本职工作,在直播之前就针对可能发生的失误提前做好应急预案,并进行适当演练,防患于未然。一旦遇到问题,要明确知道如何应急、如何排除。

三、案例:中央电视台《新闻联播》节目直播分析

(一)《新闻联播》的制播流程和环节

中央电视台《新闻联播》是中国最重要、收视率最高、影响力最大的综合性电视新闻节目,是全国卫视同时转播的唯一一个名牌电视新闻栏目,是中央电视台新闻节目中的重点,代表了中国电视新闻的形象。多年来,晚7点的报时钟和《新闻联播》的片头曲已成为《新闻联播》乃至中央电视台第一套节目的标志性元素。一听到片头音乐响起,人们就会知道《新闻联播》开始了。(见图4-4)

《新闻联播》的制播流程为:① 报选题;② 审议选题;③ 拍摄新闻;④ 制作新闻;⑤ 审看新闻;⑥ 播出新闻。它所涉及的新闻制作部门的日常工作包括:前期拍摄、后期制作和现场直播。

前期拍摄指采访部门在前期将新闻事件拍摄并带回、传回台内,也包括地方台或驻外记者站的外拍内容传回台内。

后期制作主要指记者、编辑和后期制作人员对外拍内容进行编辑。这其中又包括对画面、声音的剪辑,对画面进行配音。如果需要,还可以配乐。对有同期声的片子还要加同

图 4-4　中央电视台《新闻联播》片头

期声字幕、人名字幕。需要加字板、图板进行解释说明的，也应在相应位置按规范要求叠加。这种字板、图板可以是静态的，也可以是动态的；可以是不透明的，也可以是半透明的；可以是二维的，也可以是三维的。随着科技的发展，电视新闻节目包装手段的科技含量也不断提高，制作效果越来越美观、大方、实用。

除了上述日常的包装制作外，《新闻联播》还会经常推出一些小的板块节目，这些板块节目都会制作特定的小片头或片花。在播出节目片花后，新闻正文会加上特别制作的角标，以明确提示观众这是将持续播出一段时间的小板块内容。

另外，每到逢年过节、重大庆典活动的日子，《新闻联播》的播音员还会穿上较鲜艳的衣服，打上漂亮的领带，背景灯光也会打上粉红的颜色。若新闻中有讣告等要宣布，则要求播音员用较低沉的声音、较慢的语速来播报，相应穿深色或黑色的衣服。

自从 1996 年 1 月 1 日《新闻联播》由录播改为直播，《新闻联播》就开创了自己的新纪元。这种播出方式除了提高报道的效率，能随时插播最新消息外，也从根本上推动了中央电视台新闻改革的进程，是中国新闻报道史上的一次飞跃。这也使得《新闻联播》制作的最后一个环节"现场直播"显得尤为重要。

（二）《新闻联播》的现场直播人员职责

《新闻联播》的安全播出是中央电视台新闻中心、中央电视台乃至全国电视台的新闻报道节目的重中之重，从中央领导到平民百姓都对它有极高的关注度。多少年来，《新闻联播》的收视率稳居全国之首，可以覆盖全球绝大部分的国家和地区。

《新闻联播》的制作者在自豪于它的关注度的同时，更会感到肩上这份重担的分量，所以上至台长，下至每个工种的具体工作人员，都把每一场《新闻联播》的播出当作一次战役来认真对待，不放过任何一个细节，以高素质的人才，配备严格的操作规程，各司其职，一丝不苟地完成每一次播出。

《新闻联播》的每次播出都会有如下人员直接在播出线上参与直播：分管新闻的副台长（有时遇重大新闻事件，正台长也会到场）、新闻中心值班主任、编辑部值班主任、制作部值班主任、责任编辑、值班编辑、放像编辑、提要编辑、口播编辑、协放编辑、机动编辑等编辑人员，以及新闻播音员、编辑部导播、制作部导播、视频制作人员、音频制作人员、视音频系统维护工程师、摄像师、灯光师、美工师、字幕员、计算机通信网络维护工程师等技术人员。以上人员缺一不可，其职责分工如下：

副台长、新闻中心值班主任负责总体节目把握，并根据上级指示随时快速做出应变反应，更改调整节目进程，现场指挥、应急处理突发事件；

编辑部值班主任、制作部值班主任负责编辑系统、技术系统的具体事务，执行副台长、新闻中心值班主任下达的命令，调度下级执行任务；

责任编辑、值班编辑负责制定播出串联单，核对字幕及上下字幕、字板、角标，核对口播、导语、片子的内容；

编辑部导播具体负责节目的时间进程，协调播音员、放像编辑，按时长准确播出新闻；

制作部导播负责画面的切换，包括角标的调用、外来信号的控制、与音频的协调播出以及现场应急情况的处理等；

视频制作人员负责摄像机、录像机图像质量控制，以及节目的录制等；

音频制作人员负责播音员、录像带、外来信号的声音信号的播出；

视音频系统维护工程师时刻关注整个系统的播出状况是否正常，如有异常马上处理；

摄像师负责演播室播音员镜头的拍摄；

灯光师负责演播室播音员灯光的布置；

美工师负责字板、角标的制作及播出时的调用；

字幕员负责打出每条新闻的标题字幕及节目最后的演职员字幕；

计算机通信网络维护工程师负责保障新闻共享网络系统、文稿网络系统的网络及终端的正常工作。

为了每一期《新闻联播》保质保量地顺利播出，整个新闻中心形成了一个整齐划一的作战团队，分工明确，职责分明，为确保每一期《新闻联播》的正常播出做出了不懈的努力。

(三) 《新闻联播》现场直播的流程

1. 新闻中心主任全程主管下的报播会制度

每日9:00、14:00、20:00，由新闻中心值班主任召集新闻中心报播会。

参会人：新闻中心各部门值班主任、相关栏目制片人、主编、责任编辑等，海外节目中心、经济广告中心有关栏目编辑列席。

会议内容：

（1）传达通报最新宣传精神与宣传口径；

（2）筛选各部门记者新闻选题；

（3）阐述、讨论重点新闻题材的内容及背景；

（4）确定入选当日（或次日）《新闻联播》的新闻题目。

《新闻联播》编辑根据会议精神，拟定出当日《新闻联播》节目串联单。

会后参会各部门人员对入选《新闻联播》的选题进行准备。各部门值班主任对入选选题负有督促、把关责任。

2. 《新闻联播》节目终审、播前准备阶段

时间：16:30—18:50。

地点：《新闻联播》审看间。

审片人：新闻主管台长、新闻中心值班主任及时政部、地方部、编辑部、社会部、采访部的值班主任等。

编播人员：《新闻联播》栏目制片人、导播、导播助理（兼任字幕）、放像编辑、放像助理、提要编辑、口播编辑、机动编辑等。

工作内容：

（1）值班主任对录像新闻及口播新闻逐条进行内容审核；

（2）后期新闻编辑对新闻内容、配音解说、字幕、口播导语稿件、内容提要等负有把关责任，同时对音频、视频、画面衔接等技术质量负有把关责任。

（3）导播、放像编辑、提要编辑、口播编辑四大工种是节目准备阶段的核心岗位。

（4）栏目制片人对标题字幕、内容提要、口播稿件等进行三审三校，确保万无一失。同时负责协调各有关工种、岗位，确保新闻中心主任的最新指令传达执行到位。

（5）18:50是"新闻联播串联单"的定稿时间。

（6）为应对"最新消息"增多的情况，特增设机动编辑一职，完成"边播边审"的工作。

3. 节目直播阶段

时间：18:55—19:30。

地点：新闻中心《新闻联播》播出机房。

现场工作人员：

（1）节目编播人员：播音员（2人）、栏目制片人、编辑部导播及助理、放像编辑、放像助理、提要编辑、口播编辑、机动编辑等；

（2）技术人员：制作部导播及助理、节目录像、音频切换、灯光师（2人）、字幕员、美工师、摄像师等。

（3）现场指挥：新闻主管台长、新闻中心值班主任、编辑部值班主任、制作部值班主任。

工作过程：以"新闻联播串联单"为基本行为依据，以导播为核心，通过播音、放像、音视频、字幕、美工、灯光、摄像等多工种协调配合，有机完成新闻节目的播出。

每条新闻一盒录像带，数十盒录像带要轮流通过四台放像机人工播放，中间还要现场播报口播新闻与导语。字幕与图标也是现场叠加。多工种间一个环节"步调"不一致，就会造成音像不同步，或者是张冠李戴。高度的责任感、良好的心理素质与机敏的反应能力，是播出一线从业人员的基本要求。与战场上短兵相接一样，播出线上在不确定因素多的前提下既抢时效，又保安全，最富挑战性，也最有成就感。新闻条目的增减、播出顺序的调整、播音节奏的快慢等等，都是考验，也都是能力的体现。

4. 播出后整理阶段

时间：19:30—20:30。

工作内容：

（1）按实际播出顺序调整、修正"新闻联播串联单"和相关稿件，通过网站对外发布，也方便今后的资料检索与使用。

（2）修正《新闻联播》录像带，经技术检验后，送播出线重播。

（3）及时分流被"最新消息"取代的新闻。入选《新闻联播》的新闻一般都是时效非常强、内容非常重要的消息，未播出的消息一般安排在当天20:00、21:00、22:00播出。

（四）《新闻联播》导播的工作内容及流程

《新闻联播》是双导播制，即一个编辑部导播、一个制作部导播，共同完成《新闻联播》的直播。

在实际直播当中，导播工作很费精力，并且必须思想高度集中，才能顺利地完成直播任务。

为了进一步了解及感受《新闻联播》的直播，下面我们来看一下实际的播出过程。

例如，某一天的"新闻联播串联单"如表4-1所示。

表4-1 "新闻联播串联单"示例

序号	口播	节目标题	尾句	记者	来源	时长
1		片头+开场白				
2		内容提要				
3		习近平会见……		中央台		
4	男口	全国人大财经委向……			新华社	
5	女口	中国要求日本认真……			新华社	
6		香港全国人大代表……	代表赴内地考察	中央台	时政部	
7		东盟与中日韩旅游……	旅游业共同发展	中央台	时政部	
8	——					
9	——					

假如正在播出第4条，下一条是第5条，这时编辑部导播就应时刻看着口播稿，在男口播播音的同时，估计稿件倒计时，适时通过对讲通话系统通知女播音员"15秒准备，下条是：'中国要求日本认真……'"，女播音员点头示意明白，再对视音频、字幕、放像所有人员发口令："下条'中国要求日本认真……'，10秒准备！"这时制作部导播在切换台上的PVW（预监）上选择好女播音员为下一切换源，随时准备切换。如果需要角标，核对角标及字幕，并再次确认串联单下一节目源是否与编辑部导播所发口令一致，并注意串联单中所写明的尾句。尾句念出后，听口令，视音频均顺利更换节目源后，上字幕。这时编辑部导播又注视着女口播稿，倒计时15秒时，发口令："下条V3（假设'香港全国人大代表……'一片是在3号放像机中），'香港全国人大代表……'，15秒准备！"这时制作部导播已将下一切换信号源备选在V3上，随时准备切换，同时给音频制作人员一个关于下一信号源的提示，并随时注意串联单中所写明的尾句，准备听口令切换，然后再进入下一环节。

作为编辑部导播，一场直播下来，要发口令一百余条，而作为制作部导播，正常情况下直播一场下来，也要切换操作一百余次，每一次都不允许有丝毫的疏忽错误。再加上《新闻联播》直播开始后的节目顺序调整、紧急插播节目等情况经常发生，就对直播参与人员的专业素质和心理素质提出了更高的要求，尤其两个导播，他们是直播的核心。

第二节　重大会议现场直播

一、重大会议现场直播的特征

会议的现场直播是电视节目制作中的特殊种类。在其他类型的现场制作中，制作部门能够参与组织策划，按照电视制作的规律和特点来安排内容，但会议不行，电视制作机构往往处于被动服务的角色，不能影响被拍摄的内容。无论是在直播的时间、地点还是内容的安排上，电视台都没有自主权，只能服从大会的安排。会议什么时候举行就什么时候直播，会议在哪里召开就在哪里直播。这样的情况使得直播开展起来存在着较多的困难。例如可能无法进行照明布光，没有很适合的地方搭建导播台，摇臂、移动车等设备的运用也受到很多限制，参与现场直播的工作人员的活动也会受到限制，等等。

一方面，直播工作的开展受到较多的限制，另一方面，上级对这种题材的直播要求往往又很高，不容许有任何差错，必须慎之又慎。

从另外一个角度来看，电视台对重大会议的直播，由于一般不能改变会场上的照明状况，也不需要给现场施加各种特殊效果，甚至有的会议连直播解说都不需要，因而在人员的配备上相对来说可以少一些。在画面的使用上，由于会议本身一般不会出现什么复杂的场面，所切出的画面就不适于使用什么附加技巧，并且会场上的各项议程都是按部就班来进行的，所以直播这类题材，并不像直播文艺演出那样紧张，画面的切换操作也比较简单。只要集中精力对待，把会议直播好并不难。

二、重大会议现场直播的导播

重大会议直播的机位设置，通常是用3台摄像机对着主席台，其中2号机用三脚架固定在主席台下代表席前面几排的中间，负责主席台全景的拍摄，1号机和3号机分别用三脚架固定在主席台下的左右两侧。4号机作为游机，其活动范围一般是在主席台面向代表的左侧（从代表席看则是右侧）至主席台中心线之间。在主席台面向代表的右侧（从代表席看则是左侧）的1号机除了拍摄主席台外，在需要的时候也可转过头来拍摄大会代表席的全景。如果还安排有5号机，则5号机也是游机，负责流动拍摄代表的镜头，捕捉代表中有特点的画面，比如某些代表认真听讲、认真做笔记的画面，或代表激动得热泪盈眶的特写镜头，等等。若不设5号机，其职责则可由4号机来兼顾。

在需要用两台机子来对台上的领导依次进行一左一右的介绍的会议直播中，也可不多增加机子，通常是将1号机与2号机临时并列在一起，等把台上的领导介绍完后，1号机再回到其位置上。

重大会议的直播中，由于领导的讲话一般都比较长，如果总是出其讲话的画面，节目就会显得很单调。为了避免这种情况的出现，在直播前，导播可以先向大会秘书处索要各位领导的讲话稿，根据各位领导的讲稿内容来准备一些能起到配合作用的资料画面，在直播中，适时穿插使用，这样直播出去的节目，画面就不那么单调了。

另外，领导在大会上的讲话，往往会涉及成串成串的数字，导播事前可安排人员将领导讲稿上的这些数字内容打成字幕，在直播中，当领导讲到这类带有大串数字的内容的时候，把相应的字幕叠出，这样才便于观众收看节目时听清这些数字。

重大会议的直播由于内容一般都不复杂，因而通常都不用撰写拍摄提纲。但在导播台上，必须要摆放会议的议程安排表。要是事先已经拿到了各个领导人及上台发言者的讲话稿，可用红笔在这些讲话稿上画上各种标记，标注好在哪个领导或发言人讲到哪些地方的时候需要切换画面，怎样进行切换，及在哪些地方该穿插什么内容的背景资料画面，在哪些地方应当叠上什么内容的字幕，等等，这样才能将直播工作有条不紊地开展好。

重大会议的直播，在对主席台上的人物作介绍的画面的使用上很有讲究，领导出镜顺序的安排一定要遵守既有的规范（即必须按照会议举办方的规定来进行）。

在会议文件上，主席台上领导的名单是以职务的高低顺序来排列的，职务最高的领导的名字排在最前面，从高到低依次列出，而大会主席台的座位排列则是职务最高的领导坐在最中间，然后由高到低依次一左一右往两侧排（职务第二高者在职务最高领导的右手边，从代表席上看就是在其左边）。

直播特别重要的会议，之所以要安排1号机临时和2号机并列在一起，共同面对主席台，就是为了对主席台上的领导逐一进行介绍。

重大会议直播一开始，一般是1、2号机在会场观众席正中心位置并列摆放。一般首先由1号机出全景画面，接着镜头推向大会横幅，依次摇出横幅的文字，然后拉开。接着切出2号机所拍摄的坐在主席台正中的职务最高领导职务的画面。而1号机将画面拉开后，当导播将画面切向2号机所拍摄的职务最高领导的画面时，就要马上以与2号机相同的构图方式和同样的焦距来拍摄职务最高领导右手边那位排名第二的领导。当导播将画面切向排名第二的领导时，原先拍摄排名第一的领导的2号机就要将镜头摇向其左手边（即往右摇）的排名第三的领导。这样，两台机子依次一左一右交替，逐一对主席台上的领导进行介绍，领导在节目中出现的顺序才能与会议文件上的名单排列顺序相一致。

介绍完主席台的领导后，先结束的那台机子应拉出全景画面供导播使用，导播在切出全景画面后，如果这个全景画面是来自2号机的，则1号机就可以回到自己的机位去了，要是全景画面来自1号机，导播就应在适当的时候把画面切到2号机上，然后让临时来帮忙介绍领导的1号机回到其所应在的位置上。

重大会议的直播，只是在会议刚开始的时候需要这样对主席台上的领导进行一左一右的逐一介绍，往后所有需要出现主席台的画面，都可以直接摇过主席台，不再需要一左一右交替表现领导了。

在进行重大会议的直播时，在一左一右交替介绍完领导后，如果不是导播另有指令，则2号机始终都要将画面定位在主席台的全景上，以供导播在切换中作为画面转换的过渡之用，或在出现操作失误时应急救场用。

需要说明的是，拍摄主要或重要人员的机位要在拍摄对象的正面60度夹角范围之内，以获得相对正面的构图。（见图4-5）

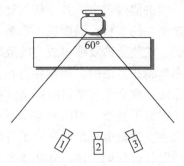

图 4-5　拍摄主要对象要求正面 60 度夹角构图

会议的现场制作或直播属于新闻类节目的制作，导播在镜头组织、字幕形式等方面要遵循新闻节目的规律。在会议的导播中，要注意以下几个方面。

① 会前和会议组织机构充分沟通，获得尽量详细的会议议程。
② 掌握会议主要参会人员的名单，了解主要和重要参会人员在会场里的位置和活动。
③ 导播、摄像师、字幕员、导播助理都要熟悉主要参会人员的相貌和名字。
④ 会议现场制作中的字幕必须预先制作好并请会议组织方的新闻负责人审查并签字认可。

直播会议是电视台最重要的工作之一。会议直播中需强调的是，发言人发言时穿插其他参会人员的镜头，要注意宣传纪律。拍摄领导人镜头时要注意每个镜头的停留时间，要注意节奏均匀。拍摄参会人员要注意被摄者的仪态。当面对长时间的发言，可能会有部分参会人员精力不集中，出现不雅动作（如抠鼻、剔牙等小动作），甚至打瞌睡。参会人员不是职业演员，他不知道自己处于几台长焦摄像机的覆盖之下，常常在被拍摄的时候做出一些不适宜的动作。作为导播一定要精力高度集中，一旦发现预兆要尽快切开，避免因场面单调导致注意力分散，出现失误。必要的情况下，可要求大会主持人在会前提醒参会人员，会议将被直播，请参会人员注意形象。这样做的效果会很好。

三、案例："两会"记者招待会导播及机位设置思路分析

纵观每次的全国"两会"记者招待会的多场电视直播，其形式往往相对比较单一。对于直播来说，无论形式简单还是复杂，设置机位的方法和要领都是相同的。

（一）已知条件

导播承担起一场直播任务时，最紧迫的工作就是了解和消化活动的具体内容。

一般主办单位事先会组织一次协调会。会上，负责人会介绍记者招待会的基本情况和形式，一般的活动顺序是：主持人开场白之后，记者开始提问，领导一一回答。

记者招待会的形式大致相同，只是招待会举行的具体时间和地点不同而已。

导播要牢记一点，就是所有记者招待会现场直播都是由两部分构成的，即新闻活动本身和记录它们的现场直播。导播应注意的是，思考问题的角度一定要锁定这两个方面。

具体地说，导播获知了主办单位介绍的情况以后，应马上将其与现场直播的特点进行"勾连"，这样就能从中发现许多的"意外"。

主办单位介绍的情况是招待会的基本条件，对于现场直播来说是远远不够的，不能满足直播的多种需求。现场直播需要多种要素构成的先决条件作为保证，才能具备实施的可行性。

（二）未知条件

1. 地点条件

地点条件包括两个概念，一是活动现场的环境，二是主要人物的活动所涉及的地点。

这就要求导播首先要明确"两会"记者招待会的具体地点及会议现场整体格局。另外，还要知道领导人入场的准确位置，这些都关系到机位的设置。更要考虑电缆线预留多少米的问题，以保证现场镜头的顺利拍摄。

2. 时间条件

"两会"记者招待会开始的时间是在什么时候，这个时间对于主办单位举行活动和其他媒体的报道来说都是极为准确的，但对于现场直播来说，这一时间并不准确，属于未知条件。

假如"两会"记者招待会开始的时间是上午10点。那这个10点，它指的是领导人走出休息厅（距会场有一段距离），还是指领导人进入会场，还是指领导人就座以后主持人宣布招待会开始的时间？

因此，导播必须明确：现场直播所对应的任何时间都不是抽象意义的时间，而应对应起活动主体的具体行为。这就要求导播事前一定将它作为重点问题，了解清楚，否则，直播时将措手不及。

（三）环境布局

不同类型的新闻活动，现场环境布局是不同的。导播充分研究和分析现场环境的布局，能为设置机位提供重要依据。

记者招待会这种形式的会议，现场主要是由两部分构成的，即主席台和记者席位。在主席台上就座的除了领导外，还有活动的主持人及英文翻译；记者席位上就是参加招待会的中外记者,还分文字记者和摄影记者等席位。

(四) 机位设置

经过了对活动的已知条件、未知条件和环境布局的分析,机位的设置思路可以基本形成。机位设置包括近距离机位和高点机位。

观察主席台和会场环境的范围主要是为了选择和确定高点机位,它承担着会场场面的说明与展示的作用。主席台位于会场的什么位置,主席台与会场是怎样的关系,会场上到底有多少中外记者出席,等等,这些都是直播镜头叙述的信息要素。"两会"记者招待会一般设置两台全景机位,即一台高角度侧全机位和一台轨道摇臂机位,这两台全景机位负责展现记者招待会的场景范围。

近距离机位的设置及相配套的环节主要有以下方面。

1. 主席台机位

拍摄主席台领导人的机位须设置两个,我们称之为主机位。主机位的设置有如下要求。

(1) 并机排列

两个主机位须架设在同一条拍摄线上,并机排列。

镜头要分别完成对主席台上各位领导人的表现,还要有一个主席台全景的镜头表现,所以需要至少两个机位的镜头交替拍摄。

现场直播的镜头组合是按照事先设计的每一个机位的镜头顺序依次切换的。具体地说,每一次切换都涉及两个机位。其中,前个机位的镜头处在拍摄的播出之中,后个机位的镜头处在等待切换之中;当前个镜头完成了任务,导播便按下切换按键,这表明第二个机位的镜头开始进入拍摄播出状态。这就是现场直播镜头拍摄与镜头切换同时完成的特点。

因此,设置机位时,要考虑直播的镜头切换是否具备操作的可行性。

(2) 设置高台

主机位设置高台的原因有三个。第一,主席台本身有高度,它是临时搭建的台子,比场地的记者席位一般要高出半米左右。第二,机位位置在记者席后侧。按照主办单位规定,场地内不允许架设机位,所有摄像、摄影记者一律在场地的两侧或最后一排以外搭建的阶梯上拍摄。所以,直播的机位设置必须在最后一排的外侧,当然,这也需要主办方批准。第三,假如主机位角度低,镜头很容易被站起来提问的记者挡住。

基于这几个原因,两个主机位必须设置高台,以保证领导人的镜头万无一失。

2. 记者席机位

拍摄中外记者的机位须设置两个游机,机位的位置在主席台与记者席之间的通道上。

游动机位的设置主要取决于近千名记者的分布范围。提问的记者分散在会场的不同位置,事前,并不知道哪一位记者会提问,他们坐在会场的哪个位置,是站起来提问还是坐在座位上提问,等等。

因此,设置机位时,要考虑处于会场不同位置的提问记者都能进入镜头的视野之中,特别是后面几排的记者，同时，还要设计好机位的游动范围。一般来说两台游机分别负责记者席左右两部分。另外，两个游动机位中的一个机位，还要负责拍摄领导人入场的镜头。

（五）切换思路

一般情况下，记者招待会的时间要持续 1 小时以上。它的形式比较单一，一问一答。为了活跃直播节目，一般的切换思路是这样设计的：领导人回答问题的镜头从始至终保留，而在英语翻译的过程中，尽量采用运动镜头的形式，这其中，除了大量运用轨道摇臂的运动镜头展示现场的环境气氛外，还要依靠两台游动机位来抓拍记者们的神态细节。

两台游机除了在记者席的第一排前活动，还要尽可能到记者席的两侧区域拍摄。这样一来，两个机位的活动范围就大了。另外这两个机位的电缆线可以多预留一定长度，以保证摄像师游动拍摄的范围。

"两会"记者招待会常规机位设置图如图 4-6 所示。

图 4-6　"两会"记者招待会常规机位设置图

第三节　重大新闻事件现场直播

一、重大新闻事件现场直播的机位设置

从电视导播的角度讲，每场直播的运作都分为两个阶段，即直播前的筹备阶段和直播实战的操作阶段。这两个阶段构成了电视导播的整个创作过程。

在直播前的筹备阶段，导播需完成两项重要工作：直播的机位设置和直播的镜头设计。在直播实战的操作阶段，导播承担着两项重要任务：直播实战来临前的综合调试和直播实战之中的指挥与调度。

一场直播可称之为导播的创作过程，就在于机位设置是导播的基础创作，镜头设计是导播的深度创作，进入直播实战的操作则是导播基础创作与深度创作的具体应用。当然，直播也是对导播实际应用能力和综合素质的全面检验，因为电视屏幕是检验一名导播综合能力的唯一标尺。

新闻直播的机位设置是直播前筹备阶段中的一个重要步骤。它主要是指在新闻活动的现场，选择摄像机的具体位置，确定摄像机的拍摄角度。具体地说，导播需根据初步掌握的活动线索亲临现场，考察活动的形式与规模、考察事件主体的具体方位、考察活动场景与事件主体的关系，并以此为依据来选择摄像机的具体位置和拍摄角度，确定是否需要搭建高台（包括确定台子的长、宽、高尺寸标准），明确摄像机的使用数量，等等。

在日常生活中，很多人都有过拍摄照片的经历。当拍摄人物照时，照相机可选择多种景别：脸部及头部特写、胸部近景、半身中景、人物全景、带景物的人物远景等等。同时，还可选择多种角度：平视、仰视、俯视及正面、侧面、后侧面、背面等等。一架照相机如果要完成上述各种形式的拍摄，需要在不同的时间里，经过多次的改变才能实现。

而现场直播的最大优势就在于，可以在同一时间里，运用不同地点的多个摄像机，同步拍摄一个或多个人物、事物，一次完成多角度、多景别的镜头拍摄和组合。

一张照片构成了一幅独立的作品，而一场现场直播则是由一个个镜头组合在一起而构成一部完整作品。现场的一个机位的摄像镜头代表的是一个视角，反映的也只是事件主体的一个侧面、一个局部。多个机位的摄像机镜头则代表着多个视角，体现了横向与纵向、平面与立体的分布特点，能从不同位置、不同角度来完成对事件主体的完整表现。

多角度、大跨度、全方位的机位设置能够引领人们进入一种全新的纵深空间；多种景别、多种运动形式能够给予人远近高低的视觉冲击；镜头富于艺术性的拍摄以及各种切换方式的综合运用，能够给予人们审美享受，满足人们的精神需求。

现场直播的机位设置就是为实现镜头拍摄和镜头表达创造空间。

（一）新闻事件直播机位的特点

新闻事件直播机位的设置对摄像机的镜头表达起到了关键性作用。导播在设置机位的过程中必须注意以下两个方面的问题。

1. 机位的复杂性

新闻活动的特点决定了它自身有着很多的潜在变化。这使得新闻现场直播从始至终伴随着不确定因素，直接影响整个直播的运作与屏幕的视觉效果。

从内部因素看，一场直播是一项庞大而又复杂的系统工程，体现了协同作战的方式。一个机位的选择与确定不仅蕴涵着导播的创作思想，同时，也必须依托技术部门的设备配置、摄像师的现场拍摄等各方面的共同努力才能得以实现。

从外部因素看，在直播机位设置的过程中，很多细小的环节都能构成在平时不可能成其为问题的问题。比如：有些机位在选择具体位置时，如果影响事件活动的正常进行，那么就不会得到主办单位的认可；有些机位的位置确定了，但是，由于角度低，需搭建高台，而这个高台可能会因场地条件的限制无法搭建，于是，就成为与主办单位协商的焦点；如果个别机位需要采用游动拍摄，游动的形式和游动的范围则构成了与主办单位协商的核心。

新闻事件现场直播仅仅在机位设置这一个方面，就充满着诸多的不确定因素，体现了多重关系交织的复杂性，它将成为实现或者制约现场镜头拍摄的重要环节。

因此，导播在设置每一个机位时，都不能忽略各种细小环节可能存在的制约，在考虑不确定的内外因素的同时，创造确定的可行性，以实现被赋予了创作意图的每一个镜头的现场拍摄。

2. 镜头的多重性

世间任何事物都具有双重性或多重性的特点，摄像机镜头也不例外，因为它不是万能的。

（1）视角的局限性

一个机位的镜头只代表一个独立的视角，它所能容纳的视野范围是特定的，更是有限的。这是因为镜头的角度、镜头的景别以及电视屏幕平面的特点等综合条件制约着镜头的表现，使得它无法全面地、毫无遗漏地表现任何一个完整的事物。一个镜头的视角只能表达和说明事物的某个局部、某个侧面和某个细节，而不可能涵盖事物的完整性。

每场新闻活动，直播机位都分布在现场的不同位置，构成了远距离、近距离、定点及游动等多种形式交织的格局。这正是在弥补单个机位镜头视角的缺憾。

新闻活动是动态的，活动中的事件主体又是立体的。立体、活跃的事件主体需要的不是平面角度的"局部"表达，也不是线形排列的机位的"侧面"表现。

因此，导播在设置每一个机位的时候，需特别注意镜头视角的局限性，注重多个机位的关联性，以挖掘每一个镜头的潜力，实现镜头功能的最大化。

（2）表达的指向性

任何一个机位，无论确定在现场的哪个位置，其镜头表达都具有十分明确的指向性。它要求导播必须为它提供两个条件。

① 目的

第一个条件是镜头的目的性。导播必须明确每一个镜头的被摄主体是什么，被摄主体的表现形式又是什么，包括主体自身的行为、状态，其与周边人或物的关系，其活动区域和范围的界定，等等。

② 距离

第二个条件是镜头与被摄主体之间的距离，包括镜头的角度与高度等等。

镜头与被摄主体间距离的确定是没有绝对标准的，只有基本的原则。如果是展示现场的环境氛围，那么肯定是高点机位。这时，镜头应按照活动规模的最大范围来进行距离的界定，具体地说，应以活动区域的边界作为两者间距离的参照依据。这样，远景或全景镜头的视野范围就能够包容整个活动场面。如果是强调主体人物，那么，镜头应根据人物的行为、状态以及状态的程度来进行距离的控制，以提供或特写、或近景、或中景景别的表现条件。

镜头的目的、镜头与被摄主体的距离决定着镜头的表现。如果缺少"度"的把握，镜头或者是衰减而不饱满，或者是堵塞而不尽情。

因此，导播在设置每一个机位的时候，都要特别注意镜头表达的指向性，以获得表达的深刻性。

（3）个性的独特性

镜头都有着自身的个性色彩。

① 要求摄像师进行艺术的拍摄

镜头对承担现场直播拍摄任务的摄像师要求严格，区别于常规新闻的拍摄。它要求摄像师的镜头构图必须严谨规范，镜头角度（正、背、侧、仰、俯）必须新颖错落，镜头景别（远、全、中、近、特）必须控制到位，镜头运动形式（推、拉、摇、移、跟、升、降）必须和谐均匀，以使拍摄的每一个镜头都富于艺术表现力。

② 要求导播进行审美的挖掘

镜头对承担现场直播指挥任务的导播要求更加严格，区别于常规新闻的剪辑。它要求导播必须做到：在基础创作时，创建镜头的表现空间——思索每一场新闻活动的规律，提炼主题，捕捉亮点，以搭建立体的、全方位的机位格局；在深度创作时，挖掘镜头的多种元素，灵活地运用不同角度、不同景别和不同形态，并注入蒙太奇手法于镜头的设计之中，以使视觉语言形成深刻的表达，使直播节目的篇章富有节奏和风格。

如果摄像师和导播缺乏对艺术的理解和对艺术的感悟，或对付着拍摄、对付着切换，那么，镜头将在屏幕效果上还给你最大的"对付"。反之，它将无私地奉献它所拥有的潜在能力——细腻地表达、深刻地揭示。

（二）新闻事件直播机位设置的原则

新闻事件直播机位的设置主要取决于三个方面：第一，事件的内容；第二，事件的形式；第三，事件主体的形态、状态和程度。

确定直播每一个机位的目的是搭建镜头的表现框架（不是每个镜头的具体景别和具体形态——固定形式、运动形式）。它相当于常规新闻前期采访时摄像师现场拍摄的镜头素材。镜头素材是不能播出的，因为它不是成品、不是节目，不能直接进入屏幕播出。它需依赖编辑的后期制作——镜头剪辑、组合等等流程方能播出。

导播完成了直播机位的设置，表明直播的镜头素材框架已经搭建完成。如果要形成直播节目的成品，则必须经过一道中间环节的转化——介入蒙太奇的力量，将镜头素材中一个个独立的机位镜头（语句）加工成为完整的视觉语言篇章。这必须依赖同一时间中摄像师的拍摄与导播的镜头切换才能实现。

每一场直播的素材内容、规模、形式不同，摄像机的分布自然各不相同；每一位导播的理解和感受不同，摄像机位置的选择也不尽相同。不同机位设置决定了不同的镜头表达方式、表达程度，因而也必然会产生不同的表达效果。

（三）制高点机位的设置

在大型新闻活动的直播中，通常采用远景或全景镜头加俯视视角来展示现场环境的规模，为此而设置的摄像机，我们称之为制高点机位。

在场馆举行的新闻活动，现场直播要展示场景的环境氛围，借助于高台或高层台阶架设机位就能完成。一场露天的大型新闻活动，规模庞大，场面壮观，现场直播要表现出恢宏与浩瀚的气势，则必须依靠制高点机位才能实现。

1. 制高点机位的功能

制高点机位的视野如同人们乘坐飞机观赏草原山川，如同人们登上东方明珠塔鸟瞰美丽的城市，以其特有的视觉力量表达了豪迈的气概，赋予人们平时难以获得的体验，展示出一种全新的视觉效果。

制高点机位主要具备三种功能：第一，现场环境及场景规模的气势展示；第二，事件主体的概貌勾勒；第三，事件主体与所处环境的关系说明。

制高点机位的三种功能是相互关联、相互作用的。气势展示，是对现场环境整体格局的阐释，解答"面"的问题；概貌勾勒，是对事件主体整体概念的描绘，以增强理解与认识；关系说明，是对事件主体与所处环境的阐释，解读方位关系。

2. 制高点机位的意义

制高点机位较之其他机位，具有明显的特点。

制高点机位的摄像机以其居高临下的视角承担着远景与全景的职责，在展示恢宏浩瀚的气势时，在解释现场场景的过程中，暗示活动主题的内涵。

它在勾画事件主体轮廓（"面"的说明）的同时，配合位于其他不同角度的近距离机位的镜头特写、近景（"点"的刻画与强调）以及中景景别（局部关系的说明）来描述事件主体，增强观众对事件主体的全面认识。

它在交代事件主体与所处场景之间的关系时，十分明确地点明空间方位关系，弥补镜头平面性和屏幕二维空间造成的局限——在叙述的过程中，思路清晰地告诉观众事件主体所处的位置，强化观众对事件主体完整意义的理解，并且留出想象的空间。

因此，新闻现场直播制高点机位体现的是空间的意义。

3. 制高点机位的设置

导播明确和掌握了制高点机位的功能、意义，即可进行制高点机位的设置，但在设置之初应注意以下几个方面。

（1）机位数量的设置

一场新闻活动究竟需要几个制高点机位才能发挥出它的三种功能？是否活动的场景规模庞大就一定需要设置多个制高点机位？这些都需要在考虑整个新闻活动环境的综合因素之后再行判断。

① 环境的分布跨度

新闻活动的环境格局是确定制高点机位数量的参考条件之一。

一场新闻活动如果涉及多项内容的多个场点，场点之间又非常分散，一个镜头无法完整地来概括它们，那么，就要根据这种情况来进行具体数量的确定。

② 特殊环境的格局

还有一种情况是新闻活动的环境格局属于特殊格局。

如中华世纪坛庆祝活动就是这种情况。从整个环境的北侧一直到南侧，场点是这样排列的：乾坤坛体、前广场、青铜甬道、中华圣火广场、国旗升旗区等，形成了狭长形结构。其中，每个场点都有活动。这种特殊的环境格局造成了镜头表现的局限性，需要多个制高点机位的设置来进行弥补。

③ 事件主体的分布状况

一场新闻活动有时涉及多个事件主体，他们又分布在不同的场景中。遇到这种情况，制高点机位数量的确定应注意两点：一是能够完整地概括他们整体的"面"，二是能够清晰地交代他们与所处的特定场景之间的关系。

由此可见，并非活动的场面大，制高点机位设置的数量就一定多，也并非活动的场面小，制高点机位设置的数量就一定少。

（2）机位位置的设置

设置制高点机位时，要适度把握摄像机与活动场景之间的距离。摄像机与场景边沿要保持一定的距离，既不能贴近，又不能远离。两者的间距，没有绝对的界定标准，只有尺度的控制原则：以环境场景的范围来界定，实现特定场景的最大化，能够感受镜头视角的开阔、视野的舒展。

（3）机位格局的设置

设置多个制高点机位时，要注意机位分布的整体格局，避免同一方向、同一高度、同等距离的排列。要体现错落有致、层叠排列的特点，从而呈现多视角、多层次的跨越布局，展示立体空间的气势。

（四）近距离机位的设置

1. 近距离机位的概念

近距离机位多指制高点机位以外的其他机位。它的主要任务是拍摄事件主体的近景、中景和全景等，其局限性在于，它基本上无法拍摄到远景景别的镜头。

2. 近距离机位的设置原则

近距离机位的设置主要取决于三个方面：第一，事件主体的形态；第二，事件主体的状态；第三，事件主体状态的程度。

事件主体包括人物主体和事物主体两个方面。事件主体的形态、状态和状态的程度主要指的是人物主体的情状状况和事物主体的形状状况。

比如，中华世纪坛庆祝活动中的火炬青年作为人物主体，他的行为以及行为状态是：奔跑在青铜甬道上——人物的行为为运动形式，奔跑为运动状态，地点与位置的改变为运动程度。

又如，事物主体。国庆50周年庆典空中梯队的第一组编队是由9架飞机组成的"人"字造型。它们在通过天安门广场上空时，施放红、黄、蓝、绿、白五种彩色烟雾，表示致意——飞机为运动形式，高速飞行和拉烟为运动状态。

事件主体是活跃的、亮丽的、立体的，活动现场远近高低、错落有致分布的近距离机位和远距离（制高点）机位的镜头，必须以各自不同的视角和默契的配合，完成对它们的立体表现。

近距离机位的镜头侧重于强调与刻画，远距离机位的镜头侧重于展示。它们搭建了视觉语言表达的平台，显示着各自的特色。

综上所述，一场直播近距离机位和远距离机位的选择和设置的不同，决定着镜头角度的不同；镜头角度的不同，决定着镜头表现的不同；镜头表现的不同，决定着镜头经过组合形成的视觉语言的表达不会相同。因此，每场直播的最终播出及所产生的屏幕效果都是对每位导播的理解水平、创作水平及操作能力的最公正的诠释。

二、重大新闻事件现场直播的导播

新闻事件现场直播是电视新闻的重要呈现方式之一，它通过新闻的实时播送、主持人的灵活解说、记者的现场连线、嘉宾的互动访谈等环节，充分展现了电视新闻的时效性和现场感，已经成为新闻传播的一种常态。而电视新闻直播的成败，除了受直播流程的安排、直播设备的技术保障等因素影响外，作为核心人物的导播，可以说是关键中的关键。直播的特殊性要求导播必须具备全方位的调度能力，随机应变，在保证直播顺利进行的前提下为直播增添光彩。

新闻直播中导播所干的是一个集成活。从出错的概率来计算，新闻导播出错的概率是其他工种的数倍。由此可见，降低新闻直播差错率，新闻导播是最关键的人员之一。为了确保新闻直播的安全播出，有必要从导播抓起，从源头做起，规范新闻导播在直播之前、直播之中、直播之后的各项工作流程。与此同时，建立更科学、更严格和规范的直播应急预案。

（一）新闻事件直播导播的主要职责

1. 直播前的准备

熟悉新闻事件直播串联单，与责编或者制片人沟通细节。浏览新闻直播串联单是熟悉新闻事件最直观的方式。另外，还要了解新闻事件的背后，了解是否有卫星连线报道、是否有需要特别注意的地方。就这些问题与责编或者制片人深入沟通，对直播工作的进行是极有意义的。

2. 直播中的操作规范

在新闻事件直播现场，导播要按串联单进行操作，口令清晰、准确而具体，必须让所有参与播出人员都懂。导播的术语要服从于习惯及变化，虽然基本的术语是有共识的，但在各导播之间使用起来也会有不同，并应随技术更新而作相应的变化，所以导播没有必要刻板地背指令。在直播时需掌握分寸，说话到位、明确、简单，眼观六路，耳听八方。导播要精通工作中使用的各种电子设备，对于导播台上一切按钮，要能得心应手地进行操作，手上功夫一定要过硬，熟悉到不用低头看按钮就能熟练地切换，即所谓的"盲切"。

与责编的沟通：根据直播的现状，及时与责编沟通，在责编的许可下，可临时增加和删减相关内容，确保新闻直播的完整性。

与现场出镜记者的沟通：当导播切到现场出镜记者的报道时，最重要的就是与现场记者保持联系畅通，因为在现场没有监视器可以看到正在播出的内容，因此，导播必须通过对讲系统清楚地告诉记者自己的意图。

与控制间放像、字幕、音响人员的沟通：在新闻事件的直播中，有时要插播一些关于新闻背景的电视片，这时导播的口令要先于切换一秒，当放像听到导播的口令放片子时只可慢半秒即12帧。只要放像动作一慢，对外播出的第一个画面肯定是定格状态。放像应听从导播口令，不可自己随意发挥。当设备出现异常状态时，要及时通知导播。

另外，在直播中，导播要时刻提醒字幕人员注意有关改动，以免造成上错标题内容的情况。在直播中字幕人员算是半个助理导播，因为现在的字幕都是用特技效果上的，上字幕条前导播无法预审内容，有改动时必须及时发布改动口令，并让字幕人员对内容进行把关。

在直播中如有卫星连线、电话连线时，导播需要提前30秒至1分钟与调音师进行确认："下面是卫星连线，在外来信号×路，请准备。"如果片子播到一半需要拉片，一定要告知调音师最后一句话并在倒计时10秒时提醒准备。有片子进行现场配音时，需要提前与调音师确认是否要衬底声或音乐。

与技术部门的沟通：导播可在直播前30分钟进入控制室，在技术人员对导播台作测试确认后，需再复查各操作键的使用情况，如摄像机位、字幕、通道等，导播台上各个按键都要试用，发现问题及时通知技术人员更正。如直播中要出现电话连线、卫星连线等事宜，要提前告知技术人员，并在直播前进行安全测试。

直播时间的计算：在直播中，掌控整个节目场面是导播的基本功。导播工作是以秒为单位计算的，时间是直播的一个重要关卡，如果时间失控，直播就是失败的。如何把控时间，则需要一定的经验积累。控制时长除了整块拉片外，还要用小技巧进行微小的处理，比如手上切换快点儿就可以省几秒时间，主播、记者播报速度快点则可省以分钟计的时间，等等。和各工作岗位在口令上的配合也因人而异。千万不要轻视直播的几秒钟，也许就是这几秒，可以使你的直播更准确、更完美，或者让你遭遇滑铁卢。

3. 直播带重播，遇错必改

为重播之需，新闻事件直播时一般都会全程录制直播节目。如果直播一切顺利，就可把录像带直接拿去总控播放。但是有时直播中会有一些小差错，那么就需要对重播带进行修正。此时导播要和编辑等人员配合，对错误之处进行补录。

（二）新闻事件直播中的突发情况处理

在新闻事件现场直播过程中，经常会出现突发情况。一个合格的新闻导播，在遇到突发情况时，必须具备以下四个方面的能力：应急心理准备能力、协调反应能力、直播控场能力、应急预案执行能力。新闻导播要提高自身的应急能力，须从这四个方面入手，加强对自己业务素质的培养。其中应急心理准备能力和导播个体的心理素质、成长经历、性格等相关，心理素质强、性格属于处变不惊型且人生经历丰富、从业资格老的导播往往对突发事件的发生有较强的心理准备能力。但是，在实际的工作中，我们发现，导播的前期准备工作也是影响应急心理准备能力的一大要素。

俗话说"有备而无患""凡事预则立，不预则废"，有准备地走上导播台和仓促开始直播，在心理层面上，绝对有两种截然不同的效果。有经验的导播都知道，如果在新闻直播前，能仔细地检查导播台等相关设备，仔细核对串联单和字幕，仔细了解新闻事件的备播情况，那么在直播进行的时候往往会是一种气定神闲、万事尽在掌握的状态，这时哪怕出现突发状况，也能在极短的时间内做出反应并实施准确的补救措施。而假如新闻直播前，对串联单、设备和新闻事件的情况都不清楚，不知道会发生什么突发事件，导播就会处于一种慌乱的状态，直播中经常会心神不宁甚至走神，因为他无法掌控的事情太多了，总是患得患失、顾此失彼。这便是前期准备工作对应急心理的最直接影响。

为了使直播处于一种有序和可控的状态，不少新闻单位都会制定详细的播前检查条例，并要求当班导播按照检查条例的项目逐一核对。这种准备工作不仅可以规范直播流程、降低潜在风险，同样也可给予新闻导播充分的心理准备。严格细致的播前检查工作，是培养和锻炼应急心理准备能力行之有效的方法。

协调反应能力也是新闻导播应急能力培养的重中之重。协调反应能力体现在导播如何调动主持人、字幕、放像、技术等相关工种协同一致处理突发事件上。众所周知，新闻直播不是个人表演，而是一个团队合作的项目。导播在直播的过程中遇到突发事件时，协调各工种，快速地找出应对方法，合理调度人员，及时发出控制指令，体现的是组织协调的能力。

培养导播的协调反应能力，主要体现在两个"熟悉"上：一是对直播流程和相关设备的熟悉；二是对直播团队的熟悉。

突发事件的到来是难以预计的，而导致同一种突发事件的原因可能五花八门。以最常见的直播出黑场为例，可以导致黑场的原因有不下数十种，可能是导播台故障、播出信号中断、放像机设备故障、磁带或硬盘设备故障、放像或字幕误操作、显示设备故障、联通信号故障等等。如何在发现问题的时候，最快地找出根源所在，是排除直播事故的关键。

对直播流程和相关设备熟悉的导播，往往能很快地找出故障的根源。也许有人会问，导播毕竟只是新闻从业人员，对直播流程熟悉就可以了，又不是专业技术人员，需要对设备也熟悉吗？事实上，优秀的导播往往就是半个技术，完全不懂技术的导播，是玩不转的。毕竟上百个按键在那里摆着，搞不清楚按键的作用，连正常的播出都很难做到。

优秀的导播不能仅仅要求自己会使用导播台，还必须对它非常熟悉，而熟悉的方法无非就是长时间的练习。这是导播赖以安身立命的工具，要熟悉它，没有任何捷径可走。除了导播台外，放像机、监视屏阵列、字幕机等技术设备也同样是导播必须熟悉的东西。只有清楚地知道这些设备的使用方法和基本运作模式，在碰到问题的时候，导播才能迅速地锁定事故根源，并加以排除。

除了设备外，导播对直播团队的熟悉也同样有助于及时发现问题和解决问题。较之熟悉设备而言，熟悉直播各岗位，更能有效地帮助导播协调各工种，应急处理突发事件。因此，不少新闻单位都做出硬性规定，导播岗位的人员上岗前必须在其他直播岗位进行一定时间的轮岗，以熟悉整个直播流程。

做到上述的两个"熟悉"以后，导播在遇到突发事件的时候要进行协调处理就不是太难的事情了。例如上标题或者挂版时，出现三维残影，熟练的导播会很快地在导播台上把相关的字幕键下掉，并指示字幕进行下一步的处理，而不会张冠李戴地去从放像机或者硬盘寻求事故原因，从而把突发事件的影响控制在最小的范围内，及时加以解决。

在实际的操作过程中，还会碰到一些比较特殊的问题，是需要多工种配合解决的，这对导播的要求更高，也需要导播对技术设备和相关岗位有更深刻的了解。例如播放硬盘的新闻片时，出现声音延续而画面停滞的情况，这时除按照各新闻单位的应急操作要求做出不同反应外，导播在故障排除上，就需要多方面协调。要安排主持人读口播稿，要安排音响及时把出现故障的硬盘声道拉掉，等等。而这些操作和指令都需要在短短的十几秒甚至几秒内完成。这就对整个团队的配合默契度提出了更高的要求。

如果说具备应急心理准备能力和协调反应能力还只是技术层面上的东西，那直播控场能力对于新闻事件导播来说则几乎上升到艺术层面了。有效的直播控场，是使直播间的每一台设备、每一个人都成为导播思维和肢体的延伸。导播能随时做到眼观六路、耳听八方，在最准确的时机发出最准确的指令，并由此对新闻直播进行操控。为此，导播必须具备多方面的知识与能力，了解镜头的内涵、功效，并用所有的智慧来调动自身的积极因素，在尊重客观原则的基础上，让镜头的分切、组合、运用能服从节目的特点和人的视觉规律，让所表现的内容、场面最大可能地与电视画面有机结合起来，把艺术的潜能、灵活的技巧和电视意识这三者结合起来，进而呈现到荧屏上。

具备高超直播控场能力的导播除了可以最大化地掌控技术设备的资源外，还能通过自己专业和准确的指令、淡定自若的状态和充分的自信，对参与新闻直播的其他人施以影响。与一个准确把握新闻节奏、口令、流程的导播合作，其他岗位的同事也会受其感染，发挥出稳定的直播状态。而如果导播自己在直播中都慌乱、不知所措，还要其他岗位的同事进行补救，那直播出错的概率也会大增。

导播除了不断学习积累，提高自己的业务能力和技术水平外，还应该主动参与制作、完善应急预案，并具备较高的应急预案执行能力。

当下，应急预案是一个非常热门的词汇。在灾害救援、公共危机、行政管理等各个领域，我们都经常能听到应急预案这个词。但是，无论哪个领域，使用到应急预案的频率恐怕都没有新闻直播高。熟练地掌握应急预案，并根据直播流程变化的情况和设备更新的情况对现有的应急预案进行完善，是新闻导播的必修课。

一般的新闻现场直播应急预案通常包含以下几个方面的内容。

1. 主持人播报过程出现问题的处理

主持人播报过程中声音画面出现异常情况，通常出于两方面原因：一是设备故障，二是主持人突发状况，如身体突然不适、播报错误、状态失常无法继续播报等。这时导播就要采取应急措施来处置。确认主持人在播报时声音或画面出现异常情况后，导播应发出口令并在3秒内切外来宣传片或带播宣传片，直至技术故障或主持人问题排除，并要责编对节目进行相应的调整。在确认恢复正常后，导播需在最短时间内发口令恢复正常直播。

一般主持人有男、女两个人，正常情况是轮流播报。如某个主持人出现状况，也可以临时让另一个主持人担负起全部播报任务，等同伴恢复状态后再交回。

2. 放像出现问题的处理

当班放像要提前对插播片作备份，并在播放机中准备足够长度的新闻宣传片。重要新闻一定要做到备播带同步播出。当放片非线一通道发生故障（画面严重抖动、突然定格、黑画面等），导播应在3秒内依次判断非线二通道、备播带播出情况。如非线二通道正常，则切二通道画面。如非线系统通道均不正常而备播带同步在播，则切备播带画面。如各路备播部分都未准备到位，导播必须在3秒内切外来宣传片或带播宣传片。导播在确定切换通路信号时，需告知录音师更改音频播出通道。

3. 外来信号出现问题的处理

当外来连线信号出现黑画面或乱画面时，导播必须在 3 秒内切回主持人串场，或者切到宣传片或垫片，并通知当班责编调整节目。

4. 导播设备出现故障的处理

导播台个别键（如字幕、题花等）失灵，首先应卸下该键的播出状态，直到技术人员恢复。若无法恢复，则该档播出放弃该键。假如导播台全部失灵，保持冷静，立即告知技术人员，由技术切换视频应急开关，随后由导播接管应急开关切换操作，播出信号源通过应急开关输出。此时切换画面的监看为电视墙的 MAIN 信号。整个过程导播要做到不慌乱，待技术人员确认导播台恢复正常后再重新使用。

四、案例：国庆 50 周年庆典活动现场直播分析

（一）直播体系构成

国庆 50 周年庆典活动直播，最能够体现新闻现场直播是一项庞大而又复杂的系统工程，也最能够代表中央电视台现场直播的兵团作战的方式特色和协同作战的团队精神。

这场直播的运作，是由技术部门与编播部门共同完成的，而技术部门更是直播工作的核心，其职能与编播部门存在差异。

1. 技术部门的功能

电视技术作为现场直播的特殊载体是极为复杂的。

在一场直播中，技术部门主要承担直播技术系统的创建，实现直播各种信号的传送和最终的播出。技术部门所需的工种少则几个，多则十几个。它们是由多个系统组成的一个庞大体系：视频系统、音频系统、通信系统、微波系统、动力系统及转播系统等等。

用比较容易理解的话来说，视频系统的建立，可以使观众在直播进行中看到清晰的画面；音频系统的建立，能使观众在直播中听到逼真的现场音响效果以及播音员的解说声音等；通信系统的建立，可以保证直播进行中总导播与分系统导播之间，各级导播与摄像师之间、与演播室主持人之间、与现场出镜记者之间通话联络的畅通等等。

每一场现场直播能够实现最终播出，都离不开技术部门各个系统的技术保障。在电视现场直播中，中央电视台技术部门最集中地显示出了我国电视技术力量的综合实力。

2. 编播部门的功能

编播部门作为现场直播运作的另一主体部分，主要承担直播节目的制作与实施。

在大型新闻活动直播中，编播部门的工作同样体现了多工种的复杂性，所涉及的工种包括：策划、导演（导播）、摄像师、编辑、出镜记者、音响师、照明师、演播室主持人、播音员、美编、制作等。

编播部门的具体任务是：直播节目整体形态的策划、现场机位的设置、镜头的设计和现场活动的即时拍摄等等。

一场大型直播节目的形态比较复杂，一般由两大部分构成：现场新闻活动和节目的外包装。现场新闻活动就是直播的主体活动。节目外包装的形式多样，包括演播室、现场出镜记者等。演播室设置包括两方面：一是设置地点，比如是设在室内还是设在现场；二是设置构成成分，比如演播室除了设主持人外，是否邀请嘉宾、邀请几位嘉宾、嘉宾由何种类型的人组成，是否邀请观众、邀请几位观众，是否需要道具，等等。

当然，直播节目的形态无论是简单还是复杂，都需要依赖技术部门的支持，都是建立在技术部门创建的技术体系的基础上的。

国庆50周年庆典直播，技术部门和编播部门涉及的工种达到了二三十个，直播现场有名单、有证件的直接参与人员达到了370多名。如果再加上台内更多的相关工种，也就是在现场直播临近结束，中央电视台台标出现之前，电视屏幕显示出来的名单中的其他人员，则达到了840多位。

由此可见，一场大型活动的直播不仅运作方式复杂，也涉及多种关系的复合格局。

（二）直播系统的确立

技术部门与编播部门构成了直播运作的主体，双方之间有着密不可分的关系。

1. 直播系统的形成取决于机位分布

每一场直播的筹备初期，首先是编播部门要根据活动的内容、形式以及直播节目的需求在活动现场设置数量不同的机位。之后，技术部门需要根据现场机位的分布状况，做两个方面的工作：第一，配备直播相关设备，第二，搭建直播技术系统，从而形成满足直播多种需求的技术体系。

（1）机位的分布形式

国庆50周年庆典活动，编播部门设置的机位分布于天安门广场和东长安街两大主要区域之中。机位的设置主要取决于这两个区域的具体活动。

天安门广场的主要活动有：位于广场北侧的天安门城楼是此次活动的中心，中央首长将在此发表重要讲话，另外，每一项活动的展开都是首先在这里宣布的；位于广场最南端的是50门礼炮所在地，大会宣布开始后，礼炮鸣放50响；200名战士组成的国旗护卫队从人民英雄纪念碑出发，穿过天安门广场，到达国旗升旗区；1000名队员组成的大型军乐团在广场北侧邻近长安街的国旗区举行隆重的升国旗仪式，全场高唱《中华人民共和国国歌》；44万平方米的天安门广场中心，10万名青少年组成的庞大方阵，展示23个组字、背景图案，5万只气球升空、5万羽和平鸽放飞；等等。另外，三军指战员组成的17个徒步方队、25个车辆方队（400多辆装甲车及火炮、导弹等）行进在天安门前，接受检阅；132架飞机组成的10组空中梯队穿越天安门广场上空；由50万名群众组成的38个群众游行方队通过天安门；等等。

在东长安街还会进行一项重要活动，即：首长乘敞篷车检阅1万多名三军指战员组成的受阅部队。

整个庆典活动的特点是新闻亮点多、活动形式复杂、活动地点分散，为此，编播部门设置了33个机位，分布于活动展开的相关地点，这是搭建直播技术系统的先决条件。（见图4-7）

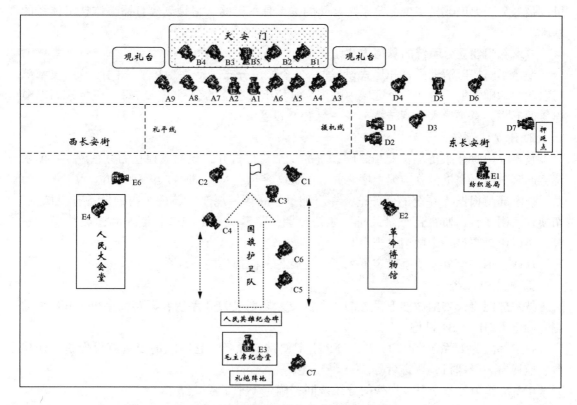

图 4-7　国庆 50 周年庆典直播机位图

（2）机位的分布特点

33 个机位分布的区域广，摄像机的数量多，因而形成了一个全方位的布局。它有如下特点。

① 制高点机位多

33 个机位中，专门设置的制高点机位就有 6 个，它们分布于：天安门城楼、人民大会堂、革命博物馆、毛主席纪念堂、纺织总局大楼以及人民大会堂东北侧的升降机上。

制高点机位设置在这些标志性建筑上，增加了直播技术和设备配置的难度。

② 机位形态复杂

33 个机位中，有游动机位的斯坦尼康，有 10 多米长的吊臂，有 10 多米高的升降车，有运载形式的记者先导车，还有铺设的轨道等。机位的混合型配置结构与摄像机的运动拍摄，同样增加了直播的技术难度。

2. 优化机位，确立系统体系

国庆 50 周年庆典活动，编播部门设置的 33 个机位为技术部门搭建整体直播系统提供了参考依据。技术部门在此基础上，根据编播部门导播的实际控制能力和电视技术力量的现状，经过多方综合因素的探究，出台了一个科学、规范的可行性实施方案。

（1）设立一级系统

一级系统，简称分系统，它在一场大型直播中是最小的系统单位。它可以是一个，也可以是多个。无论数量多少，分系统之间的关系是平行的。它是创建直播整体技术体系的基础。

技术部门建立分系统的具体方法是：

编播部门按照活动内容和形式设置的 33 个机位分布于活动现场的不同区域。技术部门以此为基础，集中合并一个区域内的多个机位组成独立的分系统。将每一机位采用电缆连接的形式，直接导入一辆转播车或一套 EFP 设备。

① 建立 A 系统

技术部门将金水桥与长安街之间设置的 9 个机位合并，规划成独立的分系统——A 系统，同时，给每个机位分别编上序号并标明英文字母"A"，即 A1 至 A9 机位。

技术部门根据 A 系统的任务量，专门配置了一辆转播车。转播车内的设备有摄像机、切换台、调音台、监视器、录像机、通信设备、字幕机等电视节目制作和微波传送设备等。可以说，它是一个微型电视台。

这样，第一个分系统就确定下来了，也就是前面提到的一级系统。

② 建立 B 系统

技术部门将天安门城楼上设置的 4 个机位，规划成为 B 系统，以英文字母"B"为前缀，确定了 B1 至 B4 机位。

技术部门为 B 系统配备了一套 EFP 小型便携式设备。它附载的设备有摄像机、切换台、监视器、录像机、调音台等。

B 系统作为另一个一级切换的分系统同样确定下来了。

③ 建立 C 系统

技术部门将天安门广场的 7 个机位合并，规划成为 C 系统，以英文字母"C"为前缀，确定了 C1 至 C7 机位。

技术部门根据 C 系统的任务量，配置了一辆转播车。转播车内的设备装置及技术功能与 A 系统转播车相同。

C 系统作为第三个一级切换的分系统也确定下来了。

前面 A、B、C 三个分系统的建立主要取决于一个区域内相对集中的机位布局。这三个分系统内的机位分别都是位于一条拍摄线上，为线形分布。其中，机位之间的跨度不大，分布的阵线不长，相对集中，没有构成复杂的格局。

C 系统负责的国旗护卫队，虽然需要穿过整个天安门广场，但是，C 系统摄像机的拍摄形式为跟随拍摄，也使得机位相对集中，因此，它符合组建独立系统的技术条件。

这样，庆典活动现场直播的最小系统单位——三个一级系统以独立、平行的形式诞生了。

④ 建立 D 系统

在 33 个机位中，按照技术条件的能力划分系统，还有两种特殊的情况。

第一种特殊情况是，庆典活动中有一项重要的活动，即首长乘车检阅位于东长安街的受阅部队。编播部门为此设置了 7 个机位，分布于东长安街沿线。

这 7 个机位与 A、B、C 三个系统的机位分布状况、拍摄条件完全不同。其中最典型的机位是，设置在两辆记者先导车上的 1、2、3 号机位，从始至终跟随领导人检阅车进行移动拍摄，而位于 42 个受阅部队中的第一个方队附近的 4 号机位和位于最后一个方队附近的 7 号机位却为定点机位。

因此，这 7 个机位形成了复杂的格局：机位之间的分布跨度大，移动拍摄与定点拍摄两种条件并存。这使得它们不具备铺设电缆以连接转播车或 EFP 系统的技术条件。为此，技术部门采用微波传送的方式，将 7 个机位分别设定为 7 路独立的信号，直接打入中央电视台 800 平方米演播室，归属总系统导播控制。

尽管这 7 个机位没有条件构成独立系统，但是，技术部门为了管理与操作的方便，还是对它们进行了 D1 至 D7 的编号排列。

⑤ 建立 E 系统

第二种特殊情况是，设置在天安门广场的几个标志性建筑物上的制高点机位，由于分布得比较分散，技术条件也无法使它们形成独立系统。因此，技术部门也以上述方式进行了 E1 至 E6 的序号排列，并将每一机位的信号直接打入中央电视台 800 平方米演播室，归属总系统导播控制。

（2）设立二级系统

庆典活动 33 个机位建立的 A、B、C、D、E 五个系统，奠定了创建直播体系的基础，它们以不同的方式连接着 800 平方米演播室——主控系统。

主控系统是直播所有技术设备的终端，为总系统，它是中央电视台国庆 50 周年宣传报道领导小组的总指挥中心。

A、B、C 三个系统作为一级切换的分系统，相互之间构成了平行关系。它们各自无论操控多少机位，无论怎样进行镜头组合，每一个系统所形成的信号只有一路，分别直达总系统。因此，三个分系统与总系统发生着直接、密切的联系。

D 系统和 E 系统虽然没有构成独立的系统，但是，D 系统的 7 个机位和 E 系统的 6 个机位分别以各自独立的信号传输形式直达总系统，同样与总系统发生直接的关系。

由此，庆典活动现场直播形成了以总系统为核心，三个平行系统（A、B、C 系统）、两个特殊系统（D、E 系统）为基础的二级切换格局。它体现了此次直播技术设备优化组合、均衡配置的协调机制。

（三）编播部门的系统职能

编播部门形成的总系统与分系统的分工形式完全是依照技术部门搭建的系统格局确定下来的。

1. 分系统的职能

A、B、C、D、E 五个系统各自的主要职能分别如下。

（1）A 系统

A 系统承担着 80 个方队的拍摄任务：17 个徒步方队、25 个车辆方队和 38 个群众游行方队。另外，A 系统还承担天安门城楼上领导人的部分镜头的拍摄任务。本来这项任务应该全部由位于城楼上的 B 系统负责完成，但是由于城楼上领导人与中外嘉宾的数量多，带来拍摄条件的限制，因此，领导人的部分镜头拍摄任务由 A 系统负责完成。

A 系统设置的 9 个机位分布于天安门前的金水桥以南、长安街以北一侧，全部为定点机位。为实现更好的拍摄效果，选用了三种特殊的设备：10 米长的吊臂、铺设的轨道和一辆升降车。

9 个机位中，A1、A2 机位专门负责拍摄领导人，选用了长焦距镜头，并且搭建了两个高台。还有两个机位分别设置在东西观礼台，负责拍摄中外嘉宾。其他机位集中精力拍摄 80 个方队。当然，9 个机位之间还有互补的作用。

编播部门为 A 系统配备了调机导播、切换导播和摄像师。

（2）B 系统

B 系统承担天安门城楼上所有活动的拍摄任务：领导人入场、领导人致辞、大会主持人每项活动内容的宣布等等。除了主体任务外，B 系统的机位还可以作为制高点机位的一种补充，它们能够俯视广场，表现环境关系。

编播部门为 B 系统配备了调机导播、切换导播和摄像师。

（3）C 系统

C 系统承担的任务种类比较多，可以说，庆典活动程序中的大多内容都有 C 系统的介入。

活动程序中的第一项是宣布大会开始，伴随着 50 响礼炮的鸣放，国旗护卫队从纪念碑出发，途经整个广场到达国旗区。随后，活动展开第二项内容：隆重的升国旗仪式。这两项活动以 C 系统为主体来完成拍摄。这其中，礼炮方阵位于广场的最南端，国旗区却在广场的最北端，而国旗护卫队的行进要穿过整个广场，因此，C 系统的机位分布相对于其他系统来说比较分散。

除了上述任务以外，C 系统还承担首长检阅车驶出天安门城楼，到达长安街中心，军方总指挥向首长汇报等内容的拍摄。另外，C 系统还要配合 A 系统完成 80 个方队的镜头表现。

C 系统的 7 个机位中，专门拍摄礼炮的一个机位不能兼顾他用，另外，在国旗区设置了两个固定机位，其他机位都是流动形式，包括一部斯坦尼康。

编播部门为 C 系统配备了调机导播、切换导播和摄像师。

（4）D 系统

D 系统的主体任务就是负责拍摄首长乘车检阅位于东长安街沿线的受阅部队。为此而设置的 7 个机位的形式比较复杂，全部为微波传送的方式。

微波传送对技术条件的要求非常高，每一个机位必须配备一名专业技术人员。其中，先导车上 3 个移动式拍摄的机位，无论是摄像师的拍摄还是技术质量的保证，都具有特殊的难度。技术人员要在整个拍摄过程中，从始至终寸步不离地跟踪摄像机，寻找信号的对位，以确保镜头信号的稳定性，使画面清晰。

东长安街远离天安门城楼和天安门广场，因此，D 系统 7 个机位无法兼顾其他活动的拍摄。可以说，D 系统完成了主体任务之后，所有的机位基本上别无他用。

编播部门专门为 D 系统配备了一名导播统筹负责，同时配备了相应的摄像师。

（5）E 系统

E 系统全部为制高点机位，它们分布在人民大会堂、革命博物馆、毛主席纪念堂、纺织总局大楼、天安门城楼和人民大会堂东北侧的升降机上。

制高点机位的分布格局形成了各自"孤军作战"和附属设备配置多的特点。机位之间的跨度大、距离远，无法形成捆绑式的独立系统。

比如，人民大会堂的 E4 机位，在整个活动中，并不是始终在一个地点进行拍摄，需要移动两次机位。在空中梯队到达广场之前，摄像师和技术员需要提前将机位（摄像机及三脚架、电缆线等所有附属设备）移到一个没有任何遮挡物的平台上。他们需要登上几十级台阶才能到达这个平台。拍摄完空中梯队的内容以后，他们还要以同样的操作方式，将机位移到初始的地点。这一切，都必须依赖技术部门提前的细致准备才能实现。

因此，编播部门为 E 系统的大多机位都配备了至少两名摄像师。

2. 总系统的职能

总系统设置在中央电视台 800 平方米演播室。从电视节目的角度看，总系统包含两个概念：电视节目制作与电视直播体系。

（1）电视节目制作

总系统最大限度地体现了中央电视台技术力量与设备配置的综合实力，它能够完成并实现各种节目形态的构想。

比如人们熟悉的"精彩回放"，事先，节目部门只要提出相关要求，技术部门就会设定系统程序，做好一切技术处理。在直播中，节目部门专门指派一名编辑，随时监看并选择精彩镜头，只要对某个刚刚播放的镜头做出了决断，那么，按下一个特定的按键，这个镜头即可被储存下来。在技术人员的操作下，几秒钟内，这个精彩回放就能出现在屏幕上。

在直播中经常使用的另一种形式是单视窗。

单视窗在电视节目中比较常见。它的概念是：在一个画面中同时存在着另一个画面，两个画面的内容相关，且在时间上同步。它的形式是：第一个画面出现以后，从这个画面中飞出另一个画面。第一个出现的画面为主画面，飞出的画面为辅画面。辅画面可以从主画面的任何一个位置中飞出，并放置在主画面的任何一个位置上。这需要节目部门事先提出具体要求，然后，技术人员进行周密设计。

单视窗体现了现代化电子技术的综合应用能力，它在一定程度上解决了电视屏幕时间与空间容量的局限性，能够实现同一时间中不同空间的多种事物的完整过程的展现。

因此，总系统的任务不仅仅是电视节目制作中各种特技技巧（镜头转换、淡入、淡出及叠化形式等）的运用和节目的制作，它同时还发挥着对节目内容完整性和电视时空容量局限性的补充的特殊作用。

（2）电视直播体系

在庆典活动的直播中，800 平方米演播室还扮演了另一个角色，就是整个直播的总指挥中心和技术体系的枢纽，控制着整个直播工程的运作。

总系统的导播是由调机导播、切换导播和提示导播构成的。

总系统作为技术体系的终端，主要的技术装备由两大部分组成：一个长达数米的总控制台位于演播室的中央，它的正前方矗立着由 30 多个大小监视器组成的电视墙。

总导播使用的切换台和通信设备就在总控制台的中心处。

① 监视器

电视墙的中央处，镶嵌着最大的一台监视器。它呈现的是现场直播的播出信号，也即是总导播切出来的、加上了中央电视台标识的播出返送信号。在场的所有工作人员都可以看到它。

大监视器的两侧各排列着三排（15个）同等尺寸的小监视器。现场直播进行时，总导播就是凭借这些监视器指挥、调度和控制场面。这些监视器为导播提供了选择镜头的标准，它们是导播做出决策的唯一依据。

这些小监视器连接着天安门现场的A、B、C三个系统和D、E系统的每一个机位。它们的连接形式如下。

A、B、C三个系统构成了现场的三路信号，分别进入总系统，对应三个监视器；D系统7个机位的信号分别进入总系统，对应7个监视器；E系统6个制高点机位的信号分别进入总系统，对应6个监视器。这样，天安门广场的16路信号的镜头就全部在这些小监视器上显示出来了。

此外，总系统还有两台录像机，直接对应着两台监视器，其中一台是专门播放总片头、小片头和字幕的，另一台是播放直播节目所需的录像带和精彩回放的。

由此，现场的16路信号加两台录像机信号，总共达到了18个信号。它说明总导播控制并操作着18个监视器提供的镜头画面，同时也意味着现场直播时，总导播需要从18个监视器中选择并确定镜头。

总导播操纵、调度18个监视器的镜头，这在以往的现场直播中是前所未有的。在大部分的直播中，导播控制的监视器充其量达到12个，已经算是承载数量比较多的了。

因此，庆典活动直播从任何意义上说，都是在创造着"第一"，刷新着"纪录"。

② 切换台

导播切换台占据总控制台的很小一部分，位居中央，十分醒目。切换台主要是由几排功能不同的按键和一个控制杆组成的。

在几排按键中，总导播使用的只是其中的两排：下面一排是提前预选的备用镜头按键；上面一排是即时切出的播出按键。其中，每个按键代表的是一个监视器。18个按键对应的则是18个监视器。它们就是前面所说的来自现场的16路信号和两台录像机信号。

切换台上的控制杆是导播必不可缺的重要"武器"。它的主要功能是，导播通过对其上与下的推拉控制，形成了镜头的淡入、淡出、叠化等慢转换的视觉效果。

导播按照操作习惯，为18个按键编排了序号，并与18个监视器形成序号的对应一致。这一方面是便于导播的操作，另一方面，也便于技术人员调试机器。技术员要提前对现场对应的系统和机位进行设备的连接，做大量的技术处理等一系列复杂的工作。

双方共同编排序号虽然是不起眼的细小环节，但是，直播运作中的每一个细小环节都为电视转播服务，任何一个小纰漏都可能直接展现在电视屏幕上。

③ 通信设备

通信设备安装在切换台的左侧，专供调机导播使用。出于方便导播操作的考虑，技术部门专门配置了一套技术先进的通话对讲设备。

通信是每一场直播必不可少的重要系统，它主要用于保持总导播与活动现场的分系统导播以及摄像师随时随地的通信联络畅通。现场直播进行时，导播下达的每一个指令都是通过它来传递的。

这套对讲系统分为有线和无线两种形式。而具体采用哪种形式，则主要取决于机位所采用的技术设备形态。如果摄像机是通过电缆线的形式连接转播车或 EFP 设备的，那么，这些机位就具备了采用有线通信的条件。如果摄像机是采用微波传送的形式，那么，它们则不具备有线通信的条件，必须采用无线通信形式。

转播车和 EPP 设备本身具备有线通信装置，摄像机通过电缆线连接转播车或 EFP 系统，因此，有线通信不仅是摄像机必备的附属配置，而且与摄像机连为一体，摄像师只要戴上耳机便可以与导播直接通话了，操作起来没有难度。

采用微波传送形式的摄像机则不具备有线通信的装置。它不仅需要技术人员提前进行通信设备的专门配置，而且只能采用无线通信的联络形式。这种形式比较复杂，设备与摄像机是分离的，摄像师必须提前将这套单独的设备卡在腰上。如果需要与导播通话，首先，要将报话机调整到与导播使用的通信系统一致的频道上，然后，按住开关按键才能讲话。讲话结束后，需放松这个键，这样，才能听到导播的指令。另外，导播与摄像师不能同时讲话，否则谁也听不到对方的声音了。这种无线通信的联络方式操作起来不太方便，特别是在现场直播进行时。

3. 总系统与分系统的关系

总系统与分系统导播使用的切换台、监视器和通信设备的性能都是一样的。总导播是在 800 平方米演播室进行作业的，分系统导播是在活动现场的转播车或 EFP 设备上进行操作的。

分系统是整个直播节目的基础，总系统是整个直播节目的心脏。双方构成了现场直播的一个整体，不可分割。

总系统导播与分系统导播、调机导播与切换导播和提示导播只是分工不同。每一位新闻直播的导播都必须具备组织、调控、指挥、驾驭等综合能力。这是新闻直播的性质所决定的。

（四）操控台上的导播与切换

电视常规节目的播出是由摄像师的前期拍摄和编辑的后期剪辑两种工种的结合实现的，而现场直播则更加体现了两者紧密结合的关系——同时完成镜头拍摄、镜头组合与直播节目的播出。

电视新闻现场直播与其他类别的电视现场直播有着性质的不同。电视现场直播是一个整体范畴，电视新闻直播是它的一个分支、一个门类。它们都是电视节目中特殊的节目形态。从整体概念讲，电视现场直播是运用电视技术手段同步记录、同时播放特定的事物，而电视新闻现场直播则是运用电视技术手段同步记录、同时播放特定的事实。这就是两者的根本区别。

现场直播在时间上的同一性、记录的同步性和传播的同时性界定了新闻直播导播的政治责任。

从表面上看，调机导播使用的监视器、通信设备和切换导播使用的切换按键、控制杆操作起来比较简单，也很容易掌握。监视器——小监视器是监看现场机位镜头的，大监视器是监看播出返送信号的。通信设备——导播只要按动一下总开关，对话的通道自然打开，可以任意与分系统导播、各机位摄像师直接对话。切换按键——导播不费吹灰之力，只要轻轻点击一下按键，就表明两个镜头的组合已经完成。切换台控制杆——导播操作起来并不难，推上或者拉下控制杆，就完成了两个镜头的叠化转换。可以说，导播操控台上的设备，都简单易学，操作并不复杂。然而实际上，在现场直播中，导播的每一个操作，都包含了他对复杂事物的判断以及对所要表现的内容的周密、精心的设计，由此构成了镜头拍摄与镜头组合的深刻意义。

1. 镜头拍摄

导播使用的通信设备与小监视器体现了与摄像师紧密相连的关系，从而构成了实现镜头拍摄的一个重要的、完整的体系。导播作为现场直播的总指挥，所下达的每一个指令都是通过通信设备传递的，从而组织调动现场的每一个分系统和摄像师；而现场每一位摄像师拍摄的镜头都直接反映在小监视器上。直播临近前，导播需要依靠小监视器，与每一个机位的摄像师确定镜头的构图、景别和三脚架的水平；需要与照明师共同确定现场的灯光照度；每一个机位镜头白平衡的基准需要依靠小监视器获得确认。直播进行中，导播调出的镜头如果出现了构图、景别不到位的情况，导播需要立即进行调整。这一切都是依赖小监视器与通信系统来完成的。

因此，导播操作、使用通信设备和小监视器的过程，包含着导播与摄像师之间的默契配合。

2. 镜头组合

切换台上的按键、控制杆和大监视器的操作和使用，同样体现了导播的业务综合能力及经验的积累。

按键，只要瞬间按动一下，就表明已经完成了两个镜头的组合，我们通常称它为"硬切换"，专业用语为"快切"。控制杆，它通过上下推拉的形式来完成两个镜头转换，我们通常称它为"软切换"，专业用语为"叠化"。

硬切换和软切换的作用是不同的。硬切换，在瞬间完成镜头组合，能够产生一种明快的视觉感受，它在新闻现场直播中运用得比较多。软切换，导播通过控制杆的速度来控制两个镜头之间重叠部分的长短，以表达镜头抒情的韵律。

导播切换台至关重要。镜头组合的剪辑点、镜头的节奏，特别是蒙太奇手法及视觉语言的规律，都是依赖切换台获得实现的。导播切换台体现了镜头组合的意义。

由此可见，导播使用的通信系统是现场直播的枢纽，监视器是现场直播的决策依据，切换台是现场直播的命脉。

五、案例：国庆 60 周年庆典活动现场直播技术方案

2009 年 10 月 1 日，中华人民共和国迎来了 60 周年华诞。中央电视台借助高科技转播手段，将国庆阅兵、群众游行及焰火晚会的精彩实况，完美地呈现给了亿万观众，在国庆 50 周年直播经验的基础上有所突破和创新，获得了巨大成功。国庆 60 周年庆典活动现场

高清直播技术方案如下。

(一) 基本原则

为了高水准地完成庆典活动的电视直播任务，在确立技术方案之前，确定了以下基本原则：

- 以安全播出为本，确保各系统方案设计可靠安全；
- 以服务节目为准，合理调配技术资源；
- 以努力创新为点，大胆采用先进技术；
- 整体直播采用高清/立体声制作；
- 标清播出下变换 4∶3 格式；
- 时政画面 4∶3 构图；
- 其他画面 14∶9 构图；
- 采用区域性分系统制作——因为天安门地区面积大，庆典活动路线较长，现场采取了区域性的分系统制作；
- 分系统回传中央电视台 800 平方米演播室机房，在演播室进行整体制作；
- 分系统回传通路为两路光缆、一路微波，要求安全可靠；
- 提供公用信号和单边制作，对中央电视台各个频道提供单边制作。

(二) 现场直播方案介绍

1. 直播系统及设备配置概况

直播系统分为 A、B、C、D、E、F 六个分系统。整体庆典活动有 57 个有效机位，晚上群众联欢焰火晚会机位略有缩减。

直播系统包括两辆大型高清转播车、一套高清 EFP 系统、两辆音频制作车及动力保障车等。设备方面，采用了直升机航拍、飞猫、移动无线跟踪、升降云梯、防抖自动聚焦镜头、加长摇臂、电动轨道等特种设备。还有 27 套高清 ENG 单机、32 套高清微波传输系统和 45 路光纤回传系统。

通过以上系统构建，完成了庆典活动的整体制作。需直播的庆典活动包括：阅兵式、群众游行及焰火晚会。

2. 直播系统和机位的设立原则

直播系统和机位的设立原则如下：

- 按庆典活动的区域和功能来划分系统；
- 按分系统制作与整体系统兼容来设置摄像机机位；
- 通过重要机位的交叉设置实现系统间的互为备份；
- 通过时间段活动内容不同实现摄像机机位的复用，增加可利用资源；
- 在 50 周年国庆直播经验基础上有所突破和创新。

3. 现场分系统分布介绍

如图 4-8 所示，各分系统在庆典活动中所处地理位置如下：

A系统，采用大型高清转播车，停靠在天安门城楼西与西观礼台之间；

B系统，采用高清EFP系统，架设在天安门城楼上北墙西挑檐下；

C系统，采用大型高清转播车及音频车、微波车等，整体系统停靠在人民英雄纪念碑的东侧；

D系统，采用移动无线跟踪与地面定点机位结合的方式，机位辐射长安街阅兵沿线；

E系统，架设在天安门广场附近制高点和地面的单机机位，含航拍；

F系统，包括分布在北京市区东、西、南、北城制高点的机位（在图中未显示）。

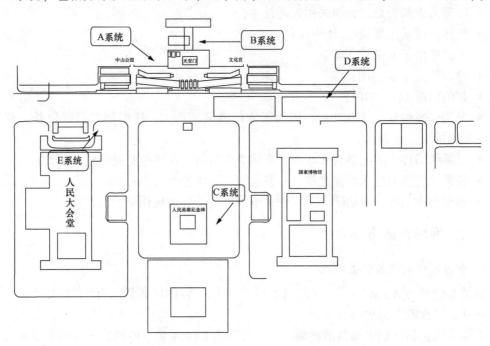

图 4-8　国庆 60 周年庆典活动现场直播系统分布图

配合不同任务，各个系统有着不同的设备配置。A、B、C 三大系统的输出通过光缆、微波形成主备通路送到中央电视台的 800 平方米演播室。为了 800 平方米演播室内总导播的整体制作，根据镜头组接的需要，三大系统分别有自己系统内的讯道信号直传后方，参与整体制作。D、E、F 系统则根据不同任务及设备使用情况和信号传输条件，来确定信号回传的通路和方式。具体系统配置和信号流如图 4-9 所示。

4. 现场分系统功能和设备配置介绍

（1）A系统

A系统主要采用高清转播车，负责受阅部队、群众游行通过天安门城楼以及焰火晚会主联欢区的信号制作。

A系统一共有 13 个有线机位，主要机位架设在金水桥中心地带和东西观礼台一带。主要负责阅兵分列式和群众游行通过天安门城楼时的信号制作。为了实现系统间的备份，在天安门城楼上东、西侧架设了 A11、A12 摄像机，一方面使 A 系统具备城楼上制高点有

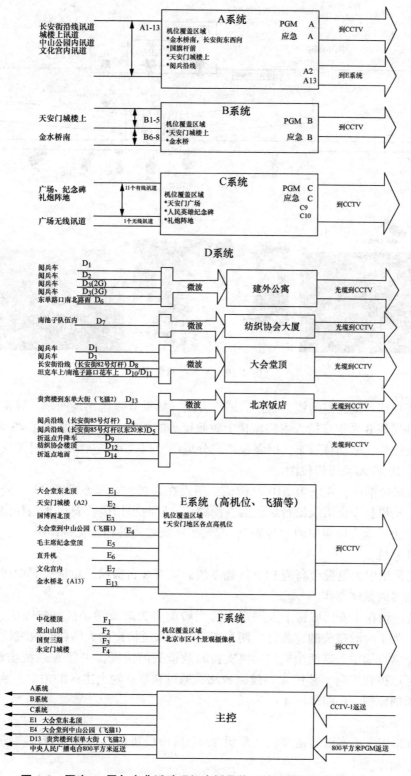

图 4-9　国庆 60 周年庆典活动现场直播具体系统配置和信号流示意图

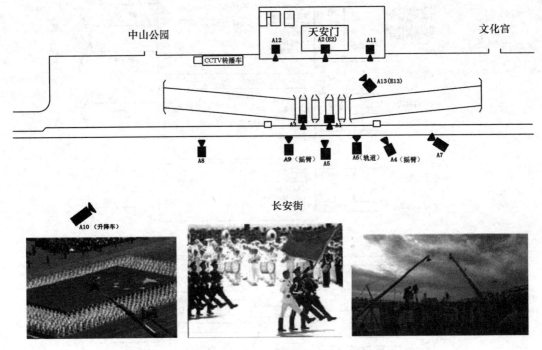

图 4-10 A 系统机位图

效机位,实现该系统完整的镜头组接,另一方面,如果 B 系统出现问题,城楼上 A 系统的两个机位可代替 B 系统支持天安门城楼上时政镜头的拍摄。A 系统采用了 43 米的升降车、摄像机加长摇臂、电动轨道车,以多视角充分呈现分列式和群众游行通过天安门城楼前的场景。图 4-10 是 A 系统机位图。

A 系统机位图中,左下为 A10 摄像机,架设在人民大会堂东北角 43 米升降车上。它的作用一是拍摄长安街沿线游行队伍的纵深镜头,同时也拍摄长安街北侧和南侧之间的过渡镜头,防止了镜头切换中的"掉轴",起到了系统之间的相互支持作用。

(2) B 系统

B 系统采用中央电视台高清 EFP 转播系统。共有 8 台摄像机负责庆典中天安门城楼上时政活动信号的整体制作。

B 系统架设在天安门城楼上大殿后方。大殿前方为时政活动区。与国庆 50 周年转播不同的是,为了时政镜头的完整性,两个架设在金水桥桥窝的大倍数时政机位归属在 B 系统中。在正常直播中,这两个机位始终支持时政镜头的拍摄,一旦 A 系统出现系统故障,两个机位可以掉转方向,替代 A 系统完成阅兵通过和联欢晚会主区的拍摄,从而实现系统间相互备份的原则。(见图 4-11)

(3) C 系统

C 系统采用大型高清转播车,共架设 12 个摄像机机位,负责天安门广场上所有庆典活动的信号制作。

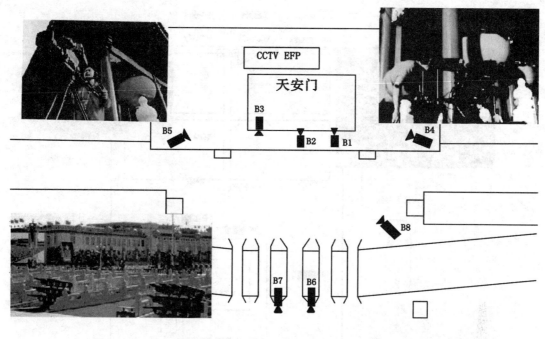

图 4-11　B 系统机位图

C 系统负责的具体活动包括：升国旗、放礼炮、检阅飞机通过天安门广场以及焰火晚会、群众联欢和文艺演出等。

C 系统机位如图 4-12 所示。该系统摄像机机位的架设和设备配置主要针对本系统所要承担的庆典活动任务，采用了无线斯坦尼康跟踪摄像机、摄像机摇臂以及高倍数镜头等。在架设设置上也考虑了对 A 系统的支持。如果 A、B 系统出现问题，在国旗杆前、长安街南侧的机位仍然可对天安门城楼和游行活动进行拍摄。为了实现庆典活动中的重点镜头万无一失，在机位架设的数量上和系统间备份上都采用了多重备案。如：晚会中，中央领导从天安门城楼下到金水桥前主演区与群众共同联欢，联欢形式为与群众共跳拉圈式集体舞。由于无法使用有线摄像机讯道进入联欢现场拍摄，A 系统内加入了 3 台无线摄像机讯道。为了防止无线频率被干扰，并对全景机位进行补充，将 C 系统在国旗杆附近的机位 C11、C12 调度到联欢主演区的南侧，作为 A 系统的有效备份。另外 C 系统中的 C9 和 C10 两个机位的设置，在庆典活动开始时，主要承担礼炮阵地的拍摄，一旦任务完成，马上调度到人民英雄纪念碑北侧，拍摄空中检阅部队飞机通过天安门广场的镜头。通过这种调度实现了设备复用、增加有效机位的目的。

（4）D 系统

应该说，D 系统是整体庆典活动直播的重中之重。通过移动微波、地面单机和空中移动跟踪的拍摄，组成首长阅兵的全程信号跟踪。所有单路信号通过不同的传输路由送回 800 平方米演播室，总导播对阅兵仪式进行整体制作。

D 系统由 9 套移动跟踪系统、5 个定点机位组成。

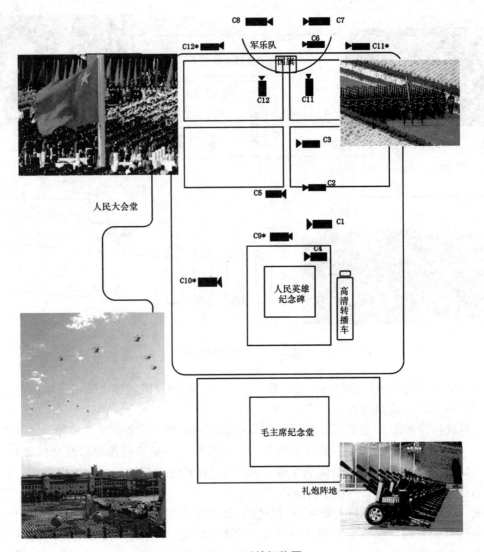

图 4-12　C 系统机位图

因为 D 系统是重头戏，无论技术方案的讨论还是现场移动传输测试都做到了精益求精。为了实现移动跟踪全程有效和频率使用的备份，对 D 系统的传输方案制定出几个原则：

- 1 号阅兵车两台摄像机采用不同频率（2G/3G）；
- 2 号阅兵车一台摄像机采用 2G 及 3G 同发；
- 微波接收设备分别设在建外公寓（主）、大会堂顶（辅），建外公寓接收到的微波信号通过光缆传回台内演播室；
- 阅兵沿线定点机位尽可能采用光缆传输；
- 只对阅兵沿线的移动机位（地面移动车、坦克车和花车）采用微波传输；

D 系统同时为 A、B、C 三大系统提供 PGM 备路传输。

系统微波传输示意见图 4-13。

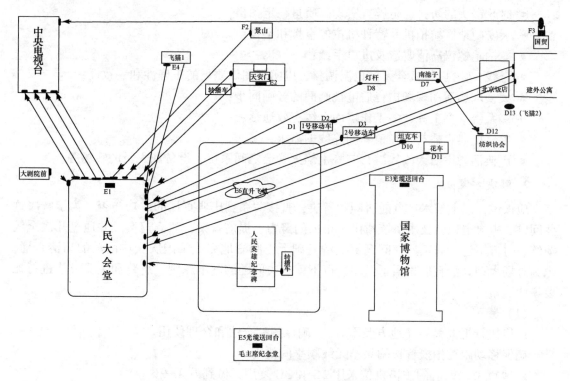

图 4-13　D 系统微波传输示意图

（5）E 系统

E 系统的作用主要是庆典现场的环境渲染，同时负责整体节目制作的系统间的场景过渡。晚会中的部分节目制作以及部分单边记者与总主持人的节目连线也通过 E 系统中的个别机位完成。E 系统机位主要包括：直升机航拍、人民大会堂楼顶、毛主席纪念堂顶、国家博物馆顶、天安门城楼上正中央挑檐下、劳动人民文化宫 50 米升降云梯以及中山公园至人民大会堂东广场的"飞猫"等。这些机位的信号通过各点的光纤和微波跟踪系统传回中央电视台 800 平方米演播室，为总导播提供了用于系统间过渡或节目制作的信号源。

（6）F 系统

F 系统用于烘托节日欢庆气氛，在北京城区东、西、南、北进行景观拍摄，包括景山山顶、中化楼顶、国贸三期、永定门城楼等位置。

（三）难点及创新

1. 技术难点

应该说，要高质量、有所创新地完成庆典活动的现场直播，会遇见各种各样的技术难点和问题，解决难题的过程也是提升直播整体水准的过程。在整体方案的设计和实施方面的主要技术难点如下：

- 有限的频率资源与节目制作需求的矛盾；

- 移动跟踪接收点的有效选择；
- 时政镜头的防抖、防震，实现高质量稳定拍摄；
- 天安门地区航拍机及特种机位的审批和架设；
- 航拍陀螺仪高清改造及进口手续；
- 全线57台摄像机全天候色温调整，以实现图像质量的正确性和一致性；
- 大型广场活动现场扩音后电视画面的音画同步；
- 多系统、多工种、多工作层面全线有效通话；
- 整体庆典直播与各频道新闻连线的需求；
- 庆典活动中白天阅兵游行与晚上焰火晚会之间系统、设备和人员的转场等。

2. 解决方案

应该说，以上技术难点能否顺利解决，直接关系到庆典直播的成功与否。为了解决这些问题，中央电视台技术系统付出了很大的努力，提前备案，认真落实，并通过几次全线演练，对方案进行修正。在问题解决的基础上，圆满地完成了国庆庆典活动的高清直播，也为外场大型高清直播积累了经验。以下就解决问题的基本原则、思路和主要方法进行扼要说明。

（1）频率

严格执行报批程序（地方及军方），确保频率合法和合理使用。

确保移动跟踪拍摄首长阅兵车无线频率的使用。

对"重中之重"的拍摄机位采用2G和3G复用，做到万无一失。

对阅兵沿线和制高点机位最大可能采用光纤传输技术，减少频率资源的占用。

尽可能说服导演组减少花絮镜头对频率资源的占用，保证重点机位的频率。

通过理论计算和实地信号传输测试，将频率分配调整到最佳。

（2）高质量无线移动跟踪

使用16QAM调制方式，确保无线摄像机高清信号的高质量。

合理布局接收天线，实地跟踪测试，反复测试，确保全程跟踪无盲点。

（3）高质量的长焦和移动跟踪拍摄

跟踪拍摄首长阅兵车的摄像机采用了高清防震自动聚焦镜头，通过反复实地跟拍，将使用效果调整到最佳。

架设在金水桥上负责拍摄天安门城楼上重要时政镜头的摄像机，全部采用了大倍数高清防抖镜头。

（4）特种机位的审批和架设

分析以往庆典活动直播的遗憾和不足，力争在60周年直播做到有所突破。

通过制作3D动画仿真图形，体现现场直播的视觉效果，为特种机位架设的审批增强了说服力和感染力。仿真图形也为关键镜头的组接提供了依据。

以彩排录像为依据，争取高架云梯在天安门城楼附近架设的最佳机位。只是广场组字一个镜头，就实现了历届庆典活动从未有过的正面制高点全景画面。

对于需要架设高空钢缆横跨长安街的"飞猫"摄像机，严格执行一切报批手续，现场实地勘察，精确技术数据，细化架设方案。所有技术方案经过国家各级安全部门的严格审批,从而确保了架设和使用上的绝对安全。

对于特殊地区的有技术难点的摄像机位,协调各部门通力配合,严格执行实施方案,严格控制架设时间点,做到万无一失。

(5)航拍以及高清陀螺仪改造

为在天安门地区国庆庆典直播上实现航拍直播的梦想,中央电视台各方无论在航拍报批上,还是技术实施方案上,都做了最大的努力,最终实现了庆典活动电视直播史上零的突破。

提前备案,完成将1997年引进的航拍稳定器(陀螺仪)模拟升级为高清的改造工作,并汲取了以往该类设备进口手续繁杂的经验,提前办理相关手续,确保了设备投入使用的时间。

为实现航拍直播的最佳镜头效果,利用3D演示模拟航线,与军方反复磋商,最终实现了航拍镜头与整体制作有机结合、浑然一体。

为提高航拍直播无线跟踪信号的质量,根据航线反复演练,调整最佳接收地点和传输方式,实现航拍直播信号质量的最佳跟踪接收。

(6)现场扩音后的拾音回授和声画同步

对广场各种音源进行理论分析,对各种扩音源进行分层实验,调整拾音话筒位置,最大限度减少扩音对电视拾音的回授。

与现场扩音配合,将各系统音画同步调整为最佳。

(7)全线全程摄像机调整

为积累数据,各系统做全天直播现场色温变化统计表。

800平方米演播室指挥统一白平衡调整并正确使用色温值和灰度片,在每个系统的每个机位使用标准调机卡。

三大分系统根据800平方米演播室返送节目信号进行适配微调,实现与总系统的节目输出的色匹配。

(8)全线各系统分工种分类别的有效通话调度

分析各系统、各工种系统与总导播之间的通话需要。

分析系统内分导播与本系统的通话需求。

分析庆典活动制作与频道包装通话需求差异。

采用通话矩阵将前后方各系统有效地连接在一起。

定点系统和机位采用4线专线,移动无线机位采用大功率无线双功方式,市话为通话备份。

对导播、技术总监、单机摄像、微波技术、音频制作采用单独通道,在矩阵上分层设置。

分系统内制作通话由本系统解决,对于分系统直传回台的重要机位,为摄像机提供双重通话调度。

对记者的通话调度和节目音返送,采取电话耦合器为主、无线通话为辅的方式。

(9)前方记者对各系统的使用需求

统一思想、认真计划,做好包括40多路前方记者报道在内的中央电视台庆典活动直播的整体技术方案，并将每个细节落实在直播当天。

根据各个记者所在系统的位置和系统特点，为前方记者提供最大的可利用资源，充实报道内容。

在彩排中发现问题及时解决，如不同演播室对系统的通话需求以及节目音返送等。

（10）转场

就庆典活动举办单位来说，白天的阅兵式、群众游行和晚上的文艺晚会分属阅兵指挥部、群众游行指挥部和焰火晚会指挥部管理。如何在有限的时间内完成系统调整、摄像机和电缆的重新布设以及部分设备的转场，需要严格的时间表和有序的组织运行。现场直播人员凭借日常工作经验和科学的工作态度，制定了周密的转场方案，发扬连续作战的精神，确保了整体直播任务在各个时间段的完成。

（四）收获和经验

总结60周年国庆现场直播的经验，有以下几个方面：

首次对国家级庆典仪式采用全程高清直播制作；

在50周年庆典直播的基础上有所突破和创新；

移动传输与光纤传输结合的信号传输方式，实现大规模、全方位、多角度的大型外场直播制作；

有线、无线结合的方式，实现多系统、多层面、多工种大规模制作的有效通信模式；

特种机位架设前3D模拟仿真图形，增加了方案设计的技术含量；

特种机位在特殊地区的架设经验；

大型现场直播中多系统支持多路记者全方位报道的方式；

多系统多机位全天候高质量制作。

本章思考与练习

1. 观看中央电视台《新闻联播》或者其他电视台的新闻节目直播，阐述对新闻节目直播的理解。
2. 新闻事件直播中机位设置的原则有哪些？
3. 如何处理新闻事件现场直播中的突发情况？
4. 对比分析国庆50周年和国庆60周年庆典活动现场直播有哪些不同。
5. 在电视新闻节目直播的过程中，如何处理好安全播出与艺术效果的关系？

第五章

电视谈话节目的导播

学习目标

通过本章的学习，认识电视谈话节目的形态特征，熟悉一般性电视谈话节目的机位设置、录制要点及其相关技巧，了解当今电视谈话节目的录制新趋势。

关键术语

谈话节目；机位设置；《鲁豫有约》

第一节 电视谈话节目概述

一、电视谈话节目的概念界定

电视谈话节目的英文为"TV Talk Show"，其字面的意思是"电视交谈展示"，可音义结合地译为"电视脱口秀"，突出电视主持人"脱口而出"的特点。关于电视谈话节目的界定，历来说法不一，其中比较有影响的有美国出版的《电视百科全书》对于"电视谈话节目"的定义："一种围绕着谈话而组织起来的，须在严格的时间限制内开始和结束，且要保持话题的敏感性，以便能提起广大观众兴趣的表演。"

电视谈话节目是将人际间的口头交流引入屏幕，并将这种交流本身直接作为节目的内容和形式的节目形态。节目一般是在固定谈话场所拍摄，由主持人、现场嘉宾，有时还有现场观众围绕公众普遍关注的政治、经济、文化、社会、人文等方面的某一话题展开轻松、平等的交流、对话，以期达到某种传播效果。严格意义上的电视谈话节目应当具有如下三个特征：一是以谈话为主要内容；二是谈话是无脚本的；三是谈话是在严密设计基础上的即兴发挥。

二、电视谈话节目的基本元素

根据传播学的一般理论，传播包括三个基本元素：传播者和接收者、传播环境、传播内容。就电视谈话节目而言，其基本元素相应地包括：主持人、现场嘉宾、现场观众，场景，话题。

（一）主持人

主持人是在电视媒体中以个体出现，代表着媒体的观念，用有声语言及行为能动地把握节目进程，进行大众传播活动的人。对于电视谈话节目来说，主持人是节目的核心元素，主持人若不得力，节目的档次、品位就会被拖下来。反过来，主持人得力，有助于提高节目的档次和品位。许多电视谈话节目是以主持人的名字命名的，譬如《鲁豫有约》《小崔说事》，在整个节目过程中，主持人的名字反复多次出现，以强化其在观众心目中的地位。因为主持人实际上是这类节目的商标，主持人的风格往往就是节目的风格，是形成一个电视谈话节目自身独特品格的最重要元素。

电视谈话节目主持人承担着三种角色：首先，即便主要处于在现场嘉宾和现场观众之间穿针引线的位置，主持人本身仍是一个谈话者；第二，不论是否有现场观众，即便是一对一的访谈，电视谈话节目主持人仍是现场的组织者，要主导节目，引导话题，在有观众的情况下更要作为现场嘉宾和现场观众之间的桥梁和纽带，拉近各方之间的距离，创造良好的沟通氛围；第三，作为节目的形象代表，主持人是媒体立场的传播者。

在实际的操作中，谈话者、组织者和传播者是三位一体的。将这些角色充分地协调好，而且平稳流畅地转换，对电视谈话节目主持人来说是十分重要的。一般来说，有影响的谈话节目主持人大都是电视节目制作机构中"有内涵、有人缘、有特点、有口才"的名牌主持人。

（二）现场嘉宾

影响电视谈话节目能否成功的另一个关键元素是现场嘉宾的选择。

从广义上来说，谈话节目的嘉宾指的是被邀请到节目现场，参与谈话交流的所有人，也包括现场的观众；而狭义的嘉宾指的是坐于主景区内、与主持人共同构成谈话主体的某位或某几位人士，他们通常是现场观众和电视机前观众关注的焦点。通常情况下，节目中的嘉宾，指的是其狭义含义。

关于多位嘉宾的选择大致可以考虑以下几种关系：① 有共同经历者；② 处于不同层次者；③ 观点相互冲突者；④ 共同讨论者。

作为节目的主要参与者，现场嘉宾发挥得如何直接影响节目的质量，因此，在选择时还需要考虑以下一些问题。一是现场嘉宾是否有"谈资"，即关于某一具体话题是否掌握有大量的资料；二是现场嘉宾是否有"谈品"，即在节目中能否顾及其他谈话者，而不是一味地表现个人，搞"话语霸权"；三是现场嘉宾是否有"谈技"，即是否具有一定的口才和辩才，包括说话是否有逻辑，语言表达是否简练、清晰，甚至具有幽默感。如果不止一位现场嘉宾，那么，根据节目收视的需要，现场嘉宾不能都是持有相同或相近观点的人，必须能够代表几种主要观点，这样在谈话过程中才可能对话题从多侧面、多角度进行深入分析。

（三）现场观众

一些电视谈话节目中有观众参与，一些则没有。在有现场观众参与的电视谈话节目中，现场观众是节目的元素之一，而不是可有可无的。一方面，现场观众可以增强谈话的真实感，营造现实的谈话氛围；另一方面，现场观众的参与可以起到调节气氛和节奏的作用。

（四）场景

电视谈话节目的谈话场景大多设置在专业的电视演播室内，有时也可设置在普通的客厅、书房甚至户外等其他场所。

电视谈话节目的谈话场景设置要做到形式与内容的协调一致。比如：重大的时政话题，谈话场景宜简洁明朗；深刻的经济话题，谈话场景宜朴实大方；轻松的社会话题，谈话场景宜活泼明快。一个普遍的原则是：内容越是深刻复杂，谈话场景就越应简单明了。要尽可能地缩小谈话场景、电视屏幕与观众的距离。谈话场景在设计上要给人畅达、开放的视觉感受。

（五）话题

要根据节目的设定，选择既可以激发谈话者的积极性，又能调动电视观众兴趣的话题。话题的选择不仅要有意义，还要有意思、有意味。话题选择应该是慎重考虑后的结果，应该具有时代感，贴近生活、贴近实际、贴近公众，应该是公众普遍关注的社会热点和焦点问题。所选定的话题一定要能够让嘉宾、主持人讨论起来，有话说，而且围绕这一话题能碰撞出不同的观点。具体讨论的时候一定不能搞一言堂，因为电视谈话节目的魅力就在于其思想性，强调的是思维的多向发展，一旦失去了多向性，节目的存在价值也就大打折扣了。

三、电视谈话节目的主要类型

按照不同的标准，电视谈话节目可以有不同的分类。从导播的角度来看，我们可以把电视谈话节目分为聊天式谈话、访谈式谈话、论辩式谈话和综合式谈话四种类型。

（一）聊天式谈话

主持人根据话题需要，从社会上邀请带有不同身份、职业特点的嘉宾到演播现场交流。其特点是嘉宾代表面广，可以真诚沟通，各抒己见，气氛宽松、亲切、自然，娓娓如话家常，一般不会形成激烈的言语冲突与思想交锋，适用于讨论大众普遍关注又无重大分歧，经过深入交流、探讨可能达成共识的问题。这类节目在我国比较多见，也深受观众的喜爱，如央视的《聊天》。但要聊得尽兴，聊得"出彩"，并不容易。凤凰卫视《锵锵三人行》节目"意识流"般的侃谈，无疑更接近日常"聊天"的本来面目。

（二）访谈式谈话

这类节目类似于人物专访，是主持人与嘉宾之间的交流，不同的地方是主持人也要把自己的观点和见解亮出来，参加探讨，而不仅仅是提问和倾听，否则他就成了记者。嘉宾人数不多，往往是某领域的专家、权威或某事件的当事人，谈论的话题也相对严肃，能反映一定的品位和内涵，如凤凰卫视的《鲁豫有约》《名人面对面》，安徽卫视《记者档案》等，通过主持人与专家、权威及重大事件的当事人、目击者的交流，揭示背后的故事，反映时代的变迁和人的思想境界。访谈式谈话节目有时也采取聊天的形式，但与聊天式谈话节目仍然有细微的差别。总的来看，访谈式谈话节目多数情况下为两人对谈，聊天式谈话节目人数可多可少；访谈式谈话节目的话题、角度往往经过精心选择，甚至比较专业，聊天式谈话节目话题、角度比较家常，气氛更轻松，话题可以是确定的，也可以是不确定的。

（三）论辩式谈话

这类节目谈话各方的观点有重大分歧，在现场展开言语交锋，主持人以客观公允的态度引导他们充分陈述。其特点是现场氛围紧张、有冲突，适用于讨论社会上出现的新事物、新现象、新思潮，以及人际关系、民事纠纷等。如凤凰卫视的《一虎一席谈》《全民相对论》《时事辩论会》等节目，把时事、社会、家庭、情感、人际纠纷等的当事人和相关人等请到现场，互相辩驳。由于矛盾冲突具有张力，现场富于戏剧性，比较耐看。

（四）综合式谈话

从形式上看，前述三种谈话节目以清谈为主，较少运用其他的电视表现手段。综合式谈话节目则不然，它充分利用外景录像、三维动画、片花等丰富的电视手段，并吸收文艺、游戏、竞技等其他节目的成分，使谈话节目立体化，增强可看性。特点是活泼、谐趣，适合谈论轻松的生活、情感话题。这类节目也可以叫作"娱乐谈话节目"，它在我国电视谈话节目中占了较大的份额。如《超级访问》即属此类节目。

从以上归类和分析中，可以得出结论：一方面，我国电视谈话节目的内部形态具有差异性，有的差异还比较显著，另一方面，随着时间的推移和新的手法、新的元素的加入，谈话节目与其他节目类型之间的边界在日益模糊。

第二节　电视谈话节目的机位设置

一、电视谈话节目机位设置的基本依据

对于电视谈话节目的导播来说，清晰有效地呈现一场谈话是其工作的第一要义。谈话

进行的方式、谈话的参与者与谈话的场景都是导播必须关注的重点，而这些元素在一档谈话节目中是相对固定的，因此，导播在节目摄制之前就可以针对这些元素的特征写出科学合理的机位设置方案。

谈话节目的机位设置没有通行的方案，但不同节目所采用的机位设置方案会遵循一些共同的原则。

（一）对象划分原则

电视导播分析一档谈话节目的构成，会将其中所有的谈话参与者分解为数目、类型与位置。这实际上是对拍摄对象进行的抽象归纳，是机位设置方案的基础。

1. 谈话参与者的数目

一档谈话节目，现场参与谈话的人是两个、四五个还是两百个，在机位设置上一定是不同的。

但由于每个交流段落谈话参与者的数目相对有限，因此机位的数目不会随人数的增多而成比例地增加。导播将通过调机来调整在不同的交流段落中各机位的拍摄任务。

电视导播清晰地掌握谈话参与者的人数，可以由此对整体的拍摄任务量与调机的可能性做出判断，从而设计出多讯道节目制作所需的机位数目。当然，具体的讯道数目是在最终的机位设置方案中得以确定的。

2. 谈话参与者的角色类型

在谈话节目中，我们可以把主持人和嘉宾简化成一个个角色类型，而各类谈话节目对于谈话参与者角色类型的需求是不同的。访谈式的节目需要主持人与谈话嘉宾两种角色类型；聊天式的节目需要模糊主持人与谈话嘉宾的角色，淡化角色们类型差异，使其成为几个特定的谈话者；辩论式的节目需要主持人、各方观点代表等角色类型。

导播将所有的谈话参与者简化为不同的角色类型，就能对机位的任务分工进行有效划分，比如规划出哪个机位是主持人的机位，哪个或哪几个机位是嘉宾的机位，哪个或哪几个是现场观众的机位，而其中又有哪个是拍摄观众反应的机位，哪个是抓拍随机参与谈话的观众的机位。

划分谈话参与者的角色类型是导播确定各机位主要任务（主要拍摄对象）的依据，也是导播进一步确认多讯道节目机位数目的方法。当然，对各机位主要任务的分工还不能确定其在现场的具体工作方位，导播必须结合谈话参与者的位置来考虑各机位在现场布设的具体位置。

3. 谈话参与者的位置

电视谈话节目的场地设计一般可分为主景区和观众区。主景区是主持人和嘉宾谈话的区域，是现场的中心；观众区是现场观众所处的领域。

在主景区如何摆放主持人和嘉宾的座位是值得研究的问题，这是因为，在现实生活的交谈中，谈话者总是自然地形成面对面的状态，只有这样交流者才能看清彼此的表情、身体语言，进行眼神的交流。但是在一个节目中，特别是当有现场观众存在的情况下，谈话者的最佳占位应该是排成一条直线面对观众，这也是各类舞台表演普遍遵循的一个原则。

显然，在主景区座位的安排上，存在着既要便于主持人和嘉宾进行交流，又要方便现场和电视观众观看的矛盾。

鉴于以上特殊性，导播在设计谈话参与者位置的时候，要照顾三方的视线交流关系，避免顾此失彼。这也是谈话节目机位设置要考虑的重要部分。

一般情况下，我们会将摄像机放置在被摄对象面朝方向（正面或稍偏的位置），这样才能摄取到对象的正面镜头。

（二）场景原则

电视导播要想清晰有效地呈现一场谈话，必然需要通过画面让电视观众了解谈话进行的现场。不同的谈话节目，其谈话现场与现场机位工作区的关系是有所不同的。导播在进行机位设置的时候，既要考虑用怎样的机位来展现场景的全貌，又要考虑到这个场景所能够提供机位的可能性与制约因素。

1. 展现谈话场景全貌

场景的特点即谈话的环境和布景的特点，比如谈话节目的现场是在户外的湖边、幽静的咖啡馆还是演播室，演播室的场景是被设计成家庭中客厅的效果，还是单位会议室或礼堂的效果。节目的策划者会针对节目的诉求而精心选择设计谈话的场景。比如，主持人和几个家庭主妇谈生活小窍门，通常会在带有家居特点的场景如厨房中进行，而关于时政问题的谈话，一般就不会选择在类似厨房的环境中进行了。

2. 与场景中谈话交流场所的布局形式协调

谈话节目的制作现场一般可以分为现场谈话区与现场机位工作区两个部分。在一个访谈式的谈话节目中，主持人与嘉宾往往呈现为半合围的位置关系。这样，谈话的参与者之间便存在一个交流场，而这个交流场又是一面敞开的，可提供给谈话的观众一个观看的空间。也就是说，谈话参与者不仅相互交流，还共同关照这个敞开的区域。其实，谈话参与者也是将摄像机当作假想的观众来进行交流的。于是各机位的工作区自然形成在现场谈话区的一侧这个敞开的区域内。可以说，这种谈话交流场的布局特点决定了机位工作区与现场谈话区对接的形式。

将所有的机位设置在谈话区的一侧，这种机位设置形式似倒三角形，是把拍摄对象当作"舞台上表演的演员"来看待的。

这种半合围式的机位设置形式有效地对应了场景中谈话区的半合围形式特征，可以清晰地表现各种视线交流关系。而且，由于工作区与谈话区区分开来，给各机位的工作提供了便利，就避免了各摄像机彼此穿帮的问题。

二、一般性谈话节目的几种机位设置方法

（一）一对一访谈

在谈话节目当中，一对一的访谈是最传统的谈话节目形式。这类节目类似于人物专

访，是主持人与嘉宾之间的交流。

一对一的访谈假如不带观众，一般用三台摄像机足矣。如图 5-1 所示，1 号机主要任务给嘉宾的中近景，还可以通过调机给嘉宾和主持人的侧全景或两人关系的镜头；2 号机的主要任务是两人全景；3 号机的主要任务是主持人的中近景，还可以通过调机给主持人和嘉宾的侧全景或两人关系的镜头。

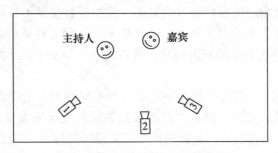

图 5-1　一对一访谈常规机位设置图

（二）一对二访谈（主持人在一侧）

一对二的访谈，位置可以灵活安排，主持人可以安排在两个嘉宾之间，也可以独自在一侧。

主持人在一侧是一种相对简单的座位安排方式，特别是当只有两台摄像机时。

主持人可用一台摄像机（2 号机）进行单独拍摄，这样就可以拍摄主持人的中近景或是中景镜头，甚至可以稍微向右侧移动一下机位，拍摄三个人的画面。

1 号机可以单独拍摄任何一位嘉宾，也可拍嘉宾的双人镜头，或者三人的画面。在这种情况下，当 1 号机进行重新构图时，2 号机则需要拍摄主持人的镜头顶上。

如果有了三台摄像机，问题就变得简单了。如图 5-2 所示，3 号机主要拍主持人的活动，同时也可向右移一点拍三个人的侧全景。

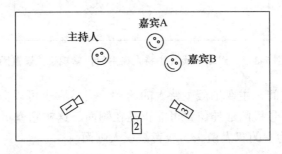

图 5-2　一对二访谈（主持人在一侧）常规机位设置图

1 号机可拍嘉宾 B 的近景，A 和 B 的中景，或三人的侧全景。

2 号机可以拍嘉宾 A 的近景，或三人全景。

大致来说，1 号机可以拾取节目过程中嘉宾 A 或 B 的精彩镜头，2 号机则可以聚焦嘉宾 A，这样就能同时抓拍到两位嘉宾很多的镜头。

（三）一对二访谈（主持人在中间）

主持人在两个嘉宾的中间可以更好地控制局面，但是拍摄的难度也加大了。

只用两台摄像机几乎不可能很好地完成拍摄，除非有一个很有能力的主持人而且可以非常配合摄像机镜头地进行主持，才能漂亮地完成节目。

首先得把摄像机放在两位嘉宾各自的对面，只要轻轻移动1号机，就可以拍摄嘉宾B的单人画面，或是以B为主的双人画面，或者是主持人向A说话的单人镜头，又或者是越过A的肩膀拍摄以主持人为主的双人画面，再就是三人镜头。2号机拍的画面和1号机是相反的。

这里要掌握一个技巧，就是主持人一定要让导播知道下一个要发言的人是谁，这可以通过一些事先约定的排练完成，或者主持人根据编导的安排来决定谁是下一个说话的人。假设导播正用2号机拍摄嘉宾A，而且知道主持人接下去要跟A说话，那么下一个镜头就可以用1号机拍摄主持人的中近景或是用1号机拍摄A的过肩镜头。

如果知道接下去要提问B，2号机就要拍三个人在一起的画面或者右边两个人的画面。只要你切入2号机的画面，1号机就必须提供主持人正在看着B的画面。若切入1号机准备好的画面，2号机就要重新选景，把镜头对准B。这听起来可能比较麻烦，但只要实践过几回，就会习惯这种操作顺序了。

使用三台摄像机进行拍摄时，如图5-3所示，仍然要在两边安排两台摄像机（1号机和3号机）。另外，可以尝试让1号机和3号机做侧移运动，然后用过肩镜头来拍两个嘉宾相互注视的场面。如果他们正好在紧盯着对方，这个镜头就非常棒。

图5-3　一对二访谈（主持人在中间）常规机位设置图

2号机自然放在中间，主要拍摄主持人的活动。当然它也可以向左右两侧移动。对于部分访谈节目来说，2号机的最佳位置可能正是在侧面。这样它就可以拍摄以A为主的双人镜头，或以主持人为主的双人镜头，或者是三人画面。

（四）二对二访谈（两个主持人和两个嘉宾）等

二对二访谈这种模式被好多谈话节目普遍采用。尽管我们只用三台摄像机也可完成拍摄，但要做到调度灵活的话，还是四台摄像机比较好。

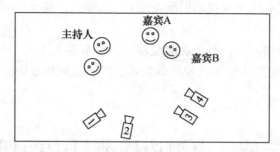

图 5-4　二对二访谈（两个主持人和两个嘉宾）常规机位设置图

如图 5-4 所示，1 号机拍摄嘉宾，2 号机拍摄全景，3 号和 4 号机集中拍摄主持人。

1 号机和 2 号机可以拍摄两位嘉宾，所起的作用是相同的。如果同时拍两位嘉宾的话，1 号机拍嘉宾 B，2 号机拍嘉宾 A。另一种情况是，1 号机拍正在说话的嘉宾，2 号机拍两个人的活动画面。

另外，4 号机还可以拍四人侧全景等关系镜头。

如果再添上一位嘉宾的话，就是二对三的访谈。也可依上述拍摄模式进行拓展。许多节目的座位设计都很灵活，要临时增加嘉宾时，就在原先的沙发上挪出一个座位就行了。

每台摄像机的机位和分工基本保持不变。可用 2 号机拍集体的画面，同时用 1 号机拍每个嘉宾的画面。

在访谈的结尾，主持人会感谢嘉宾的参与。要让一台摄像机提前准备好画面，否则切出的画面会很突兀。同时还得确保主持人知道进行拍摄的是几号机。

（五）群言式访谈

群言式的谈话节目是由主持人、嘉宾和现场观众就一个主题进行讨论或辩论的电视节目形式。它是一种主持人、嘉宾和观众"三结合"的大场面的谈话节目。

对于这样一个比较大的谈话场面，一般的三台摄像机就不能胜任，最少需要再加两台摄像机。（见图 5-5）

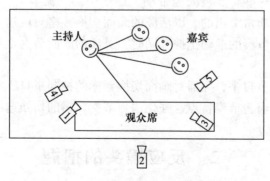

图 5-5　群言式访谈常规机位设置图

以上我们说的是一般性的谈话节目的机位设置方法。如果谈话的内容是很温馨的，运镜时尽量柔和，切换镜头时多使用叠化，也可请摄影师多给横向的移动（只要环境许可，例如在摄影棚里，又配有气压式摄影机配重座台与滑轮），甚至可以使用摇臂来运动，呈现出轻松唯美的效果。

谈话类节目中要突出嘉宾，对于观众经常见到的本地主持人，不宜过分强调，对于观众喜爱的资深、"大腕儿"主持人，要加以强调，以满足观众心理。

第三节　电视谈话节目中的切换

电视谈话节目是以交谈作为主要内容的，谈话节目的导播对于语言的认识，是其画面切换过程中除技术外最重要的专业储备。虽然，谈话节目本身似乎没有太多的专业特性，导播的专业需求并不像在制作戏曲、音乐、舞蹈、体育赛事节目中那么突出，但能够掌握和预见交流节奏、迅速识别不同人的语言习惯、把握聆听与回应的时间差等，却是谈话节目导播在进行画面切换时必备的能力。

一、切换频率的控制

电视谈话节目的类型复杂多样，所以在节目镜头的切换频率上存在着很大的差异。新闻社教类谈话节目的镜头切换频率比较低，画面衔接呈现出比较舒缓的节奏，娱乐类谈话节目的镜头切换频率比较高，画面衔接呈现出跳跃、快速的节奏。

在新闻社教类谈话节目中，由于谈话题材和主题的关系，谈话参与者无论是主持人还是嘉宾或是提问的观众，说话往往都是娓娓道来、不紧不慢的，形成节目整体舒缓的语言节奏。于是，导播应根据这一特点将画面切换的频率降低，形成舒缓的镜头转换节奏。这样，画面外部节奏与内部节奏统一，电视观众看起来会觉得非常舒服自然。

而在娱乐类谈话节目中，节目的话题定位往往是轻松幽默、悦人悦己，主持人通常出言随机、迅速、简短，这些特点极大地带动了谈话中的交流节奏。在这种类型的节目中，快速的语言节奏特征是非常突出的。以活泼的画面切换频率对应这一特征，可以体现导播对节目整体风格与语言节奏的准确把握。同时，灵活的画面节奏也帮助节目强化了妙语连珠的"脱口秀"魅力。

可见，在电视谈话节目中，导播对画面切换频率的控制来自于对语言交流节奏的准确把握，导播需做出对应语言节奏特点、强化语言节奏风格的切换选择。

二、反应镜头的把握

在电视谈话节目的切换中，如何处理好反应镜头，往往是一个容易被忽视的话题。究其原因，是对反应镜头的认识不足。如认为现场观众只是一场谈话的陪衬，什么时候切观众的反应并不特别重要；若某人的话太长了，就插几个反应镜头调剂一下；某人的话说完了，掌声响起时就来个反应镜头；等等。

其实，反应镜头在谈话节目中的功能是多样的，反应镜头与谈话镜头的结合处理也是非常复杂的。

（一）与谈话并行的反应镜头

与谈话并行的反应镜头指的是在某人说话或某几个人对话的过程中插入的没有说话的其他人（包括观众、主持人、嘉宾等）的镜头。

导播切入这样的反应镜头通常会有几个方面的考虑：第一，最直接的作用，就是随时关注现场中其他人对说话人发言的反应（比如点头、摇头、微笑、撇嘴等等）；第二，当说话人的发言段落太长的时候，插入一些反应镜头可以调剂画面节奏；第三，在表现某个或某几个主要交谈对象时，兼顾表现现场中的其他人，可以起到随时提示整体场面位置关系的作用；第四，为强调说话人的某些语意，而附加上能够形成"一加一大于二"效果的反应镜头。

（二）谈话间歇的反应镜头

谈话间歇的反应镜头，就是在交谈中的自然段落间歇（比如一个人话毕之时或一段对话结束之时）插入刚才未讲话的其他人（包括观众、主持人、嘉宾等）的镜头。

导播插入这样的反应镜头，是应对现场谈话的自然节奏，在镜头组合上进行的顺畅选择。它像一个段落标点，起到承上启下的作用。这时，导播通常会选用能够包容集体反应的镜头，或从单人到群体地拉镜头，才会产生比较明确的段落间歇效果。

（三）具有特殊效果的反应镜头

除了上述两种情形之外，反应镜头的插入有时还会形成意想不到的特殊效果，如可能构成对说话人发言的语意反解，可能作为隐晦语意的暗示，还可能造成歧义或误会的喜剧效果。

（四）反应镜头的长短

反应镜头的长短没有一定之规，但它取决于几个相关的问题。

反应镜头的长短与其功能是密切相关的。并行在谈话中的反应镜头不可能太长，否则就是主次不分了；谈话间歇的反应镜头不可能太短，这是由现场谈话的自然节奏决定的；有特殊效果的反应镜头，或长或短，因为不同的特殊效果的形成所需要的时间是不同的。

反应镜头的长短还与节目整体的切换节奏有关。在不同的节目中，因不同导播处理，对反应镜头需要的时间长短会有不同的认识，但总的来说它应大致符合节目整体的镜头转换频率。

还有一点要特别说明，反应镜头是要让电视观众看得清、看得懂的镜头，它有自身存在的意义，不是导播手中的补漏法宝。过短的反应镜头通常由两个原因造成：一，导播以为电视观众像自己一样看清了这个镜头（其实电视观众的读取需要更长一点的时间）；二，导播已调整好其他镜头，急于进行下面的镜头组合。过长的反应镜头通常由两个原因造成：一，导播期待着这个反应镜头会有更好的表现，迟迟不舍得切走；二，导播忙于调整其他镜头，而忽视了此时的反应镜头已经切出太长时间了。

三、切入短片镜头

在电视谈话节目中，除了现场部分外，外景的拍摄也是重要组成部分，它担负着提供信息量较大、有说服力的视觉素材的任务，使得节目更加生动好看。在节目进行过程中，不同时段使用的素材还能起到烘托现场气氛、强调主体情感的作用。

在电视谈话节目中插入的短片一般用 ENG 的方式拍摄，经过处理和编辑后作为素材在放像机上播放。播放的时机方面，应按照播出串联单上的流程，由导播发出指令并切出。可在现场的大屏幕上播放给观众观看，也可作为素材在节目的后期编辑中使用。

第四节　电视谈话节目的录制趋势

一、拍摄机位数量的增加

多机位拍摄已成了保证谈话节目质量的最基本的条件之一。从技术角度来说，多机位拍摄一方面可以如实、全面地记录下谈话参与者之间的交流，包括语言、动作、表情等，另一方面还能有效地抓取现场观众的情感反应，减少因遗漏重要的视觉信息而造成的遗憾。多机位拍摄意味着可以多角度捕捉谈话者的言行，在极大地丰富画面语言的同时，还可以对现场一些不可预知的情况进行记录，激发观众的收视兴趣。

随着现代技术手段的进步，现在一般情况下，一场谈话节目的拍摄机位都在 6 个以上。其中，主持人和嘉宾各有一个中近景机位，另有一个机位提供全景。同时，需要两个位于同一轴线上的机位用于拍摄现场观众的反应镜头和提供中性镜头（越轴时使用）。还有一个小型摇臂参与拍摄，用来烘托现场气氛及转场。这种多机位拍摄在保证节目质量的同时，丰富了观众的视角，使节目更具观赏性。

二、景别的变化

在近些年的电视谈话节目中，小景别的使用已渐成趋势，越来越多的近景和特写镜头出现在谈话节目中。产生这种变化的原因是多方面的。

第一，快节奏的社会生活中，信息也在以令人窒息的速度更新着。这不仅要求人们不断加强分析、提炼信息的能力，更要求信息提供方生产出更加直白、易于捕获信息的产品。小景别画面就符合了这一条件。它将事物的细部特征放大呈现、强化，给人以强有力的视觉冲击，提醒人们去关注它。

第二，读图时代的来临，要求媒介重新审视信息的呈现方式。一个特写，在某种情况下远胜于长篇的报道。只有用特写抓住观众的注意力后，观众才会去关注镜头背后的故事。《面对面》节目就是一例。《面对面》访谈现场一般为两个过肩镜头，景别多为近景和特写，强调访谈双方在对话交锋中的神态和情绪变化，已经形成了栏目的一种影像风格，人们一看到这样的景别，就知道是《面对面》。在采访中央财经大学刘姝威那期节目中，景别多为特写，一面是主持人穷追不舍地发问，一面是刘姝威镇定自若地回答和反问，对话精彩，画面语言也非常到位，让观众不仅从对话中，更从画面上看到了一个女教师柔弱外表下的刚强，令人印象深刻。

然而，小景别的过量使用，也会带来一定的负面影响。当大量近景、特写镜头充斥电视屏幕时，势必会造成观众的视觉疲劳。同时，面对直白的、精确放大的图像，观众的理解能力、辨别能力也会受损，参与性由此降低。因此，导播需要在切换中掌握一个"度"。

三、运动元素的增加

在以往的电视谈话节目中，除了给现场观众的摇动镜头外，很少出现其他的运动镜头。但近年来，随着节目样式、技术手段以及审美标准的变化，运动镜头在谈话类节目中的比例日渐增多，主要体现在两个方面。一是摇臂的使用。无论节目现场有无观众，摇臂的拍摄都提供了一个全新的视角，提升了节目的可看性。二是移动拍摄。移动拍摄无论是横移、转动还是利用轨道，都打破了以往靠固定机位拍摄、导播切换的制作模式。在主持人、嘉宾位置不变的情况下，运动镜头为电视观众提供了变化的视角，富有动感的画面在一定程度上消除了电视观众的视觉疲劳。

为了避免谈话过程中说话人单一特写镜头的单调，一般在演播室观众席后会设置一台可横向移动的升降机位，可以动态地展示舞台全景。运用横移、升降等综合运动来展示关系、环境、场面和规模，使电视观众可在空间的呈现中不断发现并看清新的内容。它完全是为了调节或者渲染现场情绪而设置的，是导播意识的体现。

《新闻会客厅》和《鲁豫有约》节目就是很好的例子。面对主持人和嘉宾的固定位置，镜头的横移、推拉、升降，既活跃了气氛，又有良好的视觉效果。另外，在移动拍摄的过程中，有效地利用前景，如演播室内的悬挂物、摆设等，在移动幅度较小的情况下，就可获得较强烈的运动感。

第五节　案例：《鲁豫有约》节目制作分析

《鲁豫有约》是凤凰卫视的电视谈话节目，于2001年开播，曾被《新周刊》誉为"15年来中国最有价值的电视节目"，其主持人鲁豫多次获得"最佳主持人"称号。2007年3月5日，美国有线电视新闻网上刊登文章《陈鲁豫：中国的"奥普拉"》，对《鲁豫有约》节目给予充分肯定。毫无疑问,《鲁豫有约》是中国非常成功的一档电视谈话节目。

2005年《鲁豫有约》开始改成日播,播出平台也由凤凰卫视扩大到多家省级电视台。

《鲁豫有约》开播至今,先后经历过四个发展阶段,从两人的访谈节目,过渡到如今有300名观众的大型谈话节目,1200平方米的大型演播厅使得《鲁豫有约》有了更大的发挥空间。节目现场设置了轻柔的蓝紫色背景基调、米黄色长沙发,色彩搭配显得轻松明快,给人以舒适感。节目现场由主持人、嘉宾、现场观众形成了三方良性互动,主持人用轻松无压力的方式切入,更容易使嘉宾在宽松的话语环境中展现真情流露的一面。

一、制作流程与生产方式

《鲁豫有约》的节目制作流程大致可以总结为以下几个方面。

第一,大型策划会议。参与者为制片人和一些著名策划人,经过讨论,确定下一阶段的节目方向,决定选题以及访谈对象。

第二,小型策划会议。针对单期节目,策划人对节目内容有关资料进行汇总,对节目整体进行统筹与把握,主持人鲁豫也会参加这次会议。

第三,节目正式录制前,编导、摄像、导播、主持人及其他人员全体参加录前会议,把录制现场的环节和可能出现的问题都过一遍,解决录制问题。另外,在整个录制过程中,没有文字形式的采访文本,编导只是将嘉宾资料总结交到主持人手中。现场采访完全靠主持人临场发挥。而且节目规定,拍摄前不让主持人与嘉宾见面,目的是保持新鲜感。一般摄制组会提前一两个小时到达现场,将灯光、话筒、摄像机等一切布置完备,专候鲁豫与采访对象的见面。

第四,在拍摄过程中,没有预备和开始等口令,摄像师从嘉宾进场就开机进入录像状态,记录整个自然的过程。

第五,节目组对已录制的节目进行后期制作包装,整合加工,添加适宜的、舒缓的背景音乐和充满意蕴的解说词。

《鲁豫有约》团队包括总制片人、执行制片人、制作人、主编、编导、摄像等约35人。主要管理人员均来自凤凰卫视,管理团队对节目品质和收视份额都有着独特见解,可以说对市场的反应和运作能力已相当成熟,并且在嘉宾资源的把控上具有很强的运作能力。

二、机位设置与现场录制

电视观众看到的《鲁豫有约》是经过"电视化"了的现场谈话,它是经过后期剪辑和包装完成的。原始录制的素材质量越好,后期剪辑就越简单,越有效。假如在拍摄阶段就为后期着想,可以大大提高后期剪辑的工作效率,节约录制成本。《鲁豫有约》每次录制时间大约在两个半小时左右,完成两期共90分钟左右的节目,可以说工作效率和录制顺畅度一目了然。这需要摄像、导播、视频和音频等各个技术部门良好的协作和密切的配合才能完成。

《鲁豫有约》的录制，摄像机的数量一般在 6 台左右，其中 3 台固定机位摄像机，2 台游机，1 台摇臂摄像机。这些摄像机放置在不同的位置，承担着不同的任务。

（一）机位设置

《鲁豫有约》摄制现场，观众席的正中位置设置一台固定摄像机 2 号机，主要任务是拍摄演播室全景画面，以交代谈话的场景。在舞台左右两侧，主持人和嘉宾对面分别设置两台固定摄像机 1 号机和 3 号机，主要拍摄主持人鲁豫的提问和嘉宾的回答。在观众席座位和舞台上设置两台游机 4 号机和 5 号机，主要分别拍摄两侧观众或台上嘉宾的反应镜头。在观众席右边后面设置一台摇臂摄像机 6 号机，主要拍摄现场的远景和环境规模。摇臂摄像机有很大的活动范围和灵活的运动轨迹，拍摄的画面变化丰富，增加现场感和可看性。（见图 5-6）

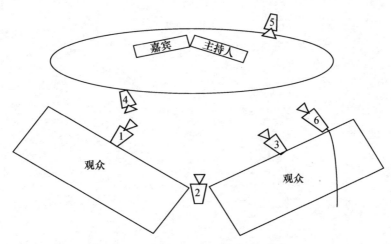

图 5-6 《鲁豫有约》常规机位设置图

（二）现场录制

在节目录制进行中，导播就是总指挥。他除了负责各个机位的调度外，还要监听声音，随时应付各种突发的情况。导播一般没有文学台本，基本上是临场发挥。当然，录制之前，导播对嘉宾和访谈的相关背景会有一定的了解，以适应节目的制作。另外，导播团队长时间地配合作业，已经形成了相当的默契和临场的经验，这也是顺利完成录制的前提和保证。

录制过程中，导播的切换相对简单，基本上是以对话形式展开，一般来说，现场谁发言，就切换到发言者的镜头，适当穿插观众和未发言一方的反应镜头。整场谈话节目的节奏不是很快，所以导播基本以硬切为主，加以少量的混合叠化，一般不用特技。

本章思考与练习

1. 电视谈话节目机位设置的基本依据有哪些？
2. 请画出常见的几种谈话节目的具体机位。
3. 导播在电视谈话节目的切换中，应该如何把握反应镜头？
4. 结合实例，分析当今电视谈话节目的录制新趋势。
5. 观看一期凤凰卫视《一虎一席谈》节目，分析并画出具体的机位图，写出导播阐述。

第六章

情景剧的导播

学习目标

通过本章的学习,了解情景剧的制作模式及其相关特点,熟悉情景剧的机位设置、调机规律和切换规律,了解美国情景喜剧的制作特点与生产方式,以更好地服务于我们的情景剧制作。

关键术语

情景剧;情景剧的制作;《老友记》

第一节　情景剧概述

一、情景剧的概念

"情景剧"也称"情景喜剧",在我国称为"情景剧",在美国叫"情景喜剧"(situation comedy,简称 sitcom)。它是一种起源于美国的轻喜剧,简单说就是在室内的情境中,由演员表演某个群体内成员的生活,录制下来,后期加上观众笑声,在电视上播出的系列短剧。它主要包括现实情景剧、情景闹剧、荒诞情景剧等类型。

同美国电视中的许多节目类型一样,情景喜剧移植于早期的广播节目样式。情景喜剧的前身是早期的一种盛行的广播娱乐节目类型——独角喜剧(stand-up comedy)。当时的广播电台为了追求更加显著的幽默效果,在演播室里设置了一批观众。于是现场观众的笑声和其他的反应声音也一并实时播出,成为广播喜剧节目的一种符号标志。第二次世界大战之后,电视事业得到蓬勃发展,迅速吸收着一切可以在电视中播出的娱乐表演形式,于是广播喜剧节目便顺理成章地被移植到电视荧屏上。1947 年播出的第一部情景喜剧《玛丽·凯和强尼》(Mary Kay and Johnny)尽管只延续了三年,但却奠定了早期美国情景喜剧发展的基础。之后,有几百部各式各样的情景喜剧相继问世,其中一些取得了巨大的成功,在全世界范围内产生了影响。自 20 世纪 50 年代起,美国每年都有几部情景喜剧进入年度收视率排行榜的前十名内，有些年份甚至超过半数。

我国的情景剧创作走过了漫长的历程。20世纪80年代末到90年代初，由北京电视艺术中心出品制作的电视剧《渴望》和《编辑部的故事》，对室内剧（情景剧）的创作形态作了有意义的探索和推动，使人们对情景剧有了初步的认识和了解。但我国真正提出情景剧的概念，还是从1993年英达导演的《我爱我家》开始。应该说，《我爱我家》开启了我国电视艺术工业化的航程，对我国电视创作及电视市场的发展起到了不可估量的作用。

近些年，情景剧的创作、发展和市场占有率呈现出上升的趋势，涌现出如《我爱我家》《家有儿女》《东北一家人》《炊事班的故事》《武林外传》《爱情公寓》等一批优秀的作品，受到广大观众的欢迎。

二、情景剧的特点

情景剧最大的特征就是其喜剧性，以轻松愉快的表演，赢得观众的笑声。它的内容贴近生活、贴近现实，其主题大多简单平凡，但平凡中又隐藏着很多笑点和生活的道理。

（一）喜剧性

首先，就情景剧的艺术属性而言，它是一种电视化的喜剧模式，是舞台剧与电视剧的综合体，这是情景剧的本质特征。它由编剧创作文学剧本，是电视导演领导下的整个电视剧组集体创作的结晶，并通过电视媒介展现在电视观众面前。它的创作宗旨是，让观众在休闲中得到娱乐。它的思想内涵清晰明了，通俗易懂。作为喜剧，它往往富于反映社会现实、人性本质的深度和广度，以其生动的形式，幽默、诙谐的手法，使观众感到心情舒畅、快乐，让观众获得一种亲切的教益、心智的启迪和情绪的宣泄。

其次，情景剧的发展，源于美国情景喜剧，其喜剧性主要体现在情景对话上，以幽默的语言方式打动人。因为其场地限制，所以只有从情节和语言上出彩，这就要求演员具有很强的表现力。

最后，情景剧之所以能够吸引人，关键在于它的"超越性"以及它始终处于夸张状态下的"游戏性"，这是情景剧的根，如果我们失去或缺少了这个根，观众就不会买账，情景剧就难以成立。《我爱我家》《东北一家人》和《炊事班的故事》等作品之所以能够在广大观众中大受欢迎，就是因为它们都具备了这些基本条件。

（二）通俗性

情景剧有着天然的平民性、通俗性，它和最广泛的观众有着一种亲密的联系，容易实现沟通、交流。它用艺术手段展示一些小人物的故事。它所描绘的生活和百姓息息相关，从观众的心理需求出发，展现家长里短、是是非非，离观众的内心很近。柴米油盐的生活琐事、家庭成员之间的矛盾纠葛，是观众感兴趣的事情。因此，观众才会被牢牢吸引，并与之形成某种心灵的互动，产生由角色到自身的情感交流。情景剧浓厚的人情味与亲和力，有着润物细无声的艺术效果。

（三）地域性

地域性是情景剧在中国的发展中出现的显著特点。由于区域文化、方言特色和生活习俗的差异，不同地区的人们对幽默的理解和接受有着较大的差异。根据不同地域的人文特点创作的地域特色浓厚的情景剧，往往能受到地域观众群体的欢迎，如京派观众群、海派观众群、岭南观众群等。另外，自情景剧在中国诞生起，方言便与其结下了不解之缘，各地区都纷纷涌现出一些方言情景剧的杰出代表。

情景剧以语言体现其个性，传播的是小众文化，如《成长的烦恼》，观影者必须理解一定的美国文化，懂得美式幽默，否则是看不出乐趣的。如果把《我爱我家》拿到美国去，美国的观众也不能理解笑声为什么突然冒出来，这部具有京味的情景剧，有浓郁的北京口音和一些专属北京地域的趣味。同样，把在北方很受欢迎的《东北一家人》拿到广东去播放，恐怕也不会有太好的效果，这就是地域的文化差异带来的一种"天然"屏障。情景剧是一种"语言剧"，离开了诙谐幽默的语言，情景剧就失去了支撑的骨架。不同地域的方言是中国情景剧发展的根本。

三、情景剧的制作模式

情景剧是电视文化产品工业化的产物，是电视文化走向市场的必然现象。它有投资少、周转快、风险小、利润高、创作周期短、市场需求量大等特点，被我国的许多电视台、电视创作经营单位、广告文化公司普遍看好，创作生产势头良好。

情景剧采用"流水线"式的创作模式，它可以边拍边写，又可以临场创作，灵活性非常强。它可以根据观众的喜好增减演员，改变故事。在国外，一个情景剧的演员可以从几岁一直演到几十岁，也有的演一场戏后就再也上不了场了。

工业化的生产使情景剧的很多"零部件"都标准化了，例如门窗的尺寸，换场时，只要工作人员把另一个相同尺寸但不同样式的门或窗装上，把家具换掉或在家具外表套（刷）上一个新的外壳，就是一个新的环境，就像工业用螺丝一样，虽大小不一，但标准一样，拧到哪里都能用。这就是工业化的基本特征。

在结构上和制作方面，情景剧有其自身的规律。

第一，情景剧是主要角色和基本环境通常不变化的系列剧。除了极个别例外，都是30分钟左右一集，而且有越来越短的趋势。通常每一集讲述一个独立成章的完整故事，每集可以有一个自己的小标题。在人物关系和情节线索上，各集之间会有一些连续性。

第二，情景剧的题材呈多样化趋势。总体看来，情景剧形式还是最适合表现普通人的日常生活，特别是他们在家庭或工作环境中的日常生活，因此绝大多数情景剧定位在普通人的日常生活场景上，情节也总是比较简单易懂的。

第三，客串人物在情景剧中起着举足轻重的作用。情景剧中的人物一般分为三类。第一类是常规角色，也就是贯穿于每一集中的主要人物。第二类是辅助角色，他们在剧中只起功能性作用，例如酒吧里的常客，社区里的邻居，主要人物的男（女）朋友等。辅助角色一般没有完整复杂的性格，但通常都有符号化的外部特征或性格特征，容易被观众辨认和记忆。第三类是客串人物，在单集或少数几集中出现，戏份较重。在系列情景剧中，几乎每集都有一两个客串人物出现。他们是该剧集当中矛盾出现的导火索，同时又是矛盾得以解决的关键。实力雄厚的剧组通常会邀请一些影视明星或其他知名人士出演客串人物，以增加全剧的影响力。

第四，情景剧的制作有着严格的场景限制。情景剧会创造一个既与外界联系广泛又相对封闭的"场景"来构筑人物活动的空间，这一场景即主要场景。一般来说，主要场景的拍摄均安排在摄影棚内进行，棚外戏原则上不超过全集的20%。早期的情景剧多采取舞台布景的方式，即三面封闭，第四面墙是不存在的，现场观众就从这一面来观看剧情进展。但后来，随着电视剧制作成本的增加，这类粗糙的舞台布景方式已经无法满足观众视觉上的要求，于是便出现了精致的封闭布景，而背景中的观众笑声也改为后期录制的方式。

第五，采用多讯道的制作方式。一般情况下，情景剧都是一场戏一气呵成，多台（一般在三台以上）摄像机从不同的角度同时拍摄，导播现场切换完成录制。除了加入部分外景镜头和字幕外，一般不再需要进行任何后期加工。

第二节 情景剧的导播

一、情景剧的机位设置

导播在录制情景剧时，首先要了解情景剧的特征，这是导播机位设置的必要前提。

情景剧具有系列多集大规模生产的产品特点，决定了它需要高效且成本低廉的制作方式——多讯道的制作方式。与单机拍摄的制作方式相比，多讯道的制作方式将拍摄的素材单元从单个镜头扩展到现场的多机位拍摄，同期录音、实时剪辑，因此大大地提高了电视剧制作的效率。

由于采用多讯道的制作方式，需要在情景剧的演播现场划分相对固定的场景表演区和摄制工作区，导播需要在划定的摄制工作区中布置机位。

多讯道制作的连续性与固定场景空间的限制，使情景剧的镜头调度受到限制。因此，注重人物台词与动作细节成为情景剧制作的必然选择，这也决定了导演调度镜头的重点。

在情景剧录制中，导播没有过多的艺术创作空间，更多的是还原一个类似舞台演出的场景。关键在于对剧情的理解，准确解读剧本意图、导演手法，从而用镜头调度和画面切换来突出剧情的要点，展示演员的表演节奏。

情景剧的场景特点决定了其观看角度与在剧场里观看舞台剧的观众视角相类似。与此对应，在情景剧的演播现场，将摄像机置于观众席一面，相当于用摄像机机位大体模拟了剧场观众的视角。

所以，情景剧在电视对其加以记录之前的演绎方式非常接近于舞台演出。电视记录的原则当然是还原它的这一特质，这也是机位设置方案的重要依据。试想，如果有某个机位设置到演出场景当中或场景纵深处，机位之间相对而置，就不仅会造成机位彼此"穿帮"的问题，而且还会使观众"看戏"的效果遭到破坏。

需要说明的是，现在也有些情景剧的导演、导播为突破画面表现的局限性，特意设计一些深入场景内部的运动镜头或置于场景敞开面对侧的机位。在拍摄周期与设备保障允许的情况下，这种做法可以丰富镜头表现的角度，提升画面的表现力。但特殊机位往往很难与常规机位形成整体的配合关系，因此这样的镜头需要单独拍摄后再在后期的剪辑中插入到整场戏中。同时，单独拍摄这样的镜头会使整场戏很难保持一气呵成的连贯性。

因此，在三讯道情景剧的录制中，导播通常的选择是将三个机位放置在场景敞开面的一侧，三个机位通常呈倒三角形布局排列。（见图6-1）

图 6-1　三讯道情景剧录制机位设置图

1号、3号摄像机设置在场景的左右两侧，交叉控制场景的两个上场门，可以给出场上人物的中景和近景；2号摄像机设置在观众席中，可以控制全景，也可以给出场景中的个人全景。

二、情景剧的调机规律

一个合理有效的机位设置布局方案只是导播实施录制工作的基础。导播只有对各机位进行准确灵活的调度使用，才不会遗漏现场的全貌和细节。

通过调机，导播对各机位的拍摄对象、角度、景别、运动形式进行安排。调机由两个阶段组成：一是导播制作工作台本时对各机位拍摄任务的预测方案；另一个是导播在录制过程中对方案的实施与临场调整。

就情景剧的三讯道录制而言，导播对三个摄像机的调度空间是非常有限的，因此只有清楚认识情景剧的场面调度规律，才能找到调机的普遍规律，才能保证还原现场的准确性，才能提高录制的工作效率。

我们知道，情景剧的场景是一个类似舞台的场景空间，而在戏剧舞台上，不同的位置具有不同的表现力，因此导演在安排场面调度时，也会有不同的侧重点。

如图6-2所示，舞台上的场面调度主要发生在如图划分的九个空间里，而这九个空间的表现能力也大不相同。导演一般不会把主要人物的重要动作或台词安排在像8或9这样的区域中，因为这是次要位置，很难引起观众的注意。重要的场面调度与经典台词段落一般会安排在 1 或 2 这样的区域中。因此，我们又可以进一步地将舞台场面调度的主要区域圈定在中间的灰色三角形区域里。

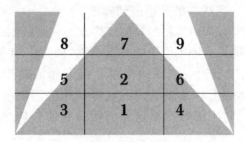

图 6-2　舞台场景空间主次位置示意图

（一）各机位的主要任务

一般情况下，1 号机和 3 号机打交叉，景别以中近景为主，主要任务是拍摄其对侧人物的细节，从而使两个摄像机的拍摄轴线形成交叉关系。1、3 号摄像机拍摄任务的性质是相同的。

2 号机的主要任务是用来拍摄场景环境的全景。当需要展现环境、表现场面调度、交代人物关系时，导播主要用 2 号机的全景来完成拍摄任务。（见图 6-3）

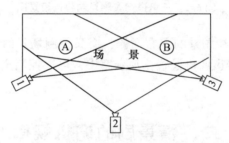

图 6-3　三讯道情景剧录制各机位的主要任务示意图

（二）各机位的调机规律

前述各机位的主要任务是导播调机的大致思路，在具体拍摄中，由于三个机位的局限，再加上场景中的情况比较复杂，导播需要仔细设计安排各机位的拍摄任务，将自己的想法及时传达给各机位。

1. 对 2 号机任务的多样化调度

虽然 2 号机的基本任务是场景环境的全景，但当场景中的人物较多而且每个人物都需要台词和动作细节的展现时，1、3 号机显然不足以应对大量的拍摄对象，这时导播就需要适时地调度 2 号机去帮助完成表现人物细节的任务。如图 6-4 所示，当场景人物较多时，2 号机除了需要承担交代场面全景的任务外，还可以调度到表现 C、D（单人或者双人）。

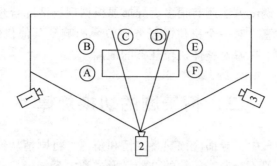

图 6-4　对 2 号机任务的多样化调度示意图

2. 对 1 号机和 3 号机任务的多样化调度

如图 6-5 所示，当场面中人物位置的整体布局偏向一侧时，用居中的 2 号机来拍摄全景，构图看起来会很别扭。这时，导播不妨调度两侧的 1 号机或者 3 号机来完成表现场面全景的任务。

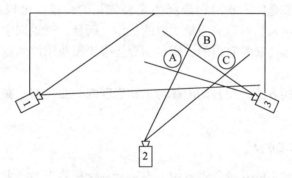

图 6-5　对 1 号机和 3 号机任务的多样化调度示意图

另外，1、3 号机的基本任务是交叉拍摄对侧人物的细节，但有时 1、3 号机也会呈现出非交叉的状态。如图 6-6 所示，当导播想在一个镜头中保留场面调度的完整性，或者想打破用 2 号机全景来交代场面调度变化的固定做法，可用 1 号机或者 3 号机跟摇某个人物来表现调度的全过程，用另一个机位表现全景，那么，这样就改变了原来的交叉拍摄状态。

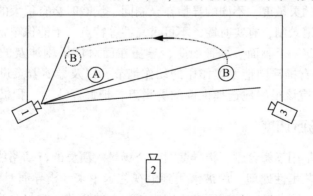

图 6-6　1 号机和 3 号机非交叉拍摄调度示意图

当然，对各机位的调度方法还有很多。导播要根据现场情况合理地考虑每个机位拍摄的可能性。同时需要注意，对一个机位的任务调整会影响到其他机位任务的变化。因此，灵活地掌握调机规律也意味着对整体机位任务的把握。

三、情景剧的切换规律

在情景剧的导播过程中，导播应该熟悉剧情和角色。将剧情从舞台搬到电视屏幕，这是一种二度创作，但一般不会改变剧情的结构、形式和内容。

情景剧的画面切换以清晰地交代剧情、人物、人物对白、重点动作、场面状况和场面调度的变化为原则。因此，它的规律性很强。导播在画面切换时首先要以此为基础，再适当地追求画面组合的形式美感。

（一）关注说话人

情景剧的故事情节是以人物对白演绎为主要依托的，很少出现单纯的动作段落，因此，导播用画面来展示人物对白成为最主要的工作。而且，情景剧中人物关系是较为固定的，人物心理的展现也是非常直白的，所以，导播很少需要用声画错位的表现手法来进行叙事。

关注说话人的切换方法，使台词演绎与人物表现统一在一起，在画面组合上非常符合情景剧的叙事特点。

（二）关注动作细节

在电视画面剪辑常用的几种剪辑点中，有"动作剪辑点"这一技巧，它主要是以人或物的运动过程为基础，依据动作的流程规律来连接镜头。在情景剧的切换中，我们可以根据场景中的人物动作、动势来选择剪辑点，比如，人物的转身、起身、坐下、开关房门等等动作，这样能够使上下画面的衔接流畅简洁，更能突出画面的动感。

由于情景剧连续录制的特点，每个镜头的剪辑点都基本上是导播在现场录制时的一次性选择。这些剪辑点选择的准确性与细腻程度直接取决于导播本人在画面剪辑方面的专业水平和对现场反应的灵敏度。不同的导播在录制同一场戏时会有很大的差异。

情景剧是多讯道录制，有实时性、不可重复性等特点，不能像单机拍摄那样可以在后期剪辑中反复斟酌每一个画面。尽管如此，导播在面对情景剧涉及的动作时也应该加以重视。特别是那些有推动剧情发展作用的动作细节，以及导演着意设计的有特殊效果的动作细节，导播更应该很好地选择准确的剪辑点，把握好节奏，积极推进剧情的叙事。

（三）关注场面调度

场面调度，最早用于舞台剧，指导演对一个场景内演员的行动路线、地位和演员之间的交流等活动进行艺术性处理。后被借用到电视艺术中来，指导演对画框内事物的安排，即导演引导观众从不同角度、不同距离去观察屏幕上的活动。它包含演员调度与镜头调度两个层次。

虽然情景剧的演绎方式和舞台演出有相似之处,但它是用电视来表现的,也就是说,它提供给观众的不是全景式的观看,而多讯道的制作又是用分切镜头的方法表现场景中的信息,所以它必然会遗漏一些表演戏份。那么,导播选择的画面就应该是表演场景中最重要的信息。而其前提,必须是要求导播对整场戏的场面调度变化非常熟悉,只有这样,才可以帮助观众清晰识别场景中的人物关系,准确了解剧情、读解剧情。

第三节 案例:情景喜剧《老友记》制作分析

《老友记》(*Friends*)是美国 NBC 电视台于 1994 年开始推出的电视情景喜剧,也译为《六人行》,至 2004 年完结篇止,一共播出了十个拍摄季,共 200 多集。它由华纳兄弟公司出品,是美国历史上最成功、影响力最大的电视剧之一。戏中的六个"老友"住在纽约市区的公寓中,他们之间的友情、爱情和事业、生活是整部戏的主线。六个年轻人身上浓缩了美国青年人的特点,再现了美国社会中年轻人的价值观和生活行为。正是这六个美国普通青年鲜明的个性、真实的性格、诙谐的语言,尤其是他们所表现出来的特有的"美式幽默",深深地吸引了众多的电视观众,使得《老友记》获得了巨大的成功。在世界各地,不计其数的年轻一代电视爱好者的收藏中,都有他们六人的身影。《老友记》称得上是世界情景喜剧中的经典。

从 1994 年至今,《老友记》共获得了 33 次艾美奖的提名,其中四次为"杰出喜剧奖"提名。演员们因为出色的合作,集体获得了 1996 年的电影演员工会奖。该剧还三次被提名金球奖的"最佳电视剧—音乐剧喜剧类"。《老友记》曾经三次获得公众选择奖。其女主角之一的珍妮佛·安妮斯顿,于 2002 年首夺艾美奖"喜剧类最佳女主角"奖,于 2003 年获金球奖"电视喜剧类最佳女主角"奖。

一、美国情景喜剧运营模式解析

(一)播出季

"播出季"是美国电视播出机构依据观众收视习惯和市场变化所表现出的季节性特征,对电视频道节目设置、播出时间做出的编排,是美国各大电视网运作多年的经典模式。

美国电视的一个播出季一般为每年 9 月至次年 4 月。在一个播出季中,电视网会根据收视率决定各个电视剧的命运。因此,每年的四个收视率调查月份(俗称"清扫月")分别是 9 月、11 月、2 月和 5 月,这四个月份对于电视台来说事关重大。各剧集此时都会不遗余力地邀请大明星客串,情景喜剧还会在特定节日推出特辑,如"感恩节特辑""万圣节特辑""圣诞特辑"等等,力图在收视率调查月份中拔得头筹,为自己争取最好的广告费率和续拍的可能性。从这一点来讲,美剧的竞争远比我们国内激烈,制作团队的压力也远大于国内。一般来说,每年在 NBC、CBS、FOX 等几大电视网的各自十几部新播电视剧中，只有一两部能够获得在下一季续拍的机会。因此，能够存活四个播出季以上的电视剧一般都是精品。

（二）流程化生产

美国情景喜剧在整个制作过程中，除了最初的创意可能由个人提出外，其余的生产环节，包括剧本创作、情节设置、对白撰写、现场导演、后期制作、推广宣传等都是由团队分工合作、以流水线形式完成的。

在制作过程中，一旦确定剧本，电视台、制作公司、经纪人代理公司之间便建立起紧密的关系，而处于核心的是制作公司。一方面，制作公司为电视台提供创意和制作服务，并与电视台方面达成委托关系，电视台一旦肯定制作公司的剧本后，便会委托制作公司进行拍摄制作；另一方面，制作公司将电视剧看成一个产品，公司内部进行流水线操作，由主笔来进行情节设计，专人负责提纲和对白的撰写，再由总编剧汇总成脚本，制片人和导演做前期筹备并完成拍摄、后期制作，随后发行播出。作为商业电视网的 NBC、ABC、CBS、FOX 等只享有电视剧的首播权，并不享有节目本身。经纪人代理公司，则负责为制作公司网罗演员、编剧和导演，与他们保持长期合作。

美国的情景喜剧大都是一边写剧本、一边拍摄、一边播出的模式，这种模式其实有很多的优点可以借鉴。首先，随拍随播的模式可以随时得到观众的反馈，如果反馈不好可以停止拍摄或者改变思路，避免资金的浪费。其次，可以根据大多数观众的意愿随时修改剧本，保证收视率。最后，这种没有人知道剧情发展方向的模式吊足了观众的胃口，能最大限度地吸引观众的关注，提高收视率。

营销方面，通过衍生剧、植入广告和衍生产业链来推介新剧集、开发相关商品已经成为美剧经营运作的基本模式。人物和主题不断地从一部剧集进入另一部剧集，甚至剧集本身也会是叠合在一起的。由剧集派生出的附属产品更是琳琅满目。

尽管面临真人秀和系列剧的强劲竞争，情景喜剧如今依然是美剧国际输出中的主打产品，且制作精良，产业链效应依然强劲。正如当年的《老友记》，该剧流行的十年也是其流行文化产业胜利的十年。从各方面而言，美国电视台对情景喜剧的需求依然非常强烈，希望它们能够继续成为电视台的稳定财源，无论在重播还是其他相关的联营上都能创利滚滚。

（三）重剧本、轻演员

情景喜剧对故事的重视和对演员的"不拘一格降人才"也是成就精品的重要因素。

为避免故事情节的拖沓，一般制作公司会为每一部电视剧配置一个庞大的编导小组，编导小组成员会在主笔编剧的统一架构下完成各集内容的编剧和拍摄。而主笔编剧自然也就是一部电视剧的灵魂人物，整个故事的情节和风格都将由这个风向标式的人物来主导。

精明的制作公司，在以故事吸引观众的同时，自然就不会再选择昂贵的当红明星来赚得眼球。情景喜剧的演员多来自百老汇的音乐剧演员，或者是一些不怎么出名的影视剧演员，这些演员的演技和外形其实并不比那些当红明星逊色，因此，情景喜剧也捧红了不少家喻户晓的明星。

(四) 捆绑播出

在生活节奏越来越快的现代社会，电视网越来越需要在瞬间吸引观众的注意——也就是说，喜剧角色一出场就要引发笑声。这就需要在情景喜剧的编播方面做文章。

在编播方面，美国各大电视网每周都会在晚间黄金时段安排情景喜剧，NBC 在 1998 年至 1999 年的电视节目播出计划中，每周晚间黄金时段安排的情景喜剧有 14 部之多。2009 年至 2010 年此数据有所下降，但每个台固定播出情景喜剧的时段依然吸引着固定的观众群。美国电视最高奖项艾美奖也一直为情景喜剧大开绿灯，使得该类型节目获得牢靠的支持，引发更多人的关注。

二、《老友记》的制作特点与生产方式

(一) 资金投入大，拍摄时间长

中国的情景喜剧通常投入小、成本低，但在美国有时不是这样。《老友记》一共有 14 个编剧，有 200 人的制作团队。在拍当前一集的时候，编剧们集中在一个地方进行下面一到两集的创作，每天创作 10 小时以上，一小时的剧情大概有六七页纸，最后经过探讨和取舍，才会进行最终的拍摄。在每一集拍摄之前，这集所涉及的每个细节，还要经过创作团队的反复斟酌讨论。

《老友记》30 分钟一集，一般是一周拍一集。周一到周三基本都是上午开会讨论剧本和拍摄计划，下午演员排练，晚上编剧再根据排练效果修改剧本。到了周四，演员上妆带机彩排。周五，会邀请 300 名观众到现场参与正式拍摄。

《老友记》是用四台机器同时拍摄的，而且每个镜头要拍两到三遍，确保现场的任何细节都被拍到。编剧也要在现场观看正式拍摄，如果现场观众不笑，编剧就会知道自己的笑话不管用，然后会停下来现场修改，有时候甚至会问现场观众的意见。

所以这样拍摄很耗工夫，一般要持续到星期六凌晨 2 到 3 点。结束之后，这些素材都交给剪辑人员，他们要花一个星期做剪辑和包装工作，之后再把电视剧成片提交给制片人。再过大概两个星期之后大家就能够在电视中看到了。

(二) 非常默契的制作团队

《老友记》在十年的拍摄中，有一个非常固定的合作团队：配合默契的编剧和导演，对剧情驾轻就熟的演员，尤其是剧本作者，对情景剧模式相当了解和专业。实际拍摄过程中，编剧、导演、演员、摄像等各工种分工合作，效率极高。从剧本策划完成、镜头设计、排练、实拍到后期剪辑合成，都要环环相扣、流水作业。

三、《老友记》的机位设置

尽管《老友记》的场景比较丰富，有客厅、卧室、咖啡馆、海边、健身房、按摩室等等,这些丰富的场景是展开故事情节的地点,但作为典型的情景喜剧,它必须要有几个典型的场景作为主要场景。

《老友记》绝大部分场景都是在制景车间内通过布景来实现的。它采用固定多机位拍摄、同期录音、后期非线性剪辑制作的模式,现场设置有四台摄像机同时对场景从不同角度、不同景别展开摄录。具体机位设置如图6-7所示。

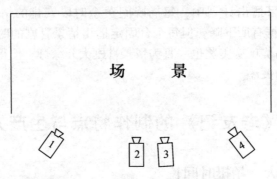

图6-7 《老友记》现场录制机位图

1号、4号摄像机设置在场景的左右两侧,负责交叉拍摄场上人物的中景和近景等细节;2号、3号是带升降功能的摄像机,设置在场景正面中间,负责大景别的拍摄任务,拍摄场景全景;2、3号机相互照应,也可以推至场景中拍摄个人全景。

本章思考与练习

1. 如何理解情景剧的制作模式?
2. 请设计出典型三讯道情景剧现场制作的机位示意图,并用文字及图例阐述出各机位的主要任务及各机位的调机方式。
3. 从导播的角度分析情景剧的制作特点。
4. 情景剧的切换要关注哪些方面?
5. 结合《老友记》的制作特点与生产方式,阐述美国情景喜剧的运营模式。

第七章

电视综艺晚会的导播

学习目标

通过本章的学习，了解电视综艺晚会导播工作的特点及程序，掌握电视综艺晚会导播工作的机位设置及镜头调度技巧，熟练掌握电视综艺晚会的切换技巧，熟悉当今电视综艺晚会录制技术的新趋势。

关键术语

电视综艺晚会；导播工作"五程序"；多通道录制；CuePilot 自动切换系统

第一节 电视综艺晚会概述

一、电视综艺晚会的概念

电视综艺晚会是在设定的一个主题条件下，运用各种电视化手段，对各种文艺样式以及相关可提供娱乐的内容进行二度加工与创作，并以晚会的方式予以屏幕表现的节目形态。

电视综艺晚会是电视节目中很重要的一种节目类型，它借助于电子技术手段，运用独特的电视表现手法，如声光效果、时空的自由转换、独特的视觉造型等，广泛融合音乐、舞蹈、戏剧（戏曲）、小品、曲艺、杂技、游戏、竞赛（猜）问答等艺术形式或非艺术形式，用以满足广大观众艺术审美和消闲娱乐等多方面的需求。电视综艺晚会具有极强的包容性和极大的综合性，往往内容丰富、雅俗共赏，形式则多种多样、灵活自由，且观众有较强的参与感。

二、电视综艺晚会的类型

对电视综艺晚会，从不同的角度入手会有不同的分类。这里我们从文化形态上把电视综艺晚会大致区分为如下三种类型。

一是表征主流意识形态以及民族或国家的群体意识的综艺晚会（包括节日、庆典型电视文艺晚会，电视专题文艺晚会等），最有代表性的当然是春节联欢晚会、国庆晚会、"五一"晚会等大型专题文艺晚会。

二是向大众文化全面靠拢的游戏娱乐型综艺晚会，如湖南卫视的《快乐大本营》、中央电视台的《我想上春晚》等。这一类综艺晚会内容上以趣味性、娱乐性和一定的知识性为主，形式上突出参与性、游戏性，有时也夹带若干的歌舞类的表演。

三是移植国外模板的"表演选秀型真人秀"晚会，如东方卫视的《中国达人秀》《舞林争霸》、浙江卫视的《中国好声音》《中国梦想秀》、湖南卫视的《我是歌手》等。这类型的节目主要特点是让具有一定"表演"能力的参与者，按照预先设置的竞赛规则进行才艺表演，而专家和观众则对这些参与者进行选拔和淘汰，最后优胜者将获得成为"明星"等机会。

三、电视综艺晚会的核心要素

电视综艺晚会中各种文艺节目形式异彩纷呈，令人眼花缭乱。但从电视制作的角度来看，"电视化"和"综合性"是它最重要的核心要素。

在当今的电视综艺晚会制作过程中，特别强调互有联系的两点：一是"电视手段"的充分利用或者说是充分的"电视化"；二是对"综合性"的强调。

（一）电视化

就"电视手段"而言，我们所说的"电视综艺晚会"是指充分调动电子的技术手段，以电视为中介，对各种艺术或非艺术样式进行了再创造的结果。无疑，电视艺术是艺术与最先进的电子技术相结合的产物，是一种科技成分很重的新兴艺术门类。电视手段是电视艺术的"本体语言"。不掌握这种特殊的语言，也就谈不上电视综艺晚会的创造或创作。"电视化"大致包含如下几个方面的含义：首先自然是电视的直播技术和手段的使用，它使综艺晚会给每一个观众以身临其境的现场感；其次是电视的多时空自由表现，它可以通过镜头的推拉摇移、画面的分切组合等特技手段，在电视屏幕上进行自由的时空交错和重组，完全突破时空的限制，把最大的逼真感和最强烈的视觉效果结合在一起；最后是对独特的电子切换剪辑技术的充分利用，这有赖于电视导播高超的切换技术。

（二）综合性

电视综艺晚会另一个核心要素是"综合性"。所谓"综合"，就是不同种类、不同性质的事物组合在一起，但绝不是简单地拼凑、排列和相加在一起，而是一种高层次的、有逻辑的综合。电视综艺晚会的综合性是经由独特的电视艺术语言而完成的"电视化"的综合。在这一过程中，电视综艺晚会吸收其他艺术样式的有益元素并使它们有机结合在一起，从而产生电视艺术的新形式。这些新形式既有对原先艺术母体的继承，又与之有异，这使电视能广泛包容和吸收几乎所有的艺术样式和许多非艺术样式。这种内容的无限丰富性和手段的无穷多样化，正是电视综艺晚会作为新兴的电视艺术的一个最大优势。

总之，电视综艺晚会的电视化和综合性既是对原有的艺术样式与非艺术样式的利用，也是对电视艺术本体语言和所有的电子技术手段的充分利用。无疑，只有对电视艺术的声、光、色等各种视听语言的技术特性和美学规律都充分掌握并运用自如,才是对电视综艺晚会的相对独立性的最大尊重,也才能在高层次上真正进入综合性的艺术思维,进行综合性的艺术创造。

第二节 电视综艺晚会的导播

电视综艺晚会作为群众喜闻乐见的节目,其导播体现着我国电视艺术的前沿发展水平,代表着我国电子技术的发展,更体现着电视人的艺术素养。优秀的导播可以通过技术处理和艺术编辑为综艺晚会创造出独特的节目内涵,把风格各异的晚会打造得绚丽多彩。导播作为一台综艺晚会的再创造者,有着较大的创意空间来展现节目的全貌。同时,他的工作专业性极强,要善于掌握、驾驭不同题材,善于把握各种体裁和艺术形态的表现方法,运用自己的形象思维与逻辑思维,对电视节目进行再创作。

一、电视综艺晚会导播的特点

(一)参与策划,了解晚会主题和形态

导播是电视综艺晚会创作的重要参与者和组织者,还是电视导演创作实践的合作者和艺术灵感的传达者、表现者。导播要在晚会创作的前期进入创作状态,参与策划和构思,了解导演的创作意图,了解晚会的主题思想和艺术表现手法,了解文艺节目的表演形态,在执行晚会录制转播的全过程中,与导演进行必要的分工,使晚会能按照整体策划和创意的艺术构思,以导播的镜头画面构成,体现作品的创作主题,挖掘艺术内涵。

(二)把握晚会核心及情绪点

电视综艺晚会导播自身应具备必要的艺术修养,在执行晚会录制转播中,要形成一定的导播切换风格。导播在分析晚会的环节时,应该知道晚会的核心所在,特别是在综艺晚会的高潮部分,更应该掌握整体的情绪点和爆发点,充分使用画面和声效来强调情绪,使镜头富有张力和冲击力。

(三)理解音乐,掌握节奏点

电视综艺晚会中,音乐元素是基础。懂得音乐风格、音乐情绪和音乐节奏,是做好导播工作的必要条件之一。导播的镜头要有音乐语言特征,要符合文艺作品的内在律动,体现节奏感和韵律感。

(四)运用画面及调控现场

电视综艺晚会的现场,充满着许多能很好地体现舞美风格和节目主题的取景构图"亮点"。这里的所谓"亮点",就是在舞台和现场,能赋予镜头美感和质感的取景点。作为

导播，通过先期参与策划，应该充分了解现场的这些"亮点"，引导拍摄人员取景构图，在节目的起幅、落幅和音乐的转换及延伸部分，恰如其分地使用这些镜头。另外，特殊效果和光电效果（如高空礼花、舞台焰火和气柱火柱等）是取景中的重要元素，是增强画面质感的手段，导播要十分清楚这些效果的呈现时机，指导摄像人员及时捕捉镜头，使画面饱满绚丽，富有艺术性和观赏性。对于在节目录制转播中，现场观众所表现出来的欢乐情绪和即兴发挥，导播需指挥现场导演掌控节奏，调动镜头，及时切入。

二、电视综艺晚会导播工作"五程序"

（一）熟读脚本，查看现场

作为导播，要熟读导演的文学脚本，通盘掌握晚会的主题思想和基本内容，并去演出现场熟悉环境，确定方位和朝向，了解综艺晚会的内容、环节及演员进出场的通道，增强现场感，及时提出自己的见解，完成节目录制设计预案。

（二）设置机位，设计工作台本

根据脚本要求和现场舞美置景，提出摄录设备及辅助设备的要求，精心设置摄像机位，以体现导演的艺术创作意图。确定设置摄像机位后，应该尽快设计导播工作台本，以便让所有岗位上的工作人员，以此为总响应，熟悉和掌握各个环节及导播对画面取景的基本要求，快速进入工作状态。

（三）调配人员，调试设备

导播应该依照所确定的导播工作台本，调配适合综艺晚会形态录制转播的摄录人员到岗，并在机位上进行必要的熟悉和调整。导播还应该主动与技术部门协调设备组装和使用情况，及时排除隐患，并提出录制要求。只有细心亲为，才能保障成功。

（四）召开会议，阐述方案

导播在正式录制或转播前，应依据导演的创作意图和自身的艺术构思，及时召开工作会议，通报介绍综艺晚会录制和转播的多种艺术规律和技术要求，对重点节目和环节要说明具体意图，对晚会和转播的特别处或情绪高潮处，要提醒各个工种特别加以注意，以便很好地呈现画面，增强艺术渲染效果。

（五）掌控时间，精心录制

多讯道制作是调集众多技术手段对综艺晚会进行合成录制的一项系统工程，带机彩排和正式录制是非常重要的环节。导播对综艺晚会的总长度要准确掌握，做到心中有数。要统计准确时长，使各节目与"开窗"插播的短片或广告都能在可以掌控的时间中完成，从而节省时间成本和设备成本，这是现代媒体成本概念的一种体现。

三、电视综艺晚会导播的艺术思维

电视综艺晚会的导播,与其他类型电视节目导播的最大区别就是以情感和情绪的有效传达为最高目的。在体育节目转播中,我们也常能看见情绪表达的画面,像德甲转播中专门有一个机位用于捕捉射门瞬间教练席上教练的狂喜或沮丧的反应镜头,但体育节目的这些情绪画面相对于全场的战术与技术进程来说只是点缀,节目的核心一定是技术性的介绍(中、小全景)和解释(慢镜头)。再如谈话节目,主要是依靠语言的交流和递进完成节目,人物关系从一开始就是固定的,而且之所以叫谈话节目,就是因为它并不依赖人物关系的戏剧性变化和情绪化反应来构成节目的主要看点。相比之下,电视综艺晚会以强烈的情感和情绪来打动观众。电视镜头是强化还是弱化了现场晚会的情感冲击力,是判断电视综艺晚会导播质量的首要标准。

(一)准备与即兴

电视综艺晚会切换同其他艺术创作的过程非常相似,特别是在进入创作过程中以后,灵感、情绪下意识的反应成了最宝贵的因素。但是,与一般艺术创作所不同的是,电视综艺晚会切换几乎没有事后修改弥补的余地,特别是在直播节目中,切换更像纯粹的即兴创作,因此,切换的前期准备工作就显得相当必要和重要。比如有的导播在转播综艺晚会的流程表(工作台本)中,除了会标注呈现的画面、声响、灯光、舞台设置、人物之外,还会写明人物进出位置、舞台地面标记、主奏乐器、声音频道、镜头移动线和历次彩排的记录等等,厚厚的一大本。相比之下,有的晚会在切换上的前期准备就显得过于粗疏了。这其实是一个常识,只有前期准备得充分,心中有数,才能在切换台上应变自如。只有超越了技术性、程序性之后,才能进入到艺术创作的状态中。

在前期准备中,导播对彩排的认真观看,对彩排录像带的反复揣摩,是必不可少的功课。在观看和揣摩中,除了技术性的了解和把握以外,非常重要的一点是,要把自己的艺术感觉和情绪反应牢牢记在心里,以此作为切换构思的出发点。在有了切换构思之后,一定要同摄像师、灯光师进行有效的沟通,让他们充分了解你的意图。这里非常细小又非常重要的一点是,要让他们充分了解你的指令语言。前期准备得完备,还能带来一个重要的结果,就是能够以一种相当松弛和自信的状态走上切换台,进入到艺术创作的心境当中。千军万马,最后只在你弹指一挥间,如准备不充分,也许一台好的晚会,就会在你的指尖下溃不成军、大打折扣。正式直播与录播、彩排的不同之处在于,它有一种不可比拟的真实感。其中,观众反应有不可预料之处,而演员表演也会有很多即兴成分,像赵本山的演出,每次都不一样,这就需要导播把前期准备转化为临场反应,在已有总体构图、切换构思的基础上,让自己的情绪、切换动作和指令跟上舞台的变化。

(二)节奏与切口

从理论上讲,单幅画面的漂亮是没有意义的,它只有在蒙太奇组接中才有意义。切换中很重要的问题是对节奏的把握和运用,而把握节奏的一个要点是对节奏转换与衔接的切口要特别敏感。

一般讲，歌舞类节目因为有音乐节奏的支持，比较容易找到切换的切口。需要指出的是，即使找到了切口，也要特别注意切换画面转换的整体性和匀称性。

小品节目的切换，比较安全的办法是，主要运用中景和小全景，使场上情况无一遗漏，然后用镜头跟住开口说话的演员。但这样的切换通常缺乏节奏感，不利于反映节目情绪的推进。应该注意以下两点：第一，要做到对场上人物关系和情节推进有较深的了解，依据观众欣赏的进程，先用较多的小全景交代故事发生的场景，然后用中景介绍清楚人物关系，在场景和人物关系交代得比较清楚之后，进入到对个体人物性格和情绪的刻画中，可以比较多地使用特写镜头；第二，密切注意场上人物关系的交流线，有时候，开口说话的人物镜头远远不如无言但有情绪反应的人物镜头更有效果，忽略了这种镜头，损失通常是很大的。

总之，小品的切换切口比较复杂和细碎，但只要了解小品情节推进的转折点、"包袱"的引爆点和人物情绪的强反应点，就一定可以切出小品节目的节奏来。

电视切换是一门艺术而不完全是一门技术，它是导播艺术素质的体现。一个优秀的导播会用镜头、用心里的节奏去升华作品。他知道，要传播给电视观众的是一个有思想的东西，而不是苍白的画面。

（三）整体和细部

电视画面切换是综艺晚会电视化的关键，即运用镜头放大整体、刻画细部，从而突破现场观看的固定距离，使观众能够更强烈地感受到节目的气势与细腻之处。像春节联欢晚会这样的电视综艺晚会，有规模和气势——大型的舞台及其设置、众多的伴舞及道具，当然应该有所展现。但是千万不能忘了，这些都是为"节目"服务的，是为节目的情感传达服务的，各类节目形态中的细节才是打动观众最有力的"杀手"。

富有气势和美感的大型舞台为群体性和歌舞类节目的切换提供了发挥的空间，而在处理语言类节目时，有时就必须要放弃大背景，为特定故事情节营造特定的情景和氛围。即使是单个节目，也存在着整体和细部的矛盾，处理好了这个矛盾，就解决了舞台电视化的关键。

四、电视综艺晚会的机位设置及镜头调度与设计

（一）电视综艺晚会的机位设置

一台综艺晚会的机位不是随意摆放的，导播要根据整台晚会的主题、晚会性质及内容合理地设置机位。在机位设置前，要想象转播中画面的效果，并根据画面想象效果设计拍摄角度，最终画出详尽的机位示意图。在节目的演播现场搭建完成后，导播要亲临现场确认每个摄像机的具体位置和辅助设备的铺设方式。

机位设置能解决从哪里看、往哪里看的问题，机位设置要体现节目的制作目的和观众期待。例如演唱会节目是为了展现歌舞的艺术美，观众期待欣赏明星的演唱与造型，所以在机位的设置上就要考虑以展现舞台演出为主，从各个角度、各个高度、各个景别来观察演员。

机位设置离不开环境的影响，电视综艺晚会导播应该考虑环境因素，如舞台和观众区的位置、演播厅或者演出场地的物理形状等，都是要考虑的。把摄像机合理地分布到环境

中，可以让电视观众不仅有身临其境的感受，还能看到全方位的景物特写。

观众经常看到的综艺晚会演播场景不外乎是室内演播厅和室外两种。电视台演播厅的大小不尽相同，外景场地也有区别。下面以800平方米的演播厅为例，说明综艺晚会最基础的机位布置方法。

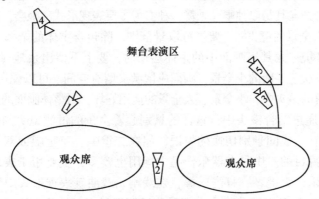

图7-1　电视综艺晚会五讯道机位设置示意图

图7-1为最基本的五讯道机位布局，各机位基本任务如下所述。

① 以舞台中心线为基准，1号机和3号机两个固定机位摆放在舞台两侧，这两个机位主要用于展示演出中的主要演员或主体场景，多用中近景。除了用于舞台上的节目表现外，1、3号机一般还要兼顾晚会主持人的串场和观众的表现镜头。

② 正对舞台中心线，需要设置一个拍摄全景的固定机位2号机，在较大的空间范围内捕捉舞台和台下观众方阵的整体效果。

③ 设置游机4号机，安排其在舞台的纵深处或台下运动，用于拍摄演员、伴奏乐队、伴舞、观众等的中近景、特写或其他特殊角度构图的画面，以此增强节目的镜头信息量，使画面内容更加立体，角度更加丰富。

游机拍摄大多以肩扛式拍摄为主，或运用斯坦尼康，它与固定机位相比拥有较大的运动半径及灵活性。但由于摄像机讯道数量的限制，游机大多是作为整体机位布局的补充，用于拍摄那些固定机位所不能捕捉的场景。

④ 为了使画面更富动感和视觉冲击力，也为了表现大型群体性节目表演在空间上的调度以及观众的整体情绪与舞台表演的关系，在舞台近台口一侧（3号摄像机或1号摄像机的后面）设置一个摇臂机位5号机。

（二）电视综艺晚会的镜头调度

当一台综艺晚会的画面在屏幕上不断展现时，是一系列镜头把观众的视线带到不同的位置，观众可以从各种各样的视角来观看晚会的内容。镜头的景别、角度及运动方式等，就关系到节目中要突出什么、冲淡什么，要保留什么、删掉什么。

1. 景别调度

电视综艺晚会画面中不同景别的处理，是为了让观众了解整台晚会的主体内容，欣赏晚会的艺术效果。不同景别的画面组接流畅，就富有艺术感。

（1）全景。这是综艺晚会的电视转播中用得最多也是最稳定的镜头，它起着交代环境、烘托气氛、连接情绪、创造和拓展空间等作用。全景虽不像特写镜头那样突出和有冲击力，但却是不容忽视的。因它的视距远，常可以推、拉、摇，所以也叫场面镜头。如大型综艺晚会的场面、气氛，只有用全景镜头才能充分地表现出来。当然，若用得不当，也能冲淡画面的表现力，使晚会显得平淡无奇，尤其是以独唱、独舞、独奏为主要表现形式的晚会，全景镜头要慎用。

运用小全景、人全景的镜头时，要规范取景范围，除包含主体的全部、主要表现主体外，并不要求完全说明环境。尤其当画面中的主体运动时，要上下留出余地（空间）。例如舞蹈，它的人全景的概念仅次于一般的小全景，画面应饱满又留有空间。可以说在晚会中，特别在舞蹈、舞剧、器乐节目的镜头中，小全景、人全景的运用好坏，对整体画面的成功至关重要。

（2）中景。在递进结合镜头中，这样的景别起着全景的过渡镜头的作用。它无明显的优势和特点，且容易造成同景别切换的失误，但在二重唱、三重唱或双人舞表演时，运用好了，还是很赏心悦目的。中景在器乐作品中运用也较多，主要用于表现上肢运动的特殊镜头，如钢琴、管乐、大提琴、打击乐等，在戏剧、戏曲等表现形式中用得也较多。

（3）中近景。这是电视综艺晚会中声乐节目用得最多的镜头。由于视距的拉近，画面的细节被放大，增强了吸引观众注意的力量。中近景常被用来介绍节目中的主要角色。在歌剧及有人物造型的艺术表现形式中，多用中近景再现人物的内心活动和有难度的动作。在器乐演奏、声乐演唱有难度、有特效、有情感时，往往通过中近景的运用，让观众走近演奏者、演唱者，缩小视距，让心灵感受音乐。但要把握尺度，镜头不宜过长，以免使观众产生视觉疲劳。在语言艺术类节目中，多用中近景镜头突出表现人物之间的交流，尽量避免推、拉、摇、移等技巧镜头。

（4）特写。我们称它为特别需要的特殊镜头，它是视距最近的景别，能把被摄内容放到最大，再现细节，产生镜头的冲击力。在任何一种艺术表现形式中，都可以通过特写，把你认为最重要、最应突出的部分介绍给观众。特写镜头主要用来表现作品的高潮和顶点，一般不可滥用，否则会模糊了节目的主要部分，削弱特写镜头特有的表现力。

综艺晚会在全景、中近景和特写几种景别的运用上，为了安全起见，要遵循"全景起全景收、中近适当、特写慎用"的原则。在这个原则之下，电视综艺晚会导播再加以发挥，才能实现精彩的画面效果。

2. 运动镜头调度

（1）镜头外部运动。在电视综艺晚会的摄制转播中，导播为避免画面单调、呆板，经常使用移、跟、升、降等综合运动镜头。这些运动镜头会增加画面的动感，使电视综艺晚会场面活泼，产生强烈的艺术感染力。这种运动镜头虽然可以对晚会起到烘托气氛作用，但在使用时一定要注意镜头画面的起幅、落幅，没有起、落幅固定镜头画面的衔接，就是不完整的。最常用的能够产生外部运动的是摇臂摄像机、飞猫索道和轨道车等系统，其产生的运动镜头最有震撼效果，呈现特殊的画面美感。如果没有以上器材，游机摄像师也会给出画面的移动效果，但是稳定性较差，效果不够震撼。

（2）镜头内部运动。除了外部形式带来的镜头运动外，还可以使用固定机位镜头内置的推、拉、摇等运动，这些镜头内部运动也会产生画面运动效果。推镜头的快慢可以产生不同的节奏，增强表演主体的表现力。拉镜头有一种节奏即将放缓的感觉，多数用在节目的结尾，有即将结束的寓意。摇镜头有浏览之意。

对运动镜头的运用，基本原则就是根据节目节奏进行运动，节奏快的节目运动快，节奏舒缓的节目运动要舒缓，将镜头与节目融为一体，才能形成完美的统一。

（三）不同类型艺术形式的镜头设计

1. 主持人设计

拍摄主持人时，如果是一个主持人，镜头可以从人全景推到中近景；如果主持人是两人，镜头可以从两人全景推到两人中近景。

2. 舞蹈节目的设计

拍摄舞蹈节目时，一般用舞者的全景镜头，因为舞蹈是全身肢体语言的艺术，要让观众看清演员的动作。在表现舞蹈的细节、停顿或亮相时，可用中近景或特写来表现。

3. 独唱节目的设计

电视综艺晚会中，歌曲的演唱是最受观众青睐的，独唱节目也是最常见的形式。录制独唱节目，看起来容易却并不简单，还需要具体问题具体分析。对于"流行歌曲"，宜多用近景或特写镜头，以展现演唱者富于激情的面部表情。另外构图常常运用不规则构图，仰拍或俯拍的手法也经常使用。流行歌曲的镜头切换，适宜采用开放性的切换手法，根据歌曲情绪变化灵活处理。"艺术歌曲"相对于流行歌曲来说镜头处理上宜相对规整一些，整体上应根据歌曲的风格、内容、表演形式作灵活处理，如经典的艺术歌曲，应拍得庄重一些，诙谐幽默的歌曲应拍得明快活泼一些。独唱节目在拍摄演唱者特写镜头时，假如有高光点，摄像机可以加效果镜，这样演唱者头上和胸前的装饰物产生的高光点就会放射出米字或十字形光芒，显得较有艺术感。对于合唱节目，则要突出合唱的气势，兼顾合唱者个体表情的展示及集体的动作和队形，适当使用全景、近景和特写镜头。

独唱节目如果带伴舞演员，可以适当给伴舞演员中的一些人全景镜头。前奏和间奏时最好给些不带人物的空镜头，如舞美中的一些景片、灯光等，也可以给伴舞的全景。假如独唱节目不带伴舞演员，在演唱一开始可用演唱者的中近景镜头从虚变实的技巧；在演唱进行中，运用出画入画等技巧会使节目更加流畅活泼，富有动感。

4. 相声、小品节目的设计

相声节目的录制，通常是1号机和3号机打交叉，给演员的中近景，2号机给两人全景。小品节目的录制可以借鉴情景剧的景别设计。

五、电视综艺晚会的切换技巧

镜头切换在综艺晚会的电视转播中起着重要作用，尤其是现场直播，它可以调节整台晚会的视觉节奏，使整台晚会流畅、完美、一气呵成。总之，镜头切换是一种艺术的再创作过程。

（一）镜头切换转场方式

1. 切

"切"又称"硬切""硬切换"，是电视综艺晚会转播时最常用的镜头组接转场方式。

这种切的方式多数用在节奏比较快的时候，或者用在语言类节目有故事线索的组接时，尤其快节奏的舞蹈或者歌曲，切更是常用的手段。

2. 叠

"叠"又称"叠化""软切换"，俗称"慢转换"，也是综艺晚会镜头转场常用的方式之一，即第一个镜头逐渐隐退干净，第二个镜头逐渐显现完全。在这渐隐渐显的过程中，有一段重叠时间，从一秒到几秒不等。这种叠的方式最适合节奏舒缓的节目，叠的时间可以根据节目而定，其最终目的是情感的抒发。

还有其他种类的转场方式，如"划""推"等。

在镜头的转换中，很重要的是要依靠情绪的连贯性来转换镜头、转换场面。

（二）不同类型艺术形式的切换要点

1. 舞蹈的切换要点

舞蹈的语言是动作，所以拍摄的重点是围绕舞蹈动作。

切换的节奏和镜头推拉运动的节奏要和舞蹈音乐的节奏相吻合。切换和镜头的运用要兼顾舞蹈和音乐，不要"乱切"。无论是硬切还是叠化，切换点都要在舞蹈音乐的节奏点上。

一般来说，舞蹈的切换点不要太多，不要切得太"碎"，即切换不要太频繁、镜头长度不要太短，否则看不清舞蹈动作的连贯性。注意多给舞蹈演员的人全景镜头。舞蹈的切换一般以大全景作场景和氛围的烘托，以少量的中近景、特写镜头表现人物形象。

2. 歌曲的切换要点

歌曲拍摄重点是表现演唱者的情感和旋律的融合。

无论切换的方式和镜头运动的方式如何，切换点和镜头运动都必须在音乐的节奏点上，这是比舞蹈节目更需要强调的要点。另外，无论音乐节奏快慢，镜头的运动都要稳。主要演唱者可以以人全景、中近景、特写镜头表现，但要注意节奏。一般以大全景完成场景、范围和伴舞的烘托。

3. 相声、小品节目的切换要点

相声和小品的切换，要注意多给演员一些中近景，表现演员的神态细节。另外，在相声和小品节目中，"抖包袱"是最关键的看点，这时，给观众的反应镜头是必要的。观众的表现要抓得准、抓得稳，但要避免镜头过多和过长，从而丢了表演者的"戏"。

（三）常用的几种导播切换技巧

1. 每个节目开始时可从空镜头或虚镜头切入，这种画面主要是配合字幕。
2. 歌舞、戏曲节目的间奏及过门可利用灯光色彩变化，形成叠化的镜头调度。在有伴舞的情况下可以给舞蹈演员的表演镜头。
3. 每个节目结束的画面一般是以全景切换过渡到观众掌声或主持串联。
4. 动则切，缓则叠。动感强的节目画面转换可用硬切方式体现一种节奏，情绪缓慢的节目可用叠化方式展现一种意境。
5. 动切动，静叠静，动静相接插空镜。比如，切换一个舞蹈节目，图7-1中的1号机横移，可以直接切3号机的反轴横移。而2号机的全景固定画面可接叠4号机左斜250度近景固定画面。如果1号机横移要接4号机左斜250度近景固定镜头，中间就必须立即调机，让3号机抓拍一个空镜头或反打观众镜头，导播才能完成1号机横移，至3号机，再至4号机的有效切换。

6. 多镜头跳切式的场面调度。此法通常用于大型歌舞及器乐节目，用演员行进中的纵深场面调度形式，表现被摄主体的运动状态。一般在节目第二段落采用被摄主体静止多镜头跳切的场面调度形式，通过一组景别变化固定镜头的画面调度，形成与节目第一段落长镜头表现手法完全相反的蒙太奇式的短镜头组合，不断变化演员在舞台上的站位，形成画面"跳"感，艺术效果尤为别致。

第三节　电视综艺晚会多通道录制技术新趋势

一、对电视综艺晚会录制技术的分析

电视综艺晚会的录制可以分为以下几种模式。

（一）传统的导播切换制作方式

传统的电视综艺晚会制作主要是由导播用切换台把晚会现场所有讯道的信号加以整合，制作出完整的PGM节目。为了方便后期剪辑，增加节目精彩度，有时候会录一版或两版副切的素材。但是如果有较多的机位架设，使得现场导播切换困难，有时会造成精彩镜头的丢失。

（二）多机位录像机录制方式

随着综艺晚会的发展，为了有更精细的制作，现场相对以前有了更多的机位架设，但这又使得现场导播切换更困难，失去了多机位的意义。因此，一些电视台采用了每个摄像机讯道单挂录像机记录，以避免精彩镜头的丢失，减少现场重录或补录的概率，同时还会增加大量的单机素材。这种录制方式虽然可以补充很多精彩镜头，但是由于素材量急剧增加，在后期制作时，无论是在节目上载、镜头挑选还是在粗剪、精剪上都会花费更多的人员以及时间，制作成本变得很高昂。

（三）多通道现场录制方式

随着广电行业高清技术的发展和产品的创新，电视图像质量已经能够得到保障，如今各大电视台的综艺晚会编导更注重的是在晚会拍摄过程中能够捕捉到每一个精彩的瞬间画面，设置"无死角"摄像机，为节目提供最丰富的素材。因此，产生了采用多通道录制方式进行节目录制这种新兴的节目制作方式。它是在多机位录像机录制方式的基础上发展起来的。采用多通道视频服务器,将现场多机位及 PGM 信号同步录制存储在多通道录制系统的在线存储中,然后将记录下的数据通过文件方式高速导入后期制作域非编系统,进行后期编辑,对节目进行精细化编辑制作加工。

二、多通道采编一体化系统技术架构

多通道采编一体化系统主要组成部分有现场多通道采集系统、现场电子场记系统、多机位编辑系统、后期精编系统、调色系统、音频工作站系统等。

(一)现场多通道采集系统

现场多通道采集系统由多通道采集(录制)服务器、录制控制服务器、采集存储盘阵(或增加备份存储)、现场电子场记系统、时钟或 TC 码同步系统构成。系统能够支持多路输入输出端口,在同一时间点开始录制任务,有效保证节目录制的时码零帧误差,通过多通道帧精度同步录像,保证所有机位画面均无任何时间差。所有机位画面录制时间一致,无须后期进行画面校对,极大简化了后期编辑时挑选素材的流程,减少了挑选素材的工作压力。系统根据内容需要在录制过程中对每个通道进行录制、暂停等独立控制。

(二)现场电子场记系统

有了现场事件的电子记录,后期节目制作时可清晰便捷地了解现场发生的关键性事件,便于后期快速查找所需视频素材。支持多台电子场记同时工作,记录多个视频通道的场记事件。所有场记关键事件均通过工程文件记录保存,可为后期编辑快速寻找关键镜头和精彩画面进行逐帧详细记录。可随时察看场记事件点的视频画面内容,回放场记事件视频素材。增加了节目视频通道的选择,可以方便地选择视频通道进行节目事件的场记工作,将视频节目内容通过文字详细化,方便后期节目精编剪辑。将现场关键事件始终贯穿于从录制到编制全过程,从而避免了前后场脱节。

(三)多机位编辑系统

可将录制的视频片段在编辑系统故事板中进行精细化的编辑。可手动替换任意一个精彩画面,也可导入所需的所有素材文件,进行节目的编辑。可实现故事板直接实时打包输出,或通过非编直接调用工程文件进行二次编辑。多对一联动编辑模式,可在选取一个机位拍摄的某个时间段素材时,让其余机位的素材信息自动同步对应到同时间线的位置。录制过程中可以同时进行剪切等粗编操作。

节目后期制作过程中,通常会采用以现场 PGM 信号为基础的主要剪辑创意,快速完成节目制作。控制服务器支持与切换台联动,在节目录制的同时即将 PGM 信号形成节目创作初始故事板,故事板带有全部 PGM 信号的切点信息,后期编辑可以此为主要创作思路,快速完成节目制作,以简化后期节目制作流程。

另外,控制服务器具有创新型"软切换台"功能,在节目录制的同时,可自由选取所需画面进行实时动态切换,自由创作故事板,为后期节目制作提供创作思路。控制服务器所自有的编辑功能可在节目录制后,立刻对已经录制的节目快速剪辑,挑选素材并迅速进行节目故事板创作,同时可选择将故事板内容合成输出,方便录制的节目素材进入后期编辑网络进行精编。通过这种传统切割模式的方式,实现 PGM 时间线编辑。

(四) 后期精编系统

指在多机位编辑系统基础之上,将初选的视频片段直接以标准的 AAF 工程文件导入,进行精细化的编辑,即二次编辑。与传统的非编系统比较,除了具有传统的非编系统强大的制作功能外,多通道采编一体化系统的精编系统能在后期过程中随意调用原始的多通道素材片段,即同样有多机位的编辑功能。相信在不久的将来,多机位编辑系统将成为后期非编的必备功能。

(五) 调色系统

综艺晚会中炫目的图像呈现效果离不开后期调色系统的运用。目前有几种调色实现方式:一是后期精编站点自带一部分调色功能,可满足常规的需求;二是外挂专业调色系统,对需要调色的片段通过工程文件方式导出处理后再导入。

(六) 音频工作站系统

高清节目对声音制作提出了前所未有的苛刻要求。为了满足常规的现场声音处理以及音效的提供,多达十几轨的声音处理已是最基本的需求。而在进入 5.1 声道的制作以后,就不能只依靠单独的音频工作站来完成,需要上规模的专业音频制作系统才能完成。

多通道采编技术用于多机位现场全程录像情况下精彩镜头的迅速捕捉定位,能完成在大量原始高清素材中进行节目内容快速制作的任务,缩短节目生产周期。这是当前综艺晚会创作的一次技术革新。与传统先录制,再上载,然后挑选素材进行编辑的方式相比,极大提高了节目生产效率,让编导的创作灵感得到及时的记录。

当今,利用多通道录制技术进行录制的大型综艺晚会数不胜数,《中国好声音》《中国梦想秀》《中国达人秀》《声动亚洲》《我是歌手》等节目均属此类。多通道录制信号示意图见图 7-2。

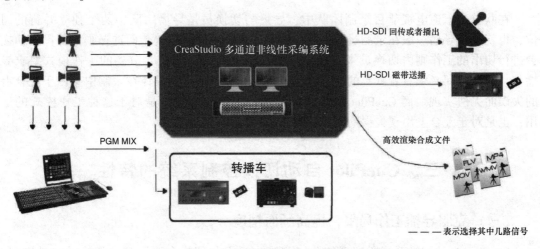

图 7-2　多通道录制信号示意图

第四节　CuePilot 自动切换控制系统

一、CuePilot 自动切换控制系统概述

CuePilot 自动切换系统是一套以电子化分镜头脚本为基础，能主动（或被动）控制切换台完成画面切换的全新的导播控制系统。在前期准备阶段，导播可以在任意一台安装了系统软件的电脑或移动设备上对节目的分镜头脚本进行撰写与实时修改。在录制阶段，导播通过外部的显示设备监看 CuePilot 系统的运行并以此为依据发布调机口令，组织切换链条。每一位讯道摄像师都能在机位上看到 CuePilot 系统的实时运行画面，从而实时明确本机位的拍摄任务。CuePilot 系统与切换台之间的通信是通过一个硬件控制单元来完成的，通过此单元，可实现分镜头脚本运行与切换台不同键位切换的完全同步，从而实现了可以精确到"帧"的"完美切换"。

二、CuePilot 自动切换控制系统的缘起

（一）依托于以分镜头脚本为基准的制作理念

欧美多讯道电视节目制作的基础是详备完善的分镜头脚本，该脚本规定了节目录制过程中的每一个镜头的画面、运动方式及组合方式，不仅仅是摄录岗位，包括灯光、美术、音响等在内的所有工种都依照分镜头脚本进行工作，并对最终形成的画面负责。而随着电子显示技术与计算机编程技术的发展，在"无纸化"工作的大背景下，电子化的分镜头脚本编辑软件便呼之欲出。这构成了 CuePilot 自动切换系统的基础。

（二）脱胎于"调机"与"切换"分离的制作模式

在欧美多讯道电视节目录制团队中，导播与切换员是导播团队中两个独立并行的岗位，也就是说导播一般在录制过程中承担监看并调度画面的职责，而选择画面并操作切换台进行切出的工作则由切换员来完成。这种"调机"与"切换"分离的工作模式要求导播与切换员之间必须有着默契的配合，同时也意味着某些镜头设计在录制中会由于配合上的失误而无法实现。而 CuePilot 系统的自动切换工作原理恰恰是对于这种工作模式的运用，也是对于配合上出现失误的最大化规避。

三、CuePilot 自动切换控制系统的特性

（一）克服导播工作局限，提高画面精度

CuePilot 自动切换系统所实现的分镜头脚本运行与切换台不同键位切换的自动同步，

解放了导播或切换员的手指，规避了人工切换所存在的精力分配有限、易于疲劳、切点难以百分百精准等局限，使得精密完美切换与复杂特技切换成为现实，也使得导播可以集中更多精力于画面的监看与调度之中，极大提升了节目的精度，为观众带来极佳的视听体验。

（二）实时提示拍摄任务，提升镜头美感

在传统的多讯道电视节目录制中，摄像师往往使用纸质化的分镜头脚本进行工作。在紧张复杂的多讯道拍摄中，摄像师很难分配出足够的精力通过纸质化的脚本确定下一步的拍摄任务，也很难明确所处机位在整个切换链条中的状态。而通过CuePilot自动切换系统的介入，每个机位上除了固有的寻像器显示机器所拍摄的画面以及返送画面外，还加载了一个专门的寻像器以时间轴的形式直观显示切换链条以及每个机位的具体任务，摄像师由此得以清晰地看到自身所处机位将在何时以何种方式被使用，进而合理分配精力与注意力，也能够从容地找到窗口时间进行机位的调整。

四、CuePilot自动切换控制系统的影响

CuePilot自动切换系统的应用对于多讯道电视节目制作行业的影响不仅仅是"将导播的双手从切换台上完全解放出来"那么直接而简单，也没有"导播这个工种即将被软件所取代"那样极端与绝对。这种依托于详尽精确的分镜头脚本进行运作的新技术实质上是"以切换链条为纲"的工作理念的强化，是对细化案头工作、强化现场控制的工作规范的回归。

对于一名合格的电视节目导播或者一支负责任的多讯道电视节目录制团队而言，深入了解节目内容并制定详尽完备的切换链条是其案头工作的核心，亦是其录制过程中的调机与切换依据。切换链条既是全流程的画面组合方案，也涵盖了每一个单位时间内每一个机位的具体拍摄内容。切换链条的制定建立在导播仔细研读节目台本、全面考察拍摄现场、合理进行机位布局并多次观看彩排与进行带机联排的基础之上，可以说这是一项细致而繁重的工作，也是进行录制前必不可少的准备工作。

然而在现实工作中，真正能做到这些的并不多，简单翻看流程单，大体了解节目内容，依靠师徒相承的工作经验，带着粗略的镜头组合思路便坐到切换台前进行工作的导播大有人在，也有很多摄像师在摄像前并不了解所在机位的具体拍摄内容，以一种"带着手"来的工作状态上机工作。而CuePilot自动切换系统的应用则是对上述工作习惯的强力纠正，对这种全行业都习以为常的工作习气形成了倒逼，这远比技术性地提升画面精度与可看性更有意义。

毕竟，在"内容为王"的时代，CuePilot系统无法从本质上提升节目的品质与竞争力，但通过这项新技术的应用所锻炼出的能够真正"以切换链条为纲"的导播团队，是传播正确工作理念、树立标准行业规范的生力军，是新技术所衍生出的真正红利。

CuePilot自动切换系统使得无缝完美切换与复杂镜头组合成为可能，为多讯道电视节目制作行业全面提高画面精度与镜头美感提供了重要抓手。它的出现既是一次技术上的全

面革新,也是对于传统多讯道电视节目制作规范的一次反观与检验,更是对于"以切换链条为纲"的工作理念的强化。诚然,受国内电视行业整体的制作水平所限,CuePilot 自动切换系统在欧洲歌曲大赛上的完美呈现,短时间内国内还无法复制,但当摄像师面前的任务提示灯亮起,当导播按照切换链条实时发布调机口令,当切换台精确跳切出每一帧画面,多讯道电视节目制作的新时代便已经开启。(见图 7-3、图 7-4、图 7-5)

图 7-3　摄像师通过监视器能实时看到 CuePilot 的脚本

图 7-4　摄像师通过监视器能实时看到 CuePilot 的脚本

图 7-5　导播控制区运用 CuePilot 系统

第五节　案例：江苏卫视 2016—2019 各年跨年演唱会制作解析[①]

江苏卫视历年跨年演唱会良好的口碑，是建立在过硬的制作系统基础之上的。江苏卫视使用的是 2015 年交付的江苏省广播电视总台超高清跨界转播平台（下文简称"江苏台 4K 转播车"）来承担近几年跨年演唱会的高清以及 4K 节目的制作重任。（见图 7-6）江苏台 4K 转播车分双区制作，第一制作区为高清制作区，第二制作区为 4K 制作区。正是因为有了这样先进的制作系统，加上优秀的制作团队，江苏卫视才赢得了全国观众给予跨年演唱会的掌声。

一、江苏卫视 2016—2019 各年跨年演唱会 4K 制作简介

（一）2016 年江苏卫视跨年演唱会（地点：南京）

2016 年是江苏台 4K 转播车承担跨年任务的第一年。转播车采用高清与 4K 双区同时制作的模式，高清制作采用 23 机位，4K 制作的摄像机则采用 2 台索尼 HDC-4300（配置大倍率厢式镜头）和 4 台索尼 PMW-F55（配备电影镜头），共 6 机位制作。（见图 7-7）

---

① 本节内容摘编自江苏省广播电视总台倪宁宁先生及索尼中国专业系统集团索尼影像技术学院王志伟先生相关论文并获授权，谨致谢忱。

图7-6　江苏台4K转播车内外场景

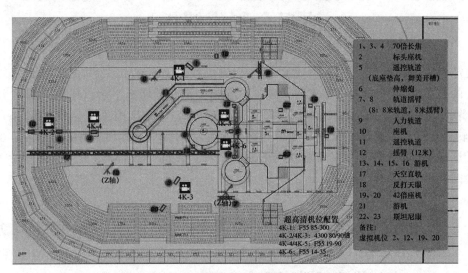

图7-7　2016年江苏卫视跨年演唱会机位图

此次4K制作的成功，开创了转播车一车双区双制作的先河，在4K电视节目制作的发展史上起到了里程碑的作用，也为后来台里的4K制作积累了大量的经验。

（二）2017年江苏卫视跨年演唱会（地点：澳门）

2017年江苏卫视跨年演唱会来到澳门，克服了重重困难，提前至少一个月对转播车进行系统调整，好在不负众望，跨年演唱会成功落幕。（见图7-8）

图 7-8　2017 年江苏卫视跨年演唱会现场

这一次的演唱会，4K 制作迈出了关键性的一大步，江苏卫视尝试在 IPTV（交互式网络电视）平台进行 4K SDR（标准动态范围图像）的直播，同时用 4K 服务器记录一个版本的 4K HDR（高动态范围图像）素材。

- 索尼 HDC-4300（大倍率箱式镜头）2 台加索尼 PMW-F55（电影镜头）4 台，共 6 机位；（见图 7-9）
- 两个 4K SDR 上变换机位（一个可切换机位上变换 + HD PGM 上变换）；
- BPU4000 一块板卡输出 4K SDR，另外一块板卡输出 4K HDR，共 12 路 4K 信号进 MVS-7000 切换台，利用切换台 LINK 功能，一个导播切信号，同时输出 4K SDR 和 4K HDR 两路 PGM；
- 摄像机均设置为 BT. 2020 色域，伽马曲线为 S-Log3，现场高光以及绚丽的舞台色彩都通过 4K HDR 完美地记录下来。

（三）2018 年江苏卫视跨年演唱会（地点：广州）

2018 年江苏卫视在广州举办的跨年演唱会延续了 2017 年澳门跨年演唱会的技术系统方案，4K 制作依然采用索尼 HDC-4300（大倍率箱式镜头）2 台加索尼 PMW-F55（电影镜头）4 台，共 6 机位，外加两个高清上变换的方案。（见图 7-10、图 7-11）

本次跨年 4K SDR 依然在 IPTV 平台播出，同时记录一版 4K HDR（BT. 2020 + S-Log3）的素材。

（四）2019 年江苏卫视跨年演唱会（地点：澳门）

此次江苏卫视跨年演唱会 4K 制作采用 6 台索尼 HDC-4300 摄像机，同时为了满足

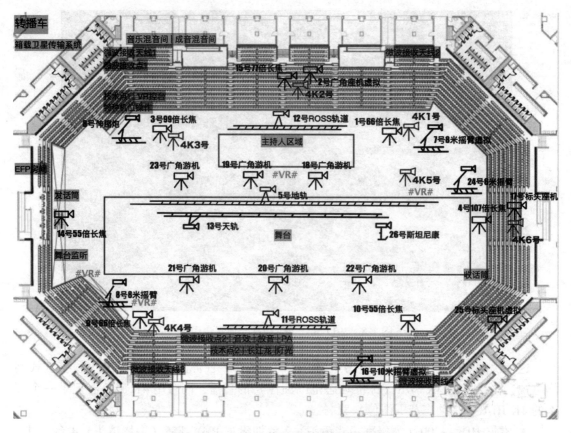

图 7-9　2017 年江苏卫视跨年演唱会机位图

图 7-10　2018 年江苏卫视跨年演唱会现场

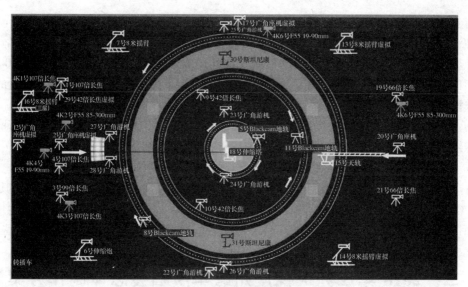

图 7-11　2018 年江苏卫视跨年演唱会机位图

IPTV 4K SDR 直播的需要，将两路高清信号进行上变换，一路为可切换的高清信号（导播可根据自己镜头切换的需要选取上变换机位），另一路为高清 PGM 上变换。两路高清上变换都经过索尼 HDRC-4000 交叉变换器，上变为 4K HDR 信号。（见图 7-12）

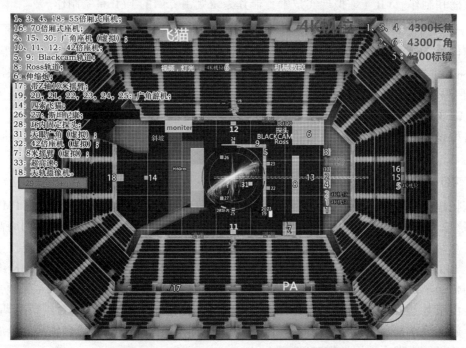

图 7-12　2019 年江苏卫视跨年演唱会机位图

6 机位 4K 摄像机主要保证舞台主体以及歌手的舞台表现，可切换的上变换机位作为补充，如一些特殊位置以及观众镜头的给予。而 IPTV 4K SDR 直播中的一些 VCR、插播广告则需要通过高清 PGM 的这一路上变换来给出。

4K 技术升级与亮点：

• 相比于前几年跨年演唱会的 4K 制作，2019 年机器全部换成索尼 HDC-4300 摄像机，相比于 PMW-F55，HDC-4300 更适合于综艺晚会以及体育节目的转播，相同的光圈下，景深更大，便于摄像师快速聚焦，导播可以按照高清的切换节奏去切画面。

• 采用 HLG_BT.2100 曲线以及 BT.2020 色域。HLG 相比于 S-Log3，100 尼特亮度以下与传统 709 曲线相似，便于 4K HDR 与 HD SDR 的同时制作。

• 首次采用 4K HDR 字幕机，保证字幕与画面 HDR 效果的统一。

• HDRC-4000 作为交叉变换器，负责 HD、4K SDR 与 4K HDR 之间的互转，其中 4K HDR PGM 信号经过 HDRC-4000 进行色域转换，转换为 4K SDR 信号，并有针对性地对转换画面进行质量调整，然后进行 IPTV 4K SDR 直播。

二、2018 年江苏卫视广州跨年演唱会总体制作方案

（一）视频系统

此次演唱会是由江苏省广播电视总台超高清跨界转播平台进行高清、超高清以及新媒体的直播和制作。VR（虚拟现实技术）制作系统则由专门的 EFP 系统制作。

1. 高清制作系统介绍

摄像机全部采用索尼品牌，包括 25 台 Sony 2580 摄像机、2 台 Sony 850 ENG 摄像机、4 台 Sony P1 摄像机，其中有 7 台 Sony 2580 摄像机配合虚拟系统使用。镜头方面采用 3 只 42 倍便携式长焦镜头、2 只 66 倍大倍率镜头、1 只 99 倍大倍率镜头、3 只 107 倍大倍率镜头、22 只广角镜头。备份 1 只 42 倍便携式镜头、2 只广角、数只标镜。

特种设备方面：使用了 1 条伸缩摇臂、4 条 Blackcam 轨道摄像机和 1 台升降塔摄像机。

2. 4K 制作系统介绍

依托超高清跨界转播平台，搭建一套六讯道超高清系统，其中包括 4 台索尼 PMW-F55 摄像机，2 台索尼 HDC-4300 摄像机。通过索尼 MVS-7000 切换台内置上变换，可将高清系统中任意两路高清信号上变换为 4K 信号，参与到 4K 超高清制作中。各讯道连接基带处理单元 BPU4000 输出 SDR、HDR 两个版本，SDR 视频加上杜比全景声，送给 4K 编码器后，再传送至 IPTV 集成播控平台，经电信的直播分发系统，送至用户家中 4K 机顶盒解码播放。由服务器录制 S-Log3、BT.2020 色域的 HDR 版本超高清信号，回台进行后期剪辑、调色。超高清在宽容度、色彩还原、细节呈现、画面沉浸感等方面的诸多优势充分展示了空间和色彩给人带来的视觉震撼。

3. VR 制作系统介绍

VR 制作系统在现场搭建五讯道 EFP 系统，通过 100M 互联网链路传输直播跨年演唱会信号。（见图 7-13）

主舞台设置 5 机位，主要发挥 VR 表现力的优势，还原现场环境及现场氛围，多方位无死角呈现舞台内容，让观众近距离感受舞台上的精彩演绎。

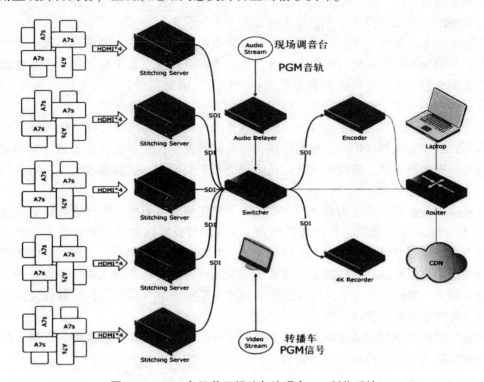

图 7-13　2018 年江苏卫视跨年演唱会 VR 制作系统

4. AR 制作系统介绍

2018 年江苏卫视跨年演唱会延续使用了 AR（增强现实技术）并进行了升级，通过 AR 实时渲染系统、轨道机器人、伸缩塔等特种设备，配合地屏跟踪等精致的舞美置景，给电视观众带来了一场视听盛宴。

AR 实时渲染系统采用虚拟座机和虚拟摇臂两类共 6 个虚拟机位。AR 场景设计分为洛天依和 CCS 两个团队，共用了两台虚拟机位。洛天依的人物及冰雪魔法效果均使用虚拟引擎 Unity 3D 进行制作开发，CCS 团队的龙腾、巨人像、跨年倒计时等 AR 场景使用 Viz Artist 进行设计。经过多次调试与彩排，最终与灯光、音乐控点、升降舞台形成默契配合。使用 Blackcam 天轨、地轨摄像车及 Egripment 伸缩塔等特殊角度，将绚烂的舞美及跟踪地屏的美表现得淋漓尽致。（见图 7-10、图 7-11）

（二）音频系统

此次演唱会音频制作系统由现场音频系统、转播车音频系统和通话系统组成。在现场音频系统中，电视播出混音与现场扩声分离制作，专门为高清、标清电视及 4K、VR 节目制作声音信号。

1. 现场音频系统

现场音频系统由三部分组成：现场扩声制作系统、电视播出混音制作系统、节目信号传输分发系统，各系统独立工作，互为备份。

现场扩声制作系统由主扩声系统和舞台扩声系统两部分组成，共用接口箱，组成一个双环网，为现场观众和演员提供声音信号。主扩声系统设置主备系统，每一个系统均配置主备两张调音台，主调音台接入全部现场扩声信号，辅助调音台接入主持人话筒、VCR、音效音乐伴奏等信号。辅台混合信号输出给主台。

舞台扩声系统设置一张主调音台完成音乐和人声的调整与混合工作，使用地面返送音箱和入耳式监听实现舞台扩声。地面返送音箱跟舞美配合，使用嵌入式安装，均匀覆盖主舞台以及所有表演区域。演唱者入耳式监听视节目表演样式、演员需求而定，总共使用了12套入耳式监听。

电视播出混音制作系统为高清频道提供5.1环绕声节目信号，为标清频道提供立体声节目信号，为4K节目提供全景声节目信号，为VR节目提供立体声节目信号。音乐预混系统负责进行演唱节目的立体声音乐预混制作，并提供预混的伴奏、人声、混响等分离声部给电视播出终混系统。电视播出终混系统将音乐预混信号与主持人语言、现场音效、观众效果、VCR、虚拟等所有节目信号混合，制作成环绕声节目信号，同时制作完成立体声节目信号提供给转播车音频系统。

转播车音频系统根据播出需求，将上述信号分配给相关视频加嵌及编码设备，并从现场扩声系统接入扩声信号作为应急备份。

2. 转播车音频系统

转播车音频系统采用 LAWO MC^{2}66 调音台以及配有的5.1环绕声监听环境，利用光纤舞台箱接收由环绕声终混机房制作的杜比环绕声信号和一对立体声信号，在转播车上用音频分配器给主备高清加嵌器提供信号，采用备接口箱对接主扩系统，将重要播出信号通过 YAMAHA DM1000 调音台备份，利用车上配有的 TEK WFM8300 对加嵌后的杜比信号进行监测。

3. 通话系统

对于跨年演唱会这种大型的直播综艺晚会来说，由于节目流程复杂、参与直播的工种类型众多，每个工种的执行团队人员数量较多，协调、配合的难度巨大。直播过程中导演组与各工种之间、每个工种内部都高度依赖通话系统提供通信联络保障。直播中如发生突发情况，更高度依赖通话系统传递处置指令。因此高质量的通话系统设计构建和通话技术服务是大型电视直播综艺晚会最重要的支撑保障系统。

此次跨年演唱会通话系统根据以往经验，在需求确定和技术准备、有线通话系统、无线通话系统、灯光舞美团队独立系统安播备份保障的设计与构思上更进一步，从安全播出角度出发，实现了备份手段的多样化；从使用者角度出发，制订个性化方案，充分调动了通话系统的设计使用功能，保障了演唱会直播的顺利进行。

此次跨年演唱会通话系统以总台4K转播车 Riedel Artist 64 通话矩阵为核心，将各种设备以四线/两线的连接方式通过光纤、同轴电缆、网线、数字卡农线等线缆连接到

Riedel Artist 64 矩阵供各工种使用。灯光舞美的独立 Partyline 系统使用 RTS 有线腰包系统实现通联。

（三）舞美和灯光方案

1. 舞美

舞台设置在场馆中心，舞台为圆形布局，中心内环有一个大升降台套一个小型升降台，共三层。外环有四个升降台。整个舞台架高 2.8 米，观众台面架高 1.4 米。舞台右侧是上下道具的升降台，左侧是主持区。右侧有一个内环和外环的连接通道，供演员走动。舞美下方有通道，可供演员串场。

舞台图如图 7-14 所示。

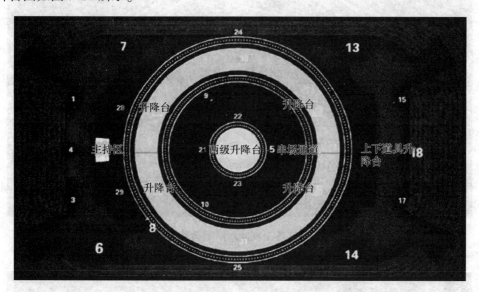

图 7-14　2018 年江苏卫视跨年演唱会舞台示意图

2. 灯光方案

灯光系统使用 4 台 ChamSys MQ100 控台加 6 台扩展翼，使用 22 台 ELC 网络解码器，ArtNet 协议连接，使用千兆级交换机光纤及网线作双路备份。22 台 ELC 网络解码器分别为场馆顶棚 18 台、地面 4 台。共使用 160 台 DMX 放大器，每台 8 个输出口。在灯具的使用数量上有一个突破，因现场条件限制，最终使用设备数量为 1824 台。这些灯具的控制通道平均在 25 个通道以上，总的控制参数达到 45600 个。

3. TC 码同步系统

在综艺晚会中，音乐、灯光、大屏是视听呈现中最重要的三部分，但它们分别隶属于音频、灯光、大屏三个完全独立的系统。以往三者程序的启动是完全不同步的，这样造成的结果是：第一，当音乐节奏变化，灯光和大屏效果大概率无法同步显示，给观众的感觉就是视听有延迟和抖跳，节目整体表现不够和谐；第二，灯光设计师和大屏视觉设计师为了减弱不同步出现时导致的不适度，不得不在灯光和大屏视觉设计中做出妥协，用稍平淡的效果加以掩蔽，这就更导致节目艺术感不足。

此次跨年演唱会首次使用了声、光、屏同步系统，它是一个集成于音频系统的，使用Timecode（TC）码控制声、光、屏素材同步展示的技术。该技术很好地解决了上述两个问题：不但实现音乐、灯光、大屏同步展示，增强节目视听效果，还解开了灯光设计师和大屏视觉设计师在艺术设计上的束缚，提升了节目的艺术层次。

该系统在此次跨年演唱会上的成功应用，让现场和电视机前的观众有了更好的视听体验和直击心灵的艺术感受。(见图7-15、图7-16、图7-17)

图7-15　2018年江苏卫视跨年演唱会舞台灯光现场效果

图7-16　2018年江苏卫视跨年演唱会舞台灯光现场效果

图 7-17　2018 年江苏卫视跨年演唱会舞台灯光现场效果

（四）卫星与网络传输

为了保障广州到江苏广电总台长距离传输的安全，此次传输链路包括卫星、网络和专线三种，互为备份。

1. 卫星传输方案

为确保直播信号的传输安全，演唱会现场主、备路高清信号使用两辆卫星车分别通过亚洲 5 号卫星 C 波段转发器、中星 6A 卫星 Ku 波段转发器进行上行传输。在总台 6 楼总控机房通过位于江宁谷里以及总台的卫星接收天线接收，通过总控矩阵调度后送播控播出。

2. 网络传输

为克服单一 C 波段传输带来的传输隐患，切实保障信号传输安全，还采用了互联网传输作为卫星传输的备份，并在现场开通了两路速率 100Mbps 的互联网宽带。

（1）互联网链路 1：VR 直播、高清信号互联网传输（两路均为 12 Mbps）；

（2）互联网链路 2：卫视网络宣传传输（八台电脑共享上行最大 10 Mbps）、新媒体互联网直播（六路直播流，每路 1 Mbps）。

3. 专线传输

在 IPTV 4K 专区进行江苏卫视跨年演唱会 4K 直播。租用运营商数据专线一条，带宽 50Mbps。广州现场 4K 系统的 PGM 信号传输到总台主楼 6 楼新媒体机房，经延时监看后播出。

三、2019 年江苏卫视澳门跨年演唱会摄制技术解析

（一）机位布局设置

2019 年江苏卫视跨年演唱会现场直播，高清制作系统一共使用了 33 台摄像机，包含 24 台索尼 HDC-2580 摄像机，2 台索尼 PDW-850 ENG 摄像机，5 台索尼 HDC-P1 紧凑型系统摄像机，1 台索尼 FS5M2 摄像机和 1 台 I-Movix 超高速摄像机。

摄像辅助设备包括：1 套 MovieBird MB45 三维电子伸缩摇臂，能在 2.5 米 ~ 13.5 米之间快速伸展；8 米 Jimmg Jib 二维摇臂加 10 米三维摇臂；1 台 Ross 轨道升降机器人；3 台 Blackcam 轨道机器人；2 套斯坦尼康 Sony PDW-850；2 套 LINK 微波传输系统；1 套飞猫系统；等等。

2019 年跨年演唱会开辟"天圆""地方"两部分舞台空间，地面为方形四面台，舞台上方为三段圆弧形冰屏组成的天环，很好地延续了前两年跨年舞台的特点，歌手活动的范围相对扩大，使歌手不局限于面对一个舞台方向演唱歌曲，但是四面台的直播难度无疑会增大很多（见图 7-18、图 7-19、图 7-20）。

图 7-18　2019 年江苏卫视跨年演唱会舞台现场效果

为实现全方位的镜头覆盖，导演组加技术团队一方面在地面上安排了两个地轨，近距离覆盖舞台，同时又在舞台相对的主面架设一台 Ross 轨道升降机器人，在舞台四周布置一台伸缩炮以及两个摇臂，另一方面在舞台上方，架设一条纵贯舞台的天轨，同时布置了

图 7-19　2019 年江苏卫视跨年演唱会舞美灯光现场效果

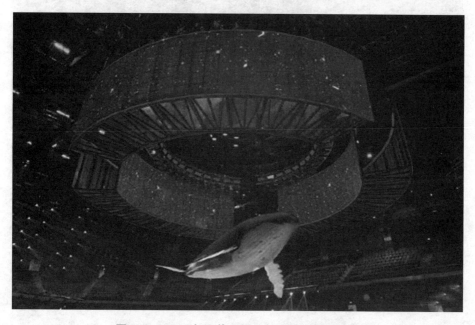

图 7-20　2019 年江苏卫视跨年演唱会现场效果

一套飞猫系统,机位运动方向与天轨垂直。最后,再加上两台活动的斯坦尼康,对舞台做到了全方位立体的覆盖。(见图 7-12、图 7-21、图 7-22)

对于这样一个四面台加三块升降冰屏的结构来说,天轨如何安装才能给出比较震撼的效果,确实是一个值得考虑与探究的问题。为了便于天轨的调试以及能提供最好的镜头语

图 7-21 MovieBird MB45 伸缩摇臂

言,技术团队将天轨在舞台纵轴方向贯穿架设,与飞猫系统的横轴镜头形成了舞台上方镜头的平面覆盖。(见图 7-23、图 7-24、图 7-25)

冰屏也给斯坦尼康的信号传输带来难题。当冰屏降下,歌手在冰屏金属框架里演唱歌曲时,有着不错的视觉效果,但这也导致斯坦尼康的无线信号难以正常传输。为进一步保证电视转播效果,在彩排测试以及直播中特殊的场景,斯坦尼康采用了有线传输。

图 7-22　Ross 轨道升降机器人

飞猫系统采用的摄像机是索尼刚推出不久的 FS5M2，可以从输出口输出 4K 的信号，并记录 4K 素材，同时回送高清信号。

为强化跨年直播效果，整个场馆的最高观众席位处增加了一个 29 号大全景机位。（见图 7-26）在直播过程中，此机位的摄像师可以给出一些歌曲开场的大全景机位，同时也会模拟摇臂，给出一些有一定翻转角度的全景画面。

图 7-23　Blackcam 天轨

图 7-24　Blackcam 天轨 + 索尼 HDC-P1 摄像机的电视直播画面

（二）镜头配置

镜头方面，高清系统采用 2 只 55 倍大倍率镜头、2 只 66 倍大倍率镜头、1 只 99 倍大

图 7-25　飞猫系统 + 索尼 FS5M2 摄像机

图 7-26　29 号大全景机位

倍率镜头、1只107倍大倍率镜头、22只广角镜头、4只42倍便携式长焦镜头。不论歌手朝向哪一方的现场观众,镜头都能够非常灵活地捕捉到歌手的表现。

(三) 高清系统调整

此次高清系统,在转播车方面达到了物尽其用。60 路输入的 MVS7000 切换台用了 57 路输入,128 * 128 的矩阵用了 125 * 125,跳线用了 108 根,车上的 16 画分、8 画分全部用尽。高清系统的复杂程度以及路由的调配程度都超过了前几年的跨年系统。

(四) 视频画面质量控制

跨年演唱会灯光团队中会派一位视觉总监,负责摄像机画面质量的调整,根据摄像机的特点调整灯光,或根据灯光的设计调整摄像机参数,兼顾画面的一致性以及画面的主观感受。

通过与灯光团队协调沟通,所有的摄像机的光圈数值控制在 F4~F6 之间的最佳光圈区间,便于调整亮度层次、色调以及细节等。(见图 7-27)

图 7-27　摄像机画面质量调整

视觉总监反复协调画面的一致性,同时在彩排过程中细化每一个场景,必要时对场景文件予以储存,以便在直播过程中可以及时应对各类突发情况,避免画面总体质感的下降。

本章思考与练习

1. 电视综艺晚会导播工作"五程序"具体是什么?
2. 怎样理解电视综艺晚会导播切换中的艺术思维?
3. 以一台央视春晚为案例,分析其不同类型艺术形式的镜头设计。
4. 请阐述电视综艺晚会多通道录制技术的优势。

第八章

电视音乐节目的导播

学习目标

通过本章的学习,了解电视音乐节目的制作程序和常规录制方式,掌握各种类型电视音乐节目录制的机位设置及切换技巧。

关键术语

音乐节目;声乐;器乐;交响乐;维也纳新年音乐会现场直播

第一节 电视音乐节目制作概述

一、电视音乐节目的概念

电视音乐节目是指各类器乐演奏、传统歌曲表演等形式,如独唱、重唱、合唱、独奏、重奏以及交响乐演奏等形式,经过电视的特殊技术和艺术手段加工制作,通过屏幕播出,给观众以音乐审美情趣的电视文艺节目形态。

电视音乐节目以音乐为依据,以文艺演出为基本形态,既保留原有的艺术价值,又充分发挥电视的二度创作的功能,调动一切创作因素为表达音乐作品的主题服务,在结构方法上追求视听美感的完善,通过声画造型的传播方式,达到以情感人的目的。

电视音乐节目是电视屏幕上常见的节目之一,深受人们的喜爱,最受人们关注的是每年一度的《维也纳新年音乐会》和《中央电视台新年音乐会》。对音乐会的实况直播与其他类型的电视现场直播一样,是电视行业最具挑战性的工作,它对电视导播和摄像师有非常高的要求。

二、电视音乐节目的制作形式

电视音乐节目有现场直播、实况录播和静场录像播出三种形式。

（一）电视音乐节目现场直播

电视音乐节目的现场直播是对正在进行的音乐表演进行实况直播，具有真实感人、让人身临其境、现场时效性强等特点，能保持音乐作品本身的魅力，符合广大电视观众求真、求实、求精的审美要求。

电视音乐节目的直播和录播，有一个共同的原则，就是要忠于音乐作品本身。音乐现场直播实际上是运用镜头充分跟踪音乐的发展，"忠实"于音乐本身的表现意图，把舞台气氛充分地展现出来，而不是用镜头去破坏音乐的完整性，扰乱音乐的连续性。因此，现场直播的导播必须具备较强的镜头把握能力和较高的音乐修养。

（二）电视音乐节目实况录播

这种形式是由于电视频道播出时间的限制等原因，在音乐表演进行时没有机会播出，就进行实况录像，以后有机会再播出。电视音乐节目的实况录播，其艺术效果和实况直播一样，同样具有真实感和现场感，与直播所不同的是节目中若有不满意之处，可以在后期编辑时进行比较小的修改，弥补录像过程中节目上或镜头上的闪失，使节目更加完美。

另外，电视音乐节目的实况录像，可以按节目播出要求的时间长度，剪辑出各种时长的节目，易于重播和长期保存。

（三）电视音乐节目静场录像

静场录像是以音乐表演为素材，以电视艺术手段对这些素材进行一定程度的再创造的电视音乐节目。静场录像可以在音乐厅或演播室里进行，导演可以根据创作意图对演员、乐队、指挥以及摄像、灯光、音响等部门提出要求，进行细致加工，充分利用电视化的手段，设计不同景别、不同角度、不同运动方式的镜头，并可运用电视剪辑特技，使电视画面丰富多彩，给观众以全新的视听享受。

静场录像为保证音乐声音的质量，一般会进行先期录音。在画面录制过程中，可以用摆拍的方式进行。

三、电视音乐节目的制作程序

（一）深入仔细地研究、熟悉作品

电视导播在摄制一场音乐节目之前，首要任务是熟悉节目的演出程序、表演形式、作品主题等，清楚歌曲的前奏、过门，掌握器乐合奏的主要配器。然后还要预先观看每个节目的排练或彩排，制定出分镜头本。假如没有分镜头本，也应对将要摄制的节目情况作详尽的了解，制作出详细的节目串联表，做到心中有数，胸有成竹。

（二）勘查现场，设置机位

根据不同的场地条件，预先选择好摄像机机位。机位的设置以整体能准确地表现节目内容为原则。

摄像机工作的角度，反映在电视屏幕上就是观众的视线角度。摄像机的安放位置是否恰当，是能否顺利完成音乐节目摄制工作的一个重要影响因素。

以三台摄像机拍摄为例，机位设置通常为：面对舞台，左边为1号机，中间为2号机，右边为3号机；1、3号机靠前，2号机靠后，呈倒"品"字形的机位设置。1、3号机以拍中、近景及特写镜头或局部场面为主，亦可反拍观众，1号机还常常兼顾拍主持人的任务，2号机拍摄演出全景。此外，演出场面浩大而环境许可的话，可增加一台远离舞台、于高处俯拍全场的摄像机。也可以在舞台侧面或侧后方增设一台游机，以抓拍某些细节和提供构图独特的画面。

在条件许可的场地，可以在舞台前安装轨道以供摄像机横移运动。在3号机的位置可使用摇臂摄像机拍摄，大大加强镜头的动感，令多机拍摄如虎添翼。使用上述设备需注意处理好摄像机之间的配合，当互相协调之时，可达到有如行云流水之境界。

（三）对音乐表演的节奏把握

对所拍摄的音乐作品的风格和速度要进行美学上的判断和把握，镜头切换节奏要与音乐相结合。此外，在直播过程中，还要注意了解表现者的风格、气质，以便设计好镜头景别。

（四）各工种的配合

一场音乐节目的直播或录制，需要技术部门的通力配合，如灯光、音响、微波传送等等。

另外，直播或录制开始前要做好字幕的校对工作，检查导播与现场导演、摄像、音响、灯光部门的通信联络渠道，保障通话顺畅无阻。导播应使用准确而简练的指令性术语，做到眼明手快，与摄像配合默契。

四、电视音乐节目镜头切换的常规处理方式

电视音乐节目的镜头切换以自然流畅为原则。声画同步是舞台演出形态的音乐节目转变成电视音乐节目的基本特征。正确地运用镜头组合，对实现电视音乐作品的艺术效果有着非常重要的作用。在实际工作中，常常采取下列镜头处理方式。

（一）非同景别切换

音乐节目的镜头切换应符合电视镜头的组接规律，正确的镜头切换都应在不同景别之间进行，切忌同景别（或景别接近）切换，否则，图像就会产生"跳动"的感觉。

（二）镜头切换要有节奏感

这是音乐节目的镜头切换最重要的特征和基本要求。一般情况下，不管镜头长短，所有切换点都应选择节拍的重音，进行强拍切换，避免切换点落在弱拍或后半拍上。

(三) 节目开头的镜头处理

节目开头通常采用全景展示表演的整体场面和环境，这符合观众的欣赏习惯。

(四) 不同风格段落的处理

音乐作品中刚劲明快的段落不用叠化而用硬切，有时甚至作连续的快速切换。作品中的抒情段落或慢板常使用叠化作镜头连接转换。

(五) 运动镜头的切换

在推、拉、摇、移等镜头的运动过程中不作直接切换。有些导播因为画面的声部主角变换而不惜直接切换，令运动中的镜头突然中断，这是不可取的。较好的办法是采用叠化过渡到下一镜头，或顺势将运动中的画面移动到新的声部主角上去。

(六) 节目结束的镜头处理

节目的结束用全景镜头。由于音乐节目的结束具有终止感，此时的全景便起到了犹如文章的句号那样的作用。

上述只是导播在摄制音乐节目时的一些常见的镜头处理方式。运用各种手段去美化音乐作品，应是电视导播追求的目标。我们提倡在总结前人经验的基础上，大胆作艺术上的探索和创新。

第二节　电视声乐节目的导播

电视声乐节目主要是指由歌唱演员演唱，经过电视技术的特殊处理而构成的电视音乐节目。就演唱方法来说，分为美声、民族和流行唱法等；就表演方式来说，分为独唱、重唱、小组唱和合唱等。声乐节目是电视荧屏最常见的电视音乐节目之一。

本节主要是介绍多讯道声乐节目的摄制方法，按不同的表演方式来阐述。

一、独　　唱

独唱是人们喜闻乐见的一种表演形式，常常出现在音乐会、歌舞晚会、歌唱大赛或者歌剧之中。独唱节目的电视摄制看似简单，但越简单越能体现功力，简单之中有不简单之处。

(一) 机位与镜头处理

不同演唱方法和不同风格的歌曲在机位、镜头处理上各有区别。

1. 流行歌曲

流行歌曲以情感外露且强烈、富于动感为特征，机位的设置宜作大角度对比，可摆脱常规舞台摄像倒"品"字形的机位安排。以三台摄像机为例，如图8-1所示，1号机可挪至靠近左侧舞台，降低机头高度，以侧仰视角拍摄；3号机在右侧以高机位作俯拍；2号机居中以平视角度拍摄。这样一来，三台机之间便形成了强烈的角度对比。有时还可手持摄像机转动拍摄，以独特构图来加强对比，从而给人以视觉上的新鲜感。对于一些有伴舞的场面较大的表演，还可以再增加一部单机，从舞台顶部作接近垂直的俯拍，或从舞台背后、侧后摄制一些镜头，使画面更加丰富多彩。

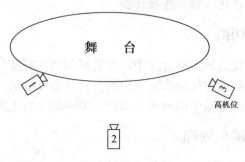

图 8-1　独唱歌曲摄制三讯道机位设置图

镜头运用方面，宜多用近景或特写镜头，以展现演唱者富于激情的面部表情。切换可根据乐曲情绪变化灵活处理。比如，对于某些狂放型的流行歌曲，有时甚至可以选择两个景别差距大的画面（以1、3号机为例），用左、右手食指在一两秒钟内轮流在1、3号机对应的两个钮键上按两至三下，形成画面瞬间闪动的效果，起到衬托气氛的作用。

2. 艺术歌曲

艺术歌曲泛指除流行歌曲与民歌之外的歌曲。其歌曲类型、风格涵盖面广，但整体上可以这样认为：如果说流行歌曲以情感外露为特征的话，那么艺术歌曲则相对较有内涵。因此摄制这类歌曲，摄像机的机位多以常规的倒"品"字形方式设置。镜头处理上相对规整一些，可根据具体歌曲的风格、内容、表演形式而作灵活处理。例如经典的艺术歌曲应拍得庄重一些，诙谐幽默的歌曲应拍得明快活泼一些。

3. 民歌

民歌的种类繁多，国内外的民歌风格差异更大，但其在电视摄制的机位设置和镜头运用上与艺术歌曲的录制差别不大。不过，对一些情绪较强烈的风格独特的民歌，也可以参照流行歌曲的一些录制手法操作。

除了个人独唱音乐会或歌唱比赛以外，独唱节目事实上常常只是多种表演形式的晚会中的一部分，机位安排应根据整体需要而设。这就需要导播的随机应变，一切以客观准确表达歌曲内容且符合观众的欣赏心理和欣赏需求为操作的出发点。

（二）演唱中过门的镜头处理

歌曲都有前奏、过门，这是音乐常识。电视摄像时，当演员唱完一段歌曲之后出现一段过门，通常可将镜头切往正在台上演奏的乐队，但如果伴奏是放录音，台上没有乐队，该怎么办？

此时有几种选择：
① 将镜头切到舞台背景的装饰物或布景上，再缓缓摇向演唱者；
② 切出另一台摄像机提供的全景，再将镜头徐徐推向演唱者；
③ 切出观众的欣赏神态或观众场面。

当然，如果演员在过门时作舞蹈表演或其他与歌曲内容相关的表演，则宜切出演员全景的画面。

（三）人物的"出入画"技术

所谓"人物"即独唱演员，"出入画"并不是指演员走进画面，而是指演员站着不动，通过摄像机镜头的运动，从空镜头到镜头摇到演员身上，使之进入画面，谓之"入画"，反之则称为"出画"。

"出入画"的技术操作有简单和复杂之分。

简单操作：当画面上的演员（无伴舞情况下）演唱到一个段落或乐句将结束之际，摄像机向左上方向缓慢扬起，画中的演员图像（中、近景或特写）徐徐从右下角出画，在画面出现空镜头的瞬间，立即叠化到另一台摄像机的全景画面。

复杂操作：当画面中的演员图像从右下角出画，画面出现空镜头之际，另一台摄像机提供的演员图像（中、近景或特写均可）以叠化方式从左边徐徐进入画面中央。此过程可接连出现。上述出入画的方向亦可反向进行，灵活处理，由导播统一协调指挥。

此技术若操作熟练，效果极佳，可将一人独唱较呆板的画面变得富于动感，但操作难度比较大，关键在于导播与摄像师以及摄像师之间的默契配合。比如，当演员图像快要出画之前，另一台摄像机必须提前准备好，此时摄像师应注意随时监看图像返送，导播则需头脑清醒，同时给两台机的摄像师下达指令。注意出入画的方向绝不能弄错，否则将会出"笑话"。例如一图像刚从右下角出画，下一图像又从右下角入画，此情形即属弄错。

此外，还有不少别的"出入画"方式，例如：给独唱演员一个全景（或大全景），再推至特写，一边推一边从右下角出画，出画之际再叠化到另一台机的全景，照样推至特写，一边推一边向左下角出画……

二、重唱与小组唱

重唱以二重唱、四重唱居多，小组唱通常在 6 人至 12 人之间。重唱与小组唱是声乐艺术的常见表演形式，常以多声部出现，多以演唱艺术歌曲为主，也有部分经改编的民歌，较少应用于流行歌曲。从电视摄制来说，其机位的设置与独唱并无太大差别。在镜头运用方面，二重唱应根据现场二人的站位距离来确定景别切换。如果二人之间距离较近，则以二人共同的景别作切换（如二人的中景切换至二人的全景）；如果二人之间相距较远，则可在一人和二人之间作镜头切换，但应注意避免同景别切换。

四重唱的录制方法与小组唱相近。

小组唱因多人成一横排演唱，故应较多采用近景横摇，或从全景推至近景，以看清演员的面部表情。遇有一部分演员演唱、另一部分停止的轮唱状态，则应特别注意切换点准确和有节奏感，同时也应避免同景别切换。

三、合　唱

合唱是一种多声部的群体演唱形式，常常使用钢琴伴奏，或者与大型乐队同台演出。由于合唱具有人数众多的特点，所以在电视摄制方面与其他演唱形式有一定的区别。

（一）机位与角度

以三台摄像机摄制为例，可以用如图 8-2 所示的方式操作：2 号机拍全景，1 号机兼拍钢琴伴奏和领唱者，3 号机设置于舞台右侧边幕后面，兼拍指挥及合唱队。由于合唱队总是站在合唱台阶上演唱，有一定的高度，画面具有仰拍效果，加上侧面拍摄，故摄像师常常能提供构图独特、充满新意的画面。

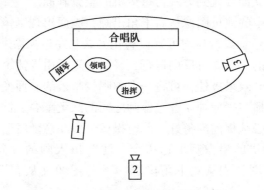

图 8-2　合唱歌曲摄制三讯道机位设置图

（二）运动镜头——电视合唱节目的主要特征

可以这样说，没有哪一种舞台表演艺术像合唱那样适宜采用连续的运动镜头了，这是由合唱人数众多而又总是站着不动的表演方式所决定的。试想一下，用全景，看不清演员的表情，用中景或近景，只能看到个别演员，镜头一运动，问题就解决了。所以合唱节目常常以连续的运动镜头拍摄，这也成了合唱节目的一个明显的特征。比如，1 号机以近景从左边第一人摇至右边最后一人，接着 2 号机从全景推向中间演员的中景，3 号机又接着以全景推至某演员的近景……镜头的运动弥补了合唱这种没有动感的表演方式的不足，让电视观众较之剧场观众更能看清演员演绎作品时的表情。可以说，这是运用电视的技术手段来美化舞台表演节目的最好例证。

（三）领唱与声部的镜头处理

合唱过程中常出现领唱，这是拍摄合唱节目的难题之一。如果领唱是单独站在合唱队伍前面演唱，那么以一台摄像机对准他拍就是了，但实际上常常会遇到站在合唱队伍中间的领唱者，当出现这种情况时，甚至一下子还找不到演唱者是谁。所以摄制合唱节目之前一定要了解清楚：有没有领唱？领唱是谁？是站在第几排左起（或右起）第几人？还要记住领唱在歌曲中出现的时机，提前通知摄像师把镜头对准领唱者，届时，才有可能准确切出。

摄制合唱节目的另一难点是声部之间的轮唱。常常会出现这样的情形：某一声部演唱，其他声部停止，如此轮流反复。此时不应采用运动镜头，而应直接切换（或叠化转换）。要做到这一点，必须提前通知摄像师找好演唱对象。假若各声部轮唱间隔短，转换频繁，则应以全景包揽而处理之。

第三节 电视器乐节目的导播

电视器乐节目是经过电视技术的特殊处理，经过电视的二度创作以后而形成的器乐节目。器乐节目包括器乐独奏、重奏、小组奏和交响乐演奏（民族管弦乐合奏与此类似）。

一、独　　奏

器乐独奏的种类繁多，风格各异。从电视录制角度来说，主要可分为同期录音和前期录音两种方式。

（一）同期录音方式

所谓同期录音方式是指电视录像时，图像与声音同步录制。比如在剧场演出的音乐节目，都应采取这种录制方式。它适宜采用多机录制，其一是为了保障良好的音响质量，其二是演奏者的表演场面可得到多角度的同步反映，使音源与演奏者的表情、手型同步统一于画面之中，令人感到真实和亲切，从而获得较完美的艺术效果。

每一种器乐演奏都有一个欣赏的最佳角度，电视录制应发挥电视多角度拍摄的长处。如手风琴演奏，用常规的倒"品"字形的机位录制，那么拍摄演奏者右手演奏的最佳角度是1号机，拍摄左手演奏的最佳角度是3号机。钢琴、扬琴、木琴等乐器则宜采用高机位俯拍。

镜头的切换要有节奏感，除切换点要准确落在强拍上外，应根据乐曲的不同情绪分别使用明快的切换或柔和的叠化等镜头处理方法。一般情况下，独奏节目宜多采用中、近景，华彩乐段宜用特写，让观众欣赏到精彩段落的细微之处。另外，也不要忽视向观众提供演奏者的表情镜头，因为演奏者的表情变化往往是乐曲情绪变化的外在表现。

（二）前期录音方式

前期录音方式是指录像之前先期录好音，录像时采取放录音方式，让演奏者做演奏动作的拍摄方法。其最大的优点是能够保证音响质量，体现演奏的最好水平，且可以分段录制，保证图像拍摄质量。此录制方式最大的不足之处是画面容易出现手型与声音不同步的现象，如在运用特写镜头时，细小的不同步都会让人有不舒服的感觉。

前期录音方式适宜于演播厅制作，既可用多机录制，也可用单机录制，亦可两者结合。多机录制的优点是效率高，可在较短的时间内完成制作过程。多机录制加上另外一台独立录像的单机同步拍摄，可在后期剪辑时用单机拍摄的图像补充修正多机录制图像的不足。单机拍摄以灵活机动见长，比如拍摄小提琴独奏，可以将摄像机放到演奏者的侧后方俯拍，若用多机同步拍摄则做不到这一点。不过，单机拍摄花费时间较长，后期制作复杂，利弊兼而有之。

前期录音制作方式既可用于分段拍摄的专场录像，也可以直接用于电视直播晚会。许多大型直播晚会中的独奏、独唱节目，由于现场录音技术的局限，大多都采用这种前期录音制作的方式。

二、重奏与小组奏

重奏与小组奏是小规模的器乐演奏组合形式。比如高胡扬琴二重奏、木管三重奏、弦乐四重奏、民乐小组奏等等。这类形式的演奏细腻而富于技巧性。

重奏与小组奏的电视摄制机位虽不可一概而论，但一般情况下，应有一台高机位（如设置在剧场的二楼，或搭高架平台），因为民乐的扬琴与西洋乐队的钢琴都是这类演奏形式的常用乐器，要拍好这些乐器，唯有采用高机位。此外，高机位还能避开或减轻谱架遮挡的难题，获得较好的构图效果。

在镜头处理上，重奏、小组奏切换的节奏感、不同风格的乐曲处理、乐曲的情绪变化等方面，与独奏的处理方式大体接近，不同的只是人数上的差别。独奏形式的镜头是对同一演奏者作不同景别的切换，重奏与小组奏的镜头则一般在不同演奏者之间切换。由于人数增加，镜头运用上较多运用横摇。在实际工作中，这类形式的演奏除演播厅专场录像外，在对剧场的演出作实况录像（或直播）时往往很难取得美的构图。最好的解决办法是实况录像时增加一台独立录像的单机，直播时增加一台游机讯道，以灵活地把握拍摄角度，提高构图质量。

三、交　响　乐

交响乐是一种演奏人数众多、气势宏大、富有戏剧性演奏效果的器乐演奏形式。交响乐意蕴深广，善于概括社会生活和人类思想内涵，有着巨大的魅力。

交响乐的电视制作并非是一件容易的事，这是由于交响乐的配器复杂、变幻莫测所致。然而，掌握了交响乐的演奏特点和一定的规律，发挥主观能动性，同样也能制作出好的电视交响乐作品来。

下面就交响乐的电视录制作一梳理。

（一）外国流行的录制方式

欧美国家的交响乐录制方式，基本上是以一种与欧洲古典音乐风格相近的理念来指导电视制作，以六个字来概括就是：传统、严谨、规范。其制作特点是：多机位、构图好、切换点准确、少运动镜头。这些特点都是互相关联的，基于这样一个出发点：所有的镜头切换都要符合乐曲结构。也就是说，所有切换点都应准确地落在乐段的结束、乐句的结束这样的位置上（但并不是所有的乐句结束都要切换，镜头的长短应据配器演奏的长短而定）。要做到切换点准确，就不能过多使用运动镜头，因为镜头在运动中不适宜切换，往往会耽误切换点。只有采用多机位，每个机位都有相对固定的拍摄对象——声部乐器，这样才比较容易做到切换点准确。以维也纳新年音乐会的摄制为例，其使用的摄像机不下10台，从大全景到指挥，以及不同角度的主要声部乐器，均有机位各司其职，其构图之美、切换点之准确都令人叫绝。

当然，在喝彩的同时，也要看到一些美中不足，讲究切换点准确和构图美固然重要，但随着配器的变化，镜头大多在各种乐器的局部画面之间切换，镜头相对缺乏动感，缺乏乐队的整体感，颇有顾此失彼、难以两全之遗憾。

（二）交响乐的录制方法

交响乐的录制大多是一次性的制作，不可中断，不可重拍，这就要求电视导播必须提前做好准备工作，如研究总谱，多听录音，现场观察乐队实际演奏，了解和熟悉乐曲的旋律、情感发展、和声配器等等。此外，必须预先选择好恰当的机位。这些都是顺利完成录制工作的前提。

在镜头的处理方面，通常作如下的安排。

1. 叙述性交代

鉴于电视观众通常需要先了解乐队规模和指挥的习惯心理，当交响乐准备开始之时，第一个镜头应当是一个全景，交代乐队的全貌。接着下一镜头是跟拍指挥出场。当指挥站定向观众致意时切出中景，同时出指挥姓名字幕，观众一目了然。

2. 情绪交代

每部音乐作品都有它特定的内容，电视镜头的处理不应仅仅是叙述交代的罗列，还应运用画面表现乐曲的情绪。比如，气势磅礴的合奏场面既适合用全景表现整体气氛，又宜以中近景展现例如小提琴或大提琴有力挥弓的画面，以形体动作加强和渲染整体气氛。画面组接的节奏应当和音乐的进行节奏有机地联系起来，如切换的频率以及对叠化镜头的使用等等，都对乐曲的情绪起着重要的烘托作用。

除此之外，在乐曲情绪激昂之处切出指挥的图像，也是衬托乐曲情绪的良好表现方法。指挥是乐队的"灵魂"，其富有乐感的指挥手势、充满激情的面部表情及形体动作，都是画面表现的生动材料。

如何面对千变万化的乐队配器这一难题，是令许多不谙此道的电视导播望而却步的主要原因。要解决这一难题，除了导播应懂得音乐的基本规律和掌握一定的录制经验外，通常还可以采用如下办法。

其一，请熟悉音乐总谱者提示。录像时，请一位精通音乐总谱者坐在导播旁边，看着总谱，不断提示后面的主奏声部或领奏乐器。这种提示往往能通过对讲器传到摄像师的耳机中，使摄像师亦能提前对准即将演奏的乐器。而导播在这种提示下作切换就好办得多了。这是一种比较规范的方法。

其二，在观看乐队的联排或预演时，用计时器（俗称秒表）来记录乐队主要配器出现的时间。具体操作办法是：以每首乐曲为单位，从第一个音符起，计时器消零后启动，用笔书面记下主奏声部各乐器出现的时间。在正式录像或直播时，由导播助理手持计时器，从乐队演奏的第一个音符起计时器消零后启动，然后对照原书面记录主要声部乐器出现的时间，提前通知导播，导播据此调机切换。这是一种实用而有效的方法。

（三）交响乐的即兴录制方式

很多情况下，一些著名的交响乐团往往只演出一场就离开了，或者由于多种原因，令导播无法看到哪怕只有一次的完整联排或预演，这种情况下进行的实况录像（或直播），就称之为即兴录制。

担负即兴录制任务的电视导播，要熟悉音乐的基本规律，熟悉交响乐队的编制以及各种器乐声部的排列位置。他应该做到：闭上眼睛，听到任何一种管弦乐器的声音即可指出其在舞台上的具体方位。这是对担负即兴录制交响乐任务的电视导播的最基本的要求。

以下是即兴录制交响音乐会的录制方法。

1. 机位与角度

摄像机位的设置是否恰当，是能否成功完成交响音乐会录制的关键因素之一。

机位设置的整体原则是，能全方位地、清楚地表现被拍摄的各种对象。通常在剧场演出的交响音乐会，机位可以作这样的安排：

以三台摄像机为例，如图 8-3 所示，1 号机设置于倒"品"字形的常规位置，2 号机置于剧场二楼一排正中间的位置，3 号机位于舞台右侧第一至第二道侧幕之间，摄像机放在一个高度约 1.5 米左右的高架上。

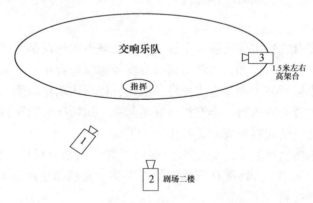

图 8-3　交响乐录制三讯道机位设置图

三部摄像机的分工任务是：1 号机以拍摄对角大提琴、直角小提琴为主，兼拍协奏曲的独奏者及歌曲演唱者。2 号机提供乐队全景及全方位地拍摄任何一种乐器或声部的局部画面，拍摄协奏曲的独奏者和歌曲演唱者。3 号机拍摄指挥及小提琴声部，拍摄木管、铜管和打击乐声部。

以上机位设置的结果是，乐队所有的乐器都能得到两部以上摄像机的不同角度的拍摄。

根据不同的剧场设施条件，也可以采用其他一些机位设置方式，但应以全方位、清楚地表现被拍摄对象为原则。

2. 运动镜头的使用

即兴录制交响乐，多采用运动镜头来弥补不熟悉配器的不足。运动镜头是指运用推、拉、摇的手法拍摄，有条件的地方能用轨道横移和摇臂则更好。除了协奏曲中的独奏者、歌曲独唱者和某种乐器独奏（领奏）以外，凡是乐队全奏或声部（如小提琴、大提琴等声部）演奏时均可采用运动镜头，而不管其中有的乐器演奏的是不是主旋律。例如乐队全奏时，处于舞台右侧的 3 号机从最后一排的打击乐起以中全景向指挥方向摇去，最后再推向指挥的中景。又如处于居高临下位置的 2 号机从全景推至舞台左边的第一小提琴部分乐手，再向右横摇到舞台最右边的大提琴为止。

运动镜头使用的好处是，可免去镜头运动期间对配器和切换点的严格要求。从视觉方面来说，可增强画面的动感，增加观众视觉信息量，减少以不动的摄像机拍摄不动的乐手那种呆板的感觉。此外，还可以加强乐队的整体感，有利于观众对乐队整体气氛和作品情绪的把握。

运动镜头使用的好处显而易见，但要做到恰当使用也不容易，其中最大的难点在于运动镜头的流畅与切换点的准确把握。这是一对矛盾，是两个互相制约的对手，是录制交响乐的核心问题之一。对此，除了用单机作专场录像能较好解决外，在即兴录制时，则需要导播根据当时音乐的具体情况作灵活处理，需要摄像师的技术配合。

3. 指挥镜头的专职机位应用

要进行交响音乐会现场直播了，导播总希望能减少切换的差错，有什么办法能做到这一点呢？

在可能的情况下，最好能增加一台摄像机，置于舞台左边的侧后方，此机自始至终以拍摄指挥镜头为己任。这种"全天候"式的指挥镜头的提供，可使导播在遇到配器不明时，或其他机位调度一时失控时，立即切出指挥镜头，以不变应万变，因为指挥总是在情感投入地挥舞着手臂。当然，镜头偶尔还可以从指挥摇向乐队，或从乐队摇向指挥，进行灵活处理。

此外，也可将一部事先对准指挥并调整好构图的摄像机置于指挥前面、乐队之中，此机不须摄像师操作，但要将摄像机降至最低位，不致太显露，并需经乐团允许方可设置。

4. 导播与摄像师的配合

一个即兴录制交响乐的称职的电视导播，需熟知音乐的基本规律，经验丰富，反应灵敏；一个称职的摄像师，需要熟悉器乐的名称和外形，熟悉它们在乐队中的位置，了解器乐演奏的一般规律，还要有节奏观念，以及灵活的反应能力。具备了这些条件，还需要导播与摄像师之间的默契配合。当一个镜头正在播出，下一个镜头、再下一个镜头就应该准备就绪，这样导播才能按照音乐的节奏要求准确切出画面，避免出现差错。总之,导播与摄像师的密切配合,是顺利完成交响乐即兴录制的一个重要因素。

5. 后期剪辑

后期剪辑是即兴录制交响乐(现场直播除外)的一项重要工作。由于受多种因素的制约,即兴录像难免会出现一些不足之处,利用原有的图像素材作某些修正或补救是可行的。如使用大全景、指挥镜头,利用重复的乐段(主题再现)、重复的乐句等图像为素材作适当的修正,往往能收到良好的效果,甚至不露丝毫的修改痕迹。要做好这项工作,需要熟知器乐的演奏特点,有耐心细致的工作态度。这就是即兴录制交响乐的最后一个环节。

以上所述交响乐电视录制的流程及各项制作要求,亦大体上适用于民族器乐合奏。

第四节 案例:维也纳新年音乐会现场直播分析

一、维也纳新年音乐会的发展概述

维也纳新年音乐会最早可以追溯到1847年,在这一年中的最后一天,音乐会在维也纳郊外举行了。当时的音乐会还没有正规的音乐厅,只有一个露天的舞台。这一年的音乐会由老约翰·施特劳斯作为指挥,乐团也是由他建立组织的,在欧洲享有盛名。这场音乐会从31日一直演奏到了次日也就是新年的第一天,由此新年音乐会的雏形便产生了。此后的一个多世纪,人们都用这种方式来迎接新年。

到了1873年4月,一个真正属于维也纳新年音乐会的场地终于落成,这就是久负盛名的维也纳金色大厅(全称为维也纳音乐协会金色大厅)。4月22日,在小约翰·施特劳斯的指挥下,维也纳爱乐乐团演出了作品《维也纳的气质圆舞曲》,以此来庆祝金色大厅的落成,自此维也纳新年音乐会有了固定的演出大厅。

在新年音乐会的发起和几十年的传承中,施特劳斯家族起到了相当重要的作用,音乐会所演奏的作品也大都是其家族的。这样一直到了1933年,克莱门斯·克劳斯在音乐会上不仅演奏了施特劳斯家族的作品,还演奏了其他音乐家的作品,使得新年音乐会开始了海纳百川的发展。这次的一小步是新年音乐会的一大步,使得维也纳新年音乐会从家族式向大众式发展。

发展到1939年,维也纳新年音乐会开始有了公开的排演。从这次演出后,公开排演也成为奥地利深厚文化底蕴的重要组成部分。音乐会就这样伴随着第二次世界大战在炮火声中不断地发展,直到1941年,真正意义上的维也纳新年音乐会终于形成。

1959年,维也纳新年音乐会由奥地利广播电视公司第一次面向全世界正式开始直播,摆脱了现场束缚的音乐会终于走出了民族,走向了全世界,并被世界各地的交响乐爱好者所喜欢和追捧。如今，这一拥有着悠久历史和深厚文化沉淀的音乐会，每年都会有上千万名来自世界不同地方的观众共同欣赏，并已成为了一年伊始人们不可或缺的音乐飨餐盛宴。

维也纳新年音乐会之所以能够经久不衰，并成为新年伊始的一件举世瞩目的音乐盛事，是因为这场音乐会不但能让广大观众欣赏到世界上一流音乐家的精彩演出，还能使人们在施特劳斯家族作品优美的旋律、舒缓的节奏中得到绝妙的精神享受。它开创了许多音乐史上的先河，对古典音乐的传承有着不可替代的意义。这其中，电视传播功不可没，电视的介入，影响和改变了维也纳新年音乐会本身，维也纳新年音乐会的全球电视直播无疑也成为一个成功的范例。

二、维也纳新年音乐会现场直播中的电视话语

（一）维也纳新年音乐会现场直播镜头分析

1. 景别的视觉传达

在音乐会直播中，电视镜头语言主要表现为镜头景别的切换和音乐节奏的表达。景别切换在音乐会上有自身的规律性，而且与现场音乐会的整个乐队编制有很大的关系。

音乐会上的景别有独特的含义。远景用在乐章的开始和结尾，除交代环境之外，主要是展现乐队的空间位置和规模，是一个隆重的仪式象征。全景则在更多意义上表现乐队的全部声部的合奏，所以每当切到全景时，我们可以从画面上看到整个乐队的默契配合。中景则表现声部，如表现铜管或弦乐时，一般用中景表现，其他声部被排除在画面之外。更近的近景则表现更小的声部配合。最值得一提的是特写。特写用于表现乐队中的独奏乐器，这时候摄像机将其余全部乐器排除在外。我们知道特写是强调某一细节，音乐会的特写就是强调其音乐演奏的细节。我们除了关注音乐会直播时的景别，更要关注交响音乐的音响"景别"。

音乐会的直播，主要的任务是表现音乐，表现音乐会的整体和每一个声部，甚至细节。音乐是时间的艺术，它不是肉眼可以看到的空间形式，它要靠人耳的听觉才能分辨出来。所以在画面景别切换之中，也应该同时将声音的景别表现出来，正如远景和全景表现整个乐队的合奏，中景和近景表现各个声部，特写表现细节，在音响上同样出现了"特写"，我们称之为声音的"特写"。如2004年维也纳新年音乐会中的《香槟波尔卡》中用几个圆铁片做成的制造效果音响的叫不出名字的"乐器"，它的音响要通过录音师如同拍摄画面特写一样，将声音放大，在整个乐队的音响中强调出来。声音的特写可产生画龙点睛、声情并茂的特殊效果。由此可见，特写是音乐会电视化的重要表达方式，不论是画面还是音响，在音乐会现场都无法领略到它的独特魅力，而电视观众却可以从特写镜头中看到和听到，这正是音乐会电视直播的魅力所在。

2. 综合运动镜头的多层表现

在维也纳新年音乐会直播的早期阶段，由于直播手段和技术的不成熟，运动镜头的运用并不是很多，其运动的表现主要也都是在固定机位的基础上完成的，以推、拉、摇三种

最为基本的手段来实现。

2003年的直播中，突破性地运用了短距离移动轨道的拍摄技术。这一运用打破了原有固定镜头的束缚，虽然移动轨道的距离较短，但也通过横向移动的运动镜头将爱乐乐团的侧面角度呈现给了电视观众，从此又多了一种表现音乐节奏和速度的方式。

2004年新年音乐会直播在2003年运动形式的基础上，又有了进一步的发展。这一年在音乐会直播中使用了摇臂，大量出现移动镜头，尤其是镜头的平面运动和镜头的纵深运动，使观众耳目一新。

近些年，随着新技术的发展，音乐会中开始大量运用飞猫系统等技术，大大地提高了画面表现音乐节奏的能力，使其更为流畅，也标志着音乐会电视直播进入了一个新的阶段。

3. 画面造型处理的学习样板

新年音乐会因其内容的特殊性，所以往往偏重于表现音乐而极容易忽略画面构图和视觉造型。早期的新年音乐会，几乎在所有画面中都有一个又粗又黑的话筒放在镜头前的重要位置，构图不堪入目。如今已经将那些夺人眼球的话筒换为极富造型感的小巧精致的话筒。现场拾音器也演变成了鸡蛋大小、椭圆形的无线话筒。为了不影响画面造型、观众现场观看以及拾音效果，现今已将拾音器悬挂在维也纳金色大厅半空为拾音器构架的细线上，不仔细观察不易发现。由此看来，直播维也纳新年音乐会的电视工作者不论是在音频创作还是视频创作上，都以为电视节目的整体效果服务为共同目标，这也为我们提供了一个非常好的学习样板。

（二）维也纳新年音乐会现场直播的二度创作

维也纳新年音乐会有别于其他音乐会的重要特点，就是音乐会的电视二度创作。电视二度创作意味着不仅是用电视镜头对音乐会作现场直播，充分表现每一个器乐声部在乐队演奏中的作用，尤其是通过电视镜头对音乐的细节进行充分的展示，更重要的是将音乐的音响语言转变成画面语言，用画面对音乐进行诠释。

1. 电视现场直播中对音乐规定情境的表达

奥地利电视工作者对维也纳新年音乐会的电视二度创作有两种主要形式，一种是画面情境的运用，另一种是录播画面的声画处理。

（1）画面情境的运用。画面情境即音乐作品的音乐语言展现的规定情境在电视直播中的一种表达，应包含两种形态：场面情境和人物戏剧情境。

场面情境是作品所表现的环境、地点和时代因素的集中体现。比如2001年维也纳新年音乐会中哈农库特指挥的《克里米亚的舞蹈》是一首宫廷舞乐章，金色大厅正是这种规定情境的体现。所以在电视直播中，音乐开始和结束的部分，画面不是表现乐队和指挥，而是展示金色大厅皇家宫殿的壁画、雕塑和建筑艺术。在2004年维也纳新年音乐会上演奏的约瑟夫·兰纳的《皇宫舞台圆舞曲》中，大量插入了维也纳沃夫堡皇宫的建筑、壁画、雕塑，还有大理石的柱子以及华丽的宫灯的录播镜头，金碧辉煌、雍容典雅。

音乐中的人物戏剧情境在现场直播中则表现为情境表演。演奏《香槟波尔卡》时，乐曲开始之后，几个乐手打开了一瓶香槟酒，倒入杯子里并将一杯酒送给指挥品了一小口，别有一种情调。这种情境表演与2001年维也纳新年音乐会中哈农库特指挥的《恶魔波尔卡》中有一个戴魔鬼面具的乐手在一团迷雾中出现，是同一种处理方法。情境表演为乐曲增加了有趣的成分，也使高雅音乐与现实生活之间有了一种亲近感，从视觉上诠释了乐曲的规定情境。

（2）录播画面的声画处理。在维也纳新年音乐会的电视直播中，我们经常可以看到配合乐队的演奏插入了多瑙河两岸的美丽风光等画面，音乐的节奏与画面的节奏浑然天成，用画面对音乐进行诠释。这类处理方式就是电影电视常用的声画对位的方式，但不同的是，音乐是现场直播的，画面是先行录制和剪辑完成的。在画面内容与音乐形成意义上的对位后，技术处理上的关键是画面软切的入点和出点。如在选用多瑙河的画面时，剪辑点选择在音乐段落的开始和结束，在音乐休止符的空白部分将录播画面切换出去。插播的录像镜头之间的剪辑点也是值得探讨的问题，导播选择了音乐小节的声部转换部分、小节之间的换气和休止符的间隙作为画面之间切换的剪辑点。为保证画面之间的转换流畅，一般用叠化处理，避免用切这种无技巧剪辑造成的生硬感，使两个画面之间的过渡有一个渐变的过程。

2. 完全意义上的电视二度创作

维也纳新年音乐会电视直播中，每年都有一些属于录播的节目片段，即电视播出的音画两部分都不是现场的演出。现场观众听到的音乐是现场的，而电视观众欣赏的音乐和画面内容却是先期录制的，所以这些节目从声音到电视画面都完全是为电视观众而创作的。

这类节目的内容主要是芭蕾舞。如2004年的《加速圆舞曲》，采用的是为现场直播插入芭蕾舞表演的形式。因为剪辑点和叠化手法的天衣无缝的处理，使得电视观众感觉芭蕾舞演员是随着现场音乐在舞蹈。2012年的《蓝色多瑙河》同样也是大篇幅地采用芭蕾舞的画面，现场演奏直播所占的比例相当小。正是这种处理手法，使得乐曲所配合的画面空间已经不完全是其曲目所表现的内容，也不是完全意义上的现场直播，而是经过了直播再创作后新的电视音乐作品。

在录播节目中，还有一类与舞蹈无关的音画结构的节目，如2001年的《滑稽列车快速波尔卡》、2003年的《诙谐波尔卡》等。《滑稽列车快速波尔卡》通过展示两列老式蒸汽机车在两条轨道上互相比速度，演绎了一个有几分滑稽又有几分幽默的故事。《诙谐波尔卡》通过展示奥地利的戏水宫前的喷泉和各种喷水的动物和人物雕塑，重新诠释了《诙谐波尔卡》的内容。喷泉水柱高低和形态的变化与音乐的旋律结合得天衣无缝，仿佛这首乐曲就是为这座宫殿的喷泉创作的。如果说《滑稽列车快速波尔卡》是通过电视画面展示了乐曲内容表现的情境，那么《诙谐波尔卡》则是对音乐情境的重新创作，它原来表现的音乐内容也许与画面并无因果关系，但却生动地融合在一个艺术空间中，这就是电视艺术家二度创作的成果。从这个意义上说，这首乐曲展示的画面空间已不完全是小约翰·施特劳斯的作品所表达的内容了，它完全是电视化二度创作后的一个新的电视音乐作品。

三、维也纳新年音乐会现场直播的机位设置

新年音乐会的票价一般都比较昂贵，且不像其他演唱会门票那样容易买到，因而每一

位现场观众都希望能物有所值,安安静静地欣赏享受整个音乐会,不愿在陶醉中受到一点外在因素的干扰。然而,电视对音乐会的直播往往强烈地破坏了现场观众的情绪。直播中所用的摄像机,尤其是大型的摇臂摄像机和轨道摄像机,通常会考虑电视直播的效果而占据剧场中的最佳视点,难免妨碍观众的欣赏视角。关于这一点,维也纳新年音乐会的机位设置可以给我们很好的借鉴。

维也纳新年音乐会的机位设置不同于一般的设置。传统摄像机机位的设置基本上是倒三角形外加两侧流动机位这样的方式,但维也纳新年音乐会摄像机机位的设置许多都在金色大厅楼上两侧。这是由于如果从正前方拍摄,不但影响了观众,而且只能拍到前部,中后部乐器组则无法拍摄。

假如用七台摄像机拍音乐会,应该用至少五台设置成俯拍或侧俯拍机位。交响乐、协奏曲的乐队编制,基本上可分为:① 弦乐组;② 木管组;③ 铜管组;④ 弹拨组;⑤ 打击乐组。五台摄像机分别拍其中的一组,镜头是相对固定的。导播在处理镜头时,哪一个乐器组奏响时,就能比较方便准确地切到哪一个乐器组,这样就比较有章法。

由于机位设置为俯拍或侧俯拍,所以场景是立体的而非平面的。如图 8-4 所示,几个机位都能拍到演奏中的乐器组,而侧前方的 1、3 号机主要完成主奏乐器的拍摄,便形成了一个错落有致的立体拍摄空间。

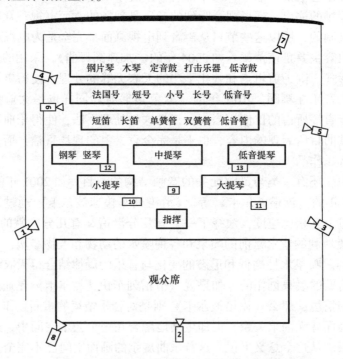

图 8-4 维也纳新年音乐会基本机位设置示意图

下面就维也纳新年音乐会的基本机位设置来研究分析其特点。

3 号机和 5 号机放置在二层紧挨着金色大厅两侧墙壁的包厢里,其主要任务是对相应乐器组的镜头进行表现。另外,由于是放置在靠墙的包厢,只要把镜头的倍数扩大,机位升高,依然可以对整个舞台实现全面交叉覆盖。

2号机，设置在一楼观众席的最后，放在移动轨道车上。当需要中轴线正面大全景的时候，2号机便会移动到中轴线上，而轨道前面那排大厅立柱又刚好可以利用来作为移动镜头的参照前景，不仅解决了妨碍观众视角的问题、扩大了2号机的拍摄范围，还多了一种参照前景设置。有时，2号机也可以设成摇臂。

1号机和3号机是舞台两侧两台固定的摄像机。其中1号机是装在升降云台上的，并且可以快速升降，这样就可以更好地配合乐曲节奏的快慢进行拍摄。

舞台左侧并排放置两台固定机位4号和6号摄影机，其中4号机是悬挂在一条带弯度的高位轨道上进行遥控操作的摄像机。这种设置方式有别于维也纳金色大厅举办的其他大型音乐会，使摄像机视野更为开阔，操控更为灵活，电视画面也更富于变幻，又丝毫不影响乐队演奏和观众欣赏。

7号机为游机，可以在乐队后面或舞台右侧给些乐队的特殊角度。

8号机位于二楼，变焦倍数较大，机位设置在金色大吊灯后的一角，有了金色吊灯作为前景，画面显得更加光彩夺目。

另外，在乐队指挥、首席小提琴手前方、低音提琴组、钢琴竖琴组都各放置一台小型固定遥控摄像机，用于对其进行仰拍。最近几年的维也纳新年音乐会的直播还使用了飞猫系统。

四、维也纳新年音乐会现场直播给我们的启示

（一）关于导播

通过对维也纳新年音乐会的直播进行分析，不难看出，新年音乐会的导播不论是对大局的统筹还是对细节的把握都恰到好处，使画面与音乐达到了最大程度的和谐。而我国在这方面则仍需提高。我们有些音乐会的直播中通篇采用全景，只是偶尔有几个指挥或是首席演奏的镜头，久而久之就让人产生视觉疲劳。这样的切换只有庞大场面却甚是空洞，让观众无法体会乐曲中细腻处的绝妙。还有一些导播一味地追求剪辑技巧，镜头不停地来回切换，使得观众头晕目眩，不知所云。而且往往切换的画面与音乐完全不符，演奏弦乐的时候切到正在休息的管乐，独奏片段时却又切到乐队大全景，乐队齐奏进入乐曲高潮的时候却仅仅给出一种乐器的特写，这样不仅会让观众觉得迷茫，也会影响观众对音乐的欣赏和理解。此外，画面切换跟不上音乐节奏，画面总是比音乐慢一拍，管乐独奏时偏偏切的是弦乐休息，马上切到管乐时，管乐部分已经奏完，往往出现乐手刚刚放下乐器的镜头。这些都是因为导播的音乐素养欠缺和对乐曲本身的理解不够，以及对剪辑点的把握不足导致的。

（二）关于画面布景及拍摄对象

既然是音乐会的直播，表现的就不应仅仅只是乐队、指挥、首席演奏，也要突出现场的氛围，所以就要顾及现场观众以及会场的布置陈设、建筑艺术，要真正做到台上与台下的完美融合、互动。

（三）关于机位的设置

通过以上分析可知，一台维也纳新年音乐会的直播机位一般都在 10 台以上，其间乐队、指挥、首席演奏、主奏、观众都要顾及，所以仅仅四五台摄影机是全然不能满足需求的。

摄影机不遮挡任何一位观众的视线，这是奥地利电视台直播维也纳新年音乐会过程中对每位观众的尊重和人性化理念的体现。

直播现场没有设置大型摇臂，流动摄像机也不设置在舞台上，尽可能地使用遥控摄像机，仅新年音乐会一场直播使用的遥控机就有七八台之多，这都是我们在音乐会直播中所应当学习和借鉴的。

相信通过所有导播及直播人员的学习和努力，我国的音乐会直播也会越来越成熟。

本章思考与练习

1. 分析阐述电视音乐节目现场直播、实况录播和静场录像三种制作形式的各自特点。
2. 在独唱歌曲的录制中，人物的"出入画"技术有哪些？具体怎么操作？
3. 设计出三讯道录制独唱、重唱、合唱的具体机位图和导播阐述。
4. 结合案例阐述交响乐的几种录制方法。
5. 比较分析维也纳新年音乐会和中央电视台新年音乐会现场直播的机位设置和导播差异。

第九章

电视体育赛事节目的导播

学习目标

通过本章的学习,了解电视体育赛事节目导播的特点及规律,掌握电视体育赛事节目,尤其是足球和篮球赛事导播的机位设置及切换原则,熟悉体育赛事电视公用信号的制作与导播工作。

关键术语

体育赛事节目;公用信号制作;足球比赛导播;篮球比赛导播

第一节 电视体育赛事节目概述

一、电视体育赛事节目的概念

1936年柏林奥运会,电视作为大众媒介的新兴力量,第一次将体育赛事呈现给了广大受众,这是电视与体育赛事的第一次结姻。在随后的几十年里,电视媒介与体育赛事之间的结合更加紧密,电视通过其强大的传播效果、高效的传播速度、覆盖全球的传播范围,极大地推动了体育赛事的发展。

电视体育赛事节目,一般是指比较有规模、有级别的正规体育比赛,通过电视直播或录播,制作加工后传送给观众观看的一种电视节目形态。目前全球规模比较大、有影响的体育赛事有世界杯、奥运会、NBA、一级方程式赛车以及各类洲际体育赛事和各单项体育组织的世锦赛等。

二、电视体育赛事节目的特点

体育比赛作为一项特定的活动或者事件,是在一个特定的时间段、特定的场地发生的,它所提供的视觉、听觉等诸多现场观赏的资源是有限的。电视转播的魅力恰恰就在于突破时空的限制，使更多的人能够足不出户就可以看到一场精彩的赛事，享用比赛的资源，这对许多人而言无疑是一种更经济、便捷的选择。

体育赛事的直播可以在时间和空间两方面完成传播过程与事件发生、发展过程的同步，给电视观众带来强烈的现场感和完美的视觉体验。通过比赛画面，观众同样能感受到整个赛场的热烈气氛，犹如身临其境。因此，电视体育赛事节目充分体现了电视的典型特征，即信息的时效性强、传播范围广、社会影响力大，它可以充分满足观众对信息"先知为快"的心理需求。

电视体育赛事类节目的直播以其具有的及时性、共时性、生动性等特点，赢得了广大观众的欢迎。观众在心理上同步参与比赛的进程，随比赛的进行而产生瞬间的情感复杂变化，感受比赛带来的瞬间震撼感觉。结果的未知、比赛场上偶发的事件等，共同构成了观众的"欲知"，也让观众对现场信息的鲜活性和生动性有强烈感受。

第二节　电视体育赛事节目的机位设置及镜头切换原则

一、电视体育赛事节目的机位设置

许多体育竞赛项目的比赛场地都比较大，因而对体育竞赛的直播，通常都要用到较多的摄像机。就机位设置来说，不同的比赛项目各有不同的布机办法，但有些基本原理却是相同的，那就是凡是在对比赛起到关键作用的地方（如赛跑的起点和终点处、球赛的球门处等）和有可能出现精彩画面的地方（如游泳赛的跳台、接力赛接力棒的交接处等）都要布有摄像机负责抓取关键瞬间。同时，无论是何种项目的比赛，都要有负责拍摄赛场全景的摄像机。另外，在拍摄的摄像机中，必须有几台游机跟踪运动员比赛的过程。

为使转播队伍进场后能够有条不紊地迅速各就各位，在转播的前期准备阶段，导播应根据现场的场地情况设计好各摄像机的机位，明确各摄像机所负责的拍摄范围。对于那些需要使用的摄像机数量较多、场地大或当地环境比较复杂的体育赛事转播，还应详细画出场景图和机位图来，这样进场后才能很快将摄像机设置好。

安排机位不能在家闭门造车，需要到现场进行实地考察后才能进行。机位图画出来之后，如果对其中某个机位的效果没有把握，还要把机子拿到现场去试一下镜头，看是否能够获得所需的画面构图，贡献的角度是否适合画面的需要，如把镜头拉到底后是否能把全景拍完等等。

画机位图，需要用文字与符号相结合，摄像机、人和话筒可用符号表示。目前业内尚无约定俗成的符号。现场的地形、建筑物、树木等可通过摹画其形状来表示。图中的方向按地图的方向：上北下南、左西右东。对于图形无法准确表达的内容，要辅以文字说明，各台摄像机要标明机号及相关辅助设备的情况。

二、电视体育赛事节目的镜头切换原则

对于大多数体育迷来讲,比赛的现场直播是他们的首选节目,电视赛事直播能够使他们有身临其境的感觉,可以第一时间享受体育比赛为他们带来的刺激和快乐,这是电视专题、新闻、专栏节目和其他媒体报道无法比拟和代替的。

一场精彩的体育比赛,观众从电视中看起来是觉得赏心悦目还是费精耗神,是如临现场还是头晕目眩,电视导播镜头的切换为其关键所在。

欧洲足球五大联赛、美国 NBA 篮球赛,这些比赛的电视直播除其赛事十分精彩外,其电视镜头转换也是如行云流水,观众看起来轻松自然,观赏性非常强。反观我们国内的一些赛事直播(足、篮、排),与国际水平有不小的距离。

要让电视观众的兴奋点随比赛精彩场面的不断变化有起有伏,电视导播应遵循一些规律和原则进行镜头切换。

(一) 遵循客观公正、胜者优先的原则

体育实况转播可使全世界几亿位甚至几十亿位电视观众在同一时间欣赏同一节目,客观、全面、公正地进行镜头切换,是转播体育比赛盛况的一个重要因素。只有做到这一点,才可使不同民族、不同文化背景、不同欣赏习惯的电视观众同时聚集在电视屏幕前,愉快地欣赏比赛。

然而有些电视台的转播,对主队有明显的袒护性,如客队犯规就连续放慢镜头,主队犯规就省略不放,有争议时对主队有利就放慢动作,反之就省略。不知做出这样切换的电视导播是否清楚,此时收看电视的观众不只是本地观众。就是本地观众,对类似镜头同样会反感,异地观众对此更会愤愤不平。类似事件在国际大赛上也曾发生过。如第 23 届洛杉矶奥运会的电视现场转播由美国广播公司(ABC)承担,ABC 的电视导播们过于热衷于宣传美国运动员,不厌其烦地大出特出美国运动员镜头,遭到各国电视机构的普遍指责,称这是一次"泛美运动会",而不是奥运会。

在体育比赛中,导播对运动员镜头的分配应该是一致的。如在田径和游泳等体育项目比赛中介绍道次时,无论是大牌明星还是一般队员,每一位运动员特写镜头的规格应该是一样的。冲线时除胜者镜头优先强调外,原则上应看到每个运动员到达终点的情况,因为高水平大赛能够进入决赛已经是不容易了,对于开展此项运动并不广泛的国家和地区来说,拿到第七、第八名同样意义重大。

综上所述,作为优秀的、让电视观众认可的体育赛事导播,"客观公正、胜者优先"是其必须遵守的一条基本原则。

(二) 符合镜头语言的规律

在体育比赛的电视转播中,观众希望亲眼看到赛事进程和细节,对于场面解说兴趣不会太大,因为自己看到的和听别人讲的,效果不一样,前者切实可感,后者需要想象。所

以电视导播应善于发现和抓住比赛过程中的一些有趣的细节和事件，通过画面讲述一个个动人的故事。

导播对镜头的切换要随着场内比赛的节奏和场景的变化而变化，镜头切换过程中切记要照顾电视观众此时此刻对事件的反应，要随时分析电视观众此刻的视觉需求。

在田径比赛的短距离和中距离比赛中，必须保持比赛画面的连续性，尤其是短距离冲刺项目切不可加入其他画面，否则会使观众对比赛记录的真实性产生怀疑。转播跳高比赛项目，必须使用一个连贯的镜头来反映运动员助跑、起跳、空中姿态、过杆、落地等全过程，这样的镜头才能令人信服。马拉松中长跑少用跟和摇镜头，让运动员自然出画，然后看到后面队员，使观众能有距离的真实感。

在田径、体操、球类项目的直播中，过渡画面宜多用中性镜头（纵向并兼顾观众反应），不要引导观众产生方向性的错误。

在图形信号的运用上，电视导播应将字幕叠加在较稳定的全景或中景镜头上，无大幅度的推、拉、摇现象。只有这样电视观众才能清楚地得到信息，而不会产生任何视觉上的不适感。

（三）尽量按照比赛节奏切换

体育赛事导播的职责是让观众先看清比赛，在观众看清了比赛的基础上再让观众全方位、多角度地看好比赛。以足球转播为例，通常的做法是以全景把比赛交代清楚，大特写把握关键人物，比赛停顿或节奏舒缓时重放多角度慢镜，使观众尽量从不同角度看清楚比赛。

要掌握镜头切换节奏的舒缓、快慢，绝非切得越多越好。在让观众看清比赛的前提下，在保持比赛节奏的基础上，适当切换一些短的特写、反应镜头，有助于丰富观众的视觉体验，让观众看到更多细节。

有些比赛的镜头是根据动作变化来切换的，如体操的亮相、助跑上器械、空中姿态、落地等，一般不在动作中间切换，宜在动作前后切换。在比赛的一个段落结束后，可切换到观众、教练的反应镜头，或是进行慢动作回放。但是，需要切记，不要因反应镜头的切换影响下面的比赛。有些比赛还要考虑音乐因素，如花样游泳、冰上舞蹈、艺术体操、体育舞蹈等，就要考虑将切换与音乐旋律的变化进行结合，这要求导播对音乐有一定的研究。

总之，应按比赛节奏，结合项目规律切换镜头，以不影响观众观看比赛为准。

（四）按声画合一的原则进行切换

国际上电视转播包括两种标准信号。

1. 视频：（1）现场画面；（2）为画面配上的图形字幕信号。
2. 音频：（1）现场的原声信号（国际声）；（2）评论员的声源信号（解说声）。

电视转播时应尽可能全面地展现比赛盛况，声画同步是观众的基本要求之一。需要说明的一点是，在现场声采集到位、配合画面天衣无缝时，有时要请评论员"闭嘴"。如教练布置战术，队员专心听讲，声音采集清晰到位时，把这些声音传递给观众，效果会更好。若此时切换的是评论员的高谈阔论，不仅让采声的音响技术人员白忙活一通，也会严重影响观众的观感。

观众对体育赛事节目的钟爱,不只是因为体育比赛本身的精彩,电视转播中声画的有机结合同样影响着观众的情绪。导播切换声画处理得协调,节目的视觉、听觉效果好,观众收看电视转播兴趣就高,反之就会因视觉、听觉效果影响收看比赛的情绪。

电视机前的观众不同于场内的观众,他们是通过电视画面和声音了解比赛的。电视导播对镜头的切换不可随意性太强,必须坚持原则,讲究规律。要把自己当成一个挑剔的观众,做到"观众想看的我有,他们意想不到的也有",让电视观众比现场的观众能从更多的角度、更多的空间去欣赏,让电视观众更过瘾,收看起来更富激情。

第三节 体育赛事电视公用信号制作与导播

一、电视公用信号制作与单边制作

体育比赛的电视转播是电视机构利用从比赛现场获取的以影像和声音为基本形式的信息源进行制作加工后,传送给电视观众观看的一种节目制作方式。

体育比赛的电视转播根据所转播赛事在规模、受众、影响力等方面的不同,可分为区域性体育赛事转播(如一个国家国内的体育比赛)以及国际性体育赛事的转播(如奥运会的转播)。

区域性体育赛事转播流程的最大特点是电视机构在现场拾取声音和图像信号,经过切换处理后制作成节目,可直接传送给观众收看。而国际性体育赛事转播与区域性体育赛事转播不同,其公用信号的部分是由国际奥委会或相关国际赛事的电视委员会指定相关电视机构制作,再由广播电视中心统一提供给转播权的持有者。转播权持有者接收到信号之后,再根据自己的需要制作成适合在本国、本地区直接播放的节目。(见图9-1、图9-2)

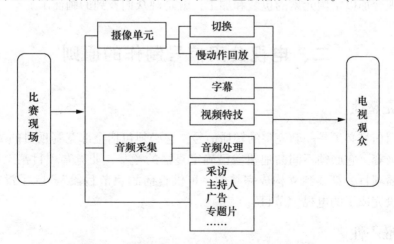

图9-1 区域性体育赛事电视制作转播流程图

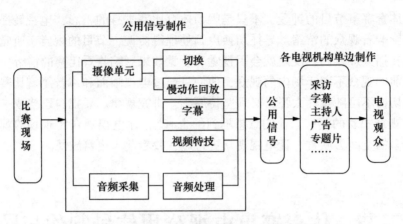

图9-2 国际性体育赛事电视制作转播流程图

体育赛事的电视公用信号制作是电视转播的基础组成部分。电视公用信号制作是将比赛赛场就能获取的以影像和声音为基本形式的信息源提供给转播权持有者——各个国家的电视台和电视制作机构之前进行的制作过程。电视公用信号制作标准便是在这一过程中制作方在技术指标、制作流程、操作规范、实现方式等方面为实现国际性体育赛事电视信号制作的统一性、整体性、公正性所执行的标准，它也是奥运会电视转播商业化操作的产物。

单边制作是指各个电视机构依据事前与国际奥委会或其他相关委员会签订的合同，接收电视公用信号后，再依据本国的需要，添加字幕、解说、采访以及主持人、集锦、片花等节目元素，使电视公用信号变为适合在本国播放的电视节目。

2008年北京奥运会，有来自全世界20多个国家的电视工作者服务于BOB（北京奥林匹克转播有限公司），为全部28个体育赛事项目制作电视公用信号。BOB好比是一个大的电视产品贸易公司，每个比赛场馆就是这些电视产品的制作车间，公用信号制作团队就是车间的工人。电视产品通过光缆传送到BOB，由BOB批发给各个国家的电视台，经过各个国家的电视台加以本国元素的包装和加工，就是观众们看到的画面了。

二、电视公用信号制作的原则

（一）完整性

电视公用信号必须是一套完整的转播信号，它必须包括全部竞赛项目的决赛、大部分的预赛和晋级赛。它必须不间断地覆盖已确定直播的竞赛、非竞赛项目甚至演出的全程。任何一个转播项目，都要独立构成完整的、可供直播的"节目段"，除了没有评论声外，它已经是一段完成了的电视"节目"。

（二）唯一性

电视公用信号必须是一套唯一的转播信号。它的唯一性一方面依靠所有权制度，另一方面来自由唯一一家指定的"主播机构"负责制作。比如广州亚运会，亚奥理事会具有亚运会转播的所有权，各国转播机构将通过申请取得授权，成为"持权转播机构"。但公用信号由广州亚运会电视转播机构——亚运转播有限公司（GAB）负责制作，亚运转播有限公司确定了48个团队制作亚运电视信号，分布在各个场馆中，每个场馆中只有一套转播技术和管理系统。任何其他的转播机构所制作的信号都属于"单边信号"，要在"主播机构"的"管理"和"服务"之内进行。

（三）规范性

电视公用信号一般都有严格的规范和制作标准，要根据一定的程序和规范进行制作。比如，在奥运会的公用信号制作要求中，明确提出运动员入场时的画面景别要先用全景，再跟拍不同的队员近景，每个队员的近景停留时间为3～5秒，下一个镜头应为该国观众或该队啦啦队的画面。再比如，奥运会电视委员会对颁奖仪式非常重视，专门制作了"颁奖仪式电视镜头图表"，详尽地描述了颁奖仪式的电视画面采集全过程，对获得不同名次的运动员镜头景别及画面切换顺序也有专门的规定，而且要求信号制作队伍对颁奖仪式"进行周到的报道"。

（四）平等原则

电视公用信号的内容必须遵从平等原则制作。平等原则首先体现为无歧视、无偏见。以奥运会为例，奥运会是各国运动员的一场体育竞技，也是不同民族运动员的盛会。无论肤色和民族，运动员同场竞技就是为展现人类共同的体育精神，对"更高、更快、更强"的追求。所以，转播信号中，要时刻体现出平等竞争、共同参与的理念。不同国家应该同等地享有镜头的时间长度，让各国运动员在各项比赛中，不会因为国度不同而获得不同时长的转播镜头。

（五）合理性

公用信号制作还必须遵从合理性的原则。只强调公平、公正等原则，而忽略了体育比赛的观赏逻辑，失去合理性，也不能成为"优秀"的公用信号。合理性原则最好的体现便是"胜者优先"的原则。虽然对各国的运动员要平等对待，但为了符合体育竞技的观赏逻辑，对获胜的运动员应特殊地给予更多的关注。

（六）高水准原则

既然被称作公用信号，将被持权转播机构所广泛采用，这个信号就要按照最高的水准进行制作。比如，北京奥运会上，BOB对所有赛事转播均采用了高清信号。在BOB提供的北京奥运会转播信号中，虚拟体育系统给观众留下了深刻印象，如动态世界纪录线、赛道选手国旗标示、选手排名等等，画面生动精美，令人难忘。这些都是关键技术、制作理念和制作质量高水准的结果。

三、电视公用信号制作的内容

电视公用信号制作的内容包括以下几个方面：
（一）开始和结束动画；
（二）比赛现场采集的视频信号；
（三）慢动作镜头信号；
（四）运动会标志转场动画；
（五）英文字幕和计时计分信号；
（六）景观视频信号；
（七）比赛现场采集的音频信号；
（八）插播音乐信号；
（九）虚拟技术；
（十）赞助商标志。

四、电视公用信号制作的导播工作

在体育赛事电视转播中，设备与人员两个要素缺一不可。在现场不具备导播间的情况下，转播设备中最重要的是转播车，一辆转播车就是一个微缩的电视台，包括若干台摄像机（含水下、无线背包、微型等特殊用途的摄像机）、音频系统、视频系统、字幕系统（含图形设计、制作、计时计分等信息采集）、数字特技系统、慢动作系统、播出控制台以及微波发射等。

体育比赛电视转播是一项比较复杂的工程，参与的人员包括导播、摄像师、音响师、体育解说员、节目制作人员等。其中导播是转播赛事的核心。

体育赛事电视公用信号制作的导播是指在制作公用信号时，负责调度、选择、切换、整合处理比赛现场的视频、音频信号，掌握制作时间及信号质量的制作人员。在公用信号制作团队中，最重要、最核心的角色是导播。导播是整个赛事转播的组织者，要对各个工种和各个环节的工作提出要求并有所控制。导播又是赛事转播的指挥员，要对摄像机位和话筒的设置及微调、现场画面的调度与切换、特技、字幕、慢动作重放次序、音频设施的设置及调控等进行统筹安排。

（一）深入了解赛事项目的运动规律与特点

赛事导播必须熟悉要转播的运动项目的比赛规则、项目特点、比赛流程等，只有深入了解赛事项目的运动规律与特点，才能使公用信号的制作符合项目的特点并满足观众的需求。

对项目的了解与熟悉，还能够帮助导播精确有效地衔接各个工作岗位，准确地掌握时间及流程，妥善灵活地处理突发事件，运用电视语言最优质地呈现比赛全貌。

（二）参与制订转播方案

进行大型体育赛事的电视转播，制订方案非常重要。方案中要详细介绍整个赛事的情况，转播时的宣传口径、报道策略，转播实施的具体方案及有关应急措施和注意事项等。这个方案一经批准后，应该成为该次转播工作的总原则。

比赛的级别和比赛的项目不同，对公用信号的制作要求也不同，转播方案的内容也不同。任金州、马国力主编的《体育赛事电视公用信号制作标准研究》中参照国际赛事通行的导播方案，综合奥运会的要求，拟定了如下的方案内容。

1. 赛事简介：包括比赛时间、地点、参赛队、赛程。
2. 电视公用信号制作的对外服务方式：媒体联系方式、联系人。
3. 分组竞赛（预赛、决赛）日程以及场馆安排。
- 制作理念
- 项目制作单位
- 比赛地点的状况以及比赛场地的各项技术指标
- 运动项目相关内容：参赛选手人数、裁判人数、预决赛的简单规则
- 所采用的机器设备情况，重要和新增机位阐述
4. 比赛流程：预决赛的赛前（5分钟）、赛间、赛后（3分钟）国际信号发送流程。
5. 导播脚本：机位图及其说明，字幕、慢动作等特技标准。
6. 电视信号制作分工和要求：
- 视频：镜头、机位、摄像机角度、特殊设备（微型、高速、摇臂等）
- 音频：对讲、耳机、话筒等音频采集设备，分工合作，何时采集、何时应用；音频采集内容包括运动员、教练员、观众的现场声以及其他现场同期声、国际声解说员
- 公用信号转播车或导播间：录像机、监视器、字幕、音频操作台、慢动作系统等
- 字幕：制作要求、总体要求
- 慢动作公用制作方案
- 信号传送
- 供电保障方案
- 通信设备
- 保卫工作
- 通讯录

当然，上述转播方案内容不是唯一的标准。不同级别和项目的赛事，电视导播要根据实际情况进行增删，此方案仅是制订转播方案的一个参考。

（三）精准有效地衔接各个工作岗位

体育赛事的转播是一场集体作业，不同岗位及其工作人员共同组成转播环节上的每一点，这些点要在导播的统一协调下按照自己的职责和任务来展开工作，不能各自为政、杂乱无章。因此，导播应该学会用现代化的管理理念领导制作团队，要有统率整个创作团队的向心力和人格魅力，精准有效地衔接各个工作岗位。

随着电视技术的发展及观众欣赏水平的提高，专业的赛事制作团队分工更加明确，职能更加细化，导播工作也由一两人的工作任务发展为由多人协同配合的导播工作团队。在如今的奥运会各单项比赛的公用信号制作中，导播工作主要由总导播、助理导播、场地导播、慢动作导播、字幕导播、切换导播（视频切换员）这六个职能岗位共同完成。

第四节　足球比赛的导播

一、足球比赛的基本机位设置

国际足联规定，为了确保在转播中摄像机镜头能覆盖全场并保证节目的可看性及转播质量，对国际足球赛的转播，参与现场拍摄的摄像机不得少于 21 部。这是因为，获得国际大赛转播权的电视台可以将所转播的节目信号卖给世界各地的电视台营利，既然要营利，就应当能够反映出比较全面的现场情况，同时，也应为世界性大赛留下比较全面、精彩的记录。

纵观各类足球比赛，欧洲足球的转播水平之高可以说是举世公认的，特别是德甲的转播，在业内是公认的 NO.1。在欧洲，一场比赛的转播机位通常会达到 20 个以上，而在我国，一场中超联赛通常是 10 个机位左右，仅数量上就是有一定差距的。

在足球比赛的机位设置中，主要机位就那么几个，其他的机位大多是锦上添花，出于更多视角和细节的考虑。

以下是足球比赛中必不可少的基本机位。

主机位：通常都是架在主席台一侧的看台高点上，这是一场比赛中用得最多的机位。我们看到的大远景，都是用这个机位拍出来的。主机位拍出来的镜头效果往往受制于比赛看台的高度。国内很多足球比赛转播感觉不如欧洲联赛有气势，究其原因也是国内看台普遍不高所致。主机位的主要作用是交代比赛。在条件允许的赛场，还会有一个鸟瞰机位，架在体育场最高的顶棚或者由飞艇承载，居高临下，将平面感觉的大全景变得更加立体化。

场地机位：通常会在一侧边线设置两台机位，分别在两个半场的二分之一处左右，这些机位主要是用来给出中近景，用来抓拍比赛中激烈对抗的镜头。比赛中的一些关键镜头，像进球、严重犯规等，大多数都要依靠场地机位来给出特写，可以很好地交代对抗双方的攻守转换。

如果说主机位可以帮助电视观众看清楚是哪队进球、哪队犯规的话，那么场地机位就会帮助电视观众看清楚是哪名队员进球、哪名队员犯规。主机位和场地机位通常在同一侧。

在欧洲的高水平转播中，除了这三个机位之外，通常还会在同侧看台的两边以及对面看台架设机位，前者会设在大禁区线平行线位置的看台上，主要是用来捕捉越位瞬间，并提供慢放，后者是用来抓拍主席台观众以及教练席上众生相的主要力量。

双方球门后的机位：这两个机位并不是在球门正后方，而是在球门后面45度角的地方，镜头可以纵向贯穿全场。此镜头的作用一是可以在转播中调节景别，让比赛看起来更立体一些，还有一个重要作用就是回放进球或者射门，球门后的景别总能带来不同的感觉。在守门员开球门球时，很多导播也喜欢用球门后的镜头进行展示。

在水平更高的赛场，球门后设置镜头的同时还会架设一个摇臂，所以我们会看到很多时候镜头是从下往上摇着拉出来的，和守门员将球开出去的节奏感、方向感都很一致，这种镜头看起来就很舒服，不像普通机位拍出来的那样略显呆板。

有了以上这些基本机位，一场足球比赛就可以顺利地转播下来了。当然，由于比赛规模、场地情况不尽相同，也有很多不同的机位设置方法。比如说球场一端有高大建筑的，就会有导播把摄像机架设到很高的楼顶，特别是在球门背后的高楼之上，那里拍出的景别要比球门后面的好很多，起码看起来接近鸟瞰的全景，这也是国内转播中较为常见的一种架法。

还有在比分牌下架设机位的、在球门内设置微型摄像机的等等，让导播可以选择的镜头更多。国外的足球比赛，机位设置几乎无死角，全场的每一个角落都在镜头跟踪之下，很多镜头设置在我们看来不过是摆设，有时候一场比赛也用不着几个镜头，可他们就是坚持这种"资源浪费"，而那用上的一两个镜头，往往都可以说是经典中的经典。

一般来说，不同的比赛规模和级别有不同的机位配置标准，举例如下。

- 国内标准：2006年中国之队挑战赛8个机位，包括超级慢动作摄像机1台、微型摄像机1台、便携式摄像机1台和大型摄像机5台；镜头倍数分别为20倍、55倍、70倍、20倍、20倍、33倍、33倍、广角。
- 洲际标准：2004年亚洲杯决赛13个机位，包括摇臂式摄像机1台、超级慢动作摄像机1台、微型摄像机1台、便携式摄像机1台、大型摄像机9台；镜头倍数分别为20倍、70倍、70倍、55倍、20倍、20倍、20倍、33倍、33倍、33倍、20倍广角、55倍、8倍。
- 奥运标准：2004年雅典奥运会足球决赛14个机位，包括超级慢动作摄像机2台、微型摄像机1台、便携式摄像机1台、便携6米自动控制摇臂式摄像机2台、大型摄像机8台；镜头倍数分别为20倍、55倍、55倍、55倍、4倍、4倍、70倍、70倍、20倍、55倍、20倍、70倍、55倍、10倍。
- 世界杯标准：2002年世界杯决赛22个机位，包括超级慢动作摄像机6台、微型摄像机2台、摇臂式摄像机2台、斯坦尼康2台、大型摄像机10台。

2006年德国世界杯赛24个机位，包括超级慢动作摄像机6台、微型摄像机2台、摇臂式摄像机2台、斯坦尼康2台、大型摄像机12台。

2004年雅典奥运会足球决赛在希腊的雅典体育场举行，AOB（雅典奥运广播机构）在所有的预赛节目制作中使用的是11台摄像机，其中包括2台超级慢动作摄像机和2台智能控制摇臂式摄像机。在决赛阶段补充了3台摄像机以增加报道范围。2004年8月29日的决赛当天，由于大部分的比赛已经结束，在设备使用上也相对宽松，AOB决定在标准基础上又补充了2台摄像机（分别是位于球场另一端的11号机位也就是所谓的越轴机位，还有就是位于右侧看台高位的16号机位，用以俯瞰全场），最终实现的是16讯道的转播。

2004年亚洲杯是中国承办的国际足球赛事，决赛中的转播实现了13讯道转播，代表了国内最高级别的足球转播信号制作水平。同奥运会相比，亚洲杯在机位设置上（13机位）和2004年奥运会足球决赛的一般标准（14机位）只相差了一个机位（一端球门后的摇臂摄像机）。

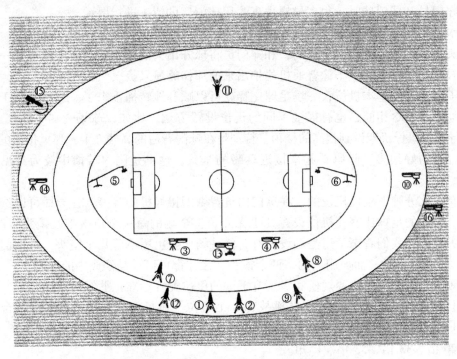

图9-3　2004年雅典奥运会男子足球决赛16机位图

图9-3为雅典奥运会男子足球决赛机位图，16个机位的配置、位置与功能如表9-1所示。

表9-1　2004年雅典奥运会男子足球决赛机位设置详情表

序号	类型	镜头	安装形式	位置	覆盖范围
1	大型	20	三脚架	中间看台，高位	主要拍摄位
2	大型	55	三脚架	中间看台，高位	中部拍摄位，分解
3	大型	55	多轮轴矮平板	18米线（左），地面高度	比赛、特写镜头和回放
4	大型	55	多轮轴矮平板	18米线（右），地面高度	比赛、特写镜头和回放
5	便携	4	6米自动控制摇臂	左侧球门后	回放
6	便携	4	6米自动控制摇臂	右侧球门后	回放
7	大型超慢动作	70	三脚架	左看台，中位	特写镜头、回放
8	大型超慢动作	70	三脚架	右看台，中位	特写镜头、回放
9	大型	20	三脚架	16米线（右），高位	比赛、越位回放
10	大型	55	三脚架	球门区端部高位，右侧	球门拍摄、回放、景观拍摄
11	大型	55	三脚架	看台，中位	替补席、观众反应、犯规回放

续表

序号	类型	镜头	安装形式	位置	覆盖范围
12	大型	20	三脚架	16米线（左），高位	比赛、越位回放
13	大型超慢动作	70	LW三脚架	中间两个替补席之间	展示、置换、替补席
14	大型	55	三脚架	球门区端部高位，左侧	球门拍摄、回放、景观拍摄
15	微型	10	自动控制	看台高位，左侧	赛场广角拍摄
16	大型	55	三脚架	球门区端部最高位，右侧	鸟瞰球场及球场全景

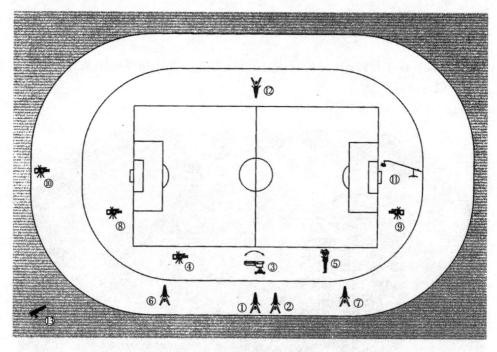

图 9-4　2004年亚洲杯男子足球决赛13机位图

图 9-4 为 2004 年亚洲杯男子足球决赛机位图，各机位基本情况如下。

1 号机：设置在球场看台中央的高点位置，球场中线的延长线上。负责提供主要的转播信号——主要为全景。镜头倍数：20。

2 号机：设置在球场看台中央的高点位置，与 1 号机并排。负责提供转播中的中景和近景。镜头倍数：70。

3 号机：设置在跑道正中的低机位，球场中线延长线处，不超过替补席的前端。视线与球场平行，负责近景和反应镜头。镜头倍数：70。

4 号机：设置在跑道场地边替补席和角球区之间，左侧教练员席外部，不能挡到球员休息区域的观察角度，视线与球场平行。负责教练员席、近景和反应镜头。镜头倍数：55。

5 号机：斯坦尼康，设置在跑道场地边替补席和角球区之间，右侧教练员席外部，不能挡到球员休息区域的观察角度，视线与球场平行。负责教练员席、近景和反应镜头。镜头倍数：20。

6号机：设置在1号机左侧大禁区延长线评论席屋顶上。负责越位，特别是需要重放慢镜的越位镜头，加上最近一方的守门员、边裁和射门反应的近景。镜头倍数：20。

7号机：设置在1号机右侧大禁区边缘平行的高点处。负责越位，特别是需要重放慢镜的越位镜头，加上最近一方的守门员、边裁和射门反应的近景。镜头倍数：20。

8号机：设置在左侧球门后。负责进攻的重放，加上反应镜头。镜头倍数：33。

9号机：设置在右侧球门后。负责进攻的重放，加上反应镜头。镜头倍数：33。

10号机：设置在左侧球门后高架平台上。负责进攻的重放，加上反应镜头。镜头倍数：33。

11号机：摇臂广角，设置在右侧球门后。负责进攻的重放，加上反应镜头。镜头倍数：20（广角）。

12号机：设置在主看台的对面，负责任何行为的反方向角度的镜头，必须在字幕中标明。镜头倍数：55。

13号机：大全景。镜头倍数：8。

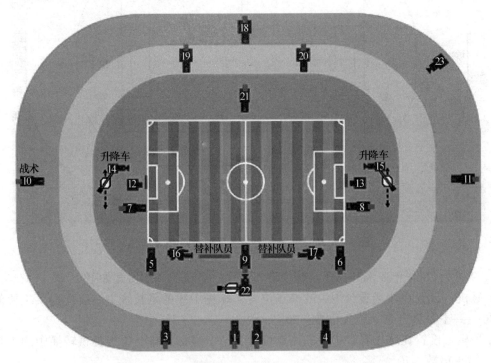

图9-5　2002年日韩世界杯男子足球决赛22机位图

图9-5为2002年日韩世界杯男子足球决赛机位图，各机位基本任务如下。

机位1：俯瞰拍摄，提供主广角镜头。

机位2：提供比赛的中特写和特写镜头拍摄。

机位3和4：位于16米边线，用于拍摄进攻镜头。它们还将提供最近守门员和巡边员的中特写镜头。

机位5和6：提供运动员和动作的低角度超级慢动作重放。

机位 7 和 8：位于球门后的两台超级慢动作摄像机。

机位 9：位于中央边线的俯仰角度摄像机。

机位 10：位于左球门后高处的专用战术馈送摄像机。

机位 11：安装在右球门后高处。

机位 12 和 13：置于每个球门近处的微型摄像机。它们将提供近球门处动作的特写重放。

机位 14 和 15：位于每个球门后、安装在摄像升降车上的摄像机。

机位 16 和 17：拍摄运动员、替补队员及球场其他动作的手持式摄像机。

机位 18：用于拍摄边线上的教练员、领队、运动员并负责动作重放的倒摄摄像机。

机位 19 和 20：用于足球队 A/B 拍摄的两台俯仰倒摄摄像机。

机位 21：中线反面超级慢动作摄像机，俯仰角度。

机位 22：在边线上的移动或手持式摄像机。

机位 23：提供足球场的航拍镜头，如果有可能的话，提供周边地区的镜头。

2014 年巴西世界杯共设置了 35 个机位，其中有 13 个专用于 4K（超高清）转播，其他 22 个机位用于一般的高清转播。其中 4K 转播机位图如图 9-6 所示。

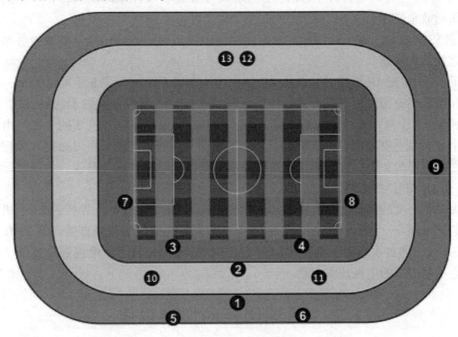

图 9-6　2014 年巴西世界杯 4K 转播机位图

4K 转播摄像机机位的设计包括 12 台 PMW-F55 摄影机和 1 台 F65 HFR 摄影机，共 13 台机器分布在球场周围。由于现场高清系统的 22 个机位已经覆盖了整个球场各个角落，4K 转播摄像机需要在有限的范围内尽可能地充分利用机位资源。

主机位 1 号机位于球场看台上方中间位置，拍摄手法与正常高清主机位相同。

2 号机位于 1 层看台中央，左右各有两台高清慢动作机位。2 号机作为主机位特写。

由于电影镜头的焦段不能做到电视大倍率镜头一样的长变焦范围，为了能够捕捉到大特写画面，并没有将 2 号机放置在 1 号机旁边，而是下到一层看台中间位置即主机位正下方，离球场和球员也更加接近。

3 号机和 4 号机位于场地边线两侧。高清系统在场地内替补席两侧是采用两台斯坦尼康作为游机拍摄，所以 4K 在这个位置放置了 3 号机和 4 号机两个"坐地炮"，以球场偏两侧视角来补充特写镜头。

1 至 4 号机作为比赛中导播主要使用的机位画面，占据总时长 85% 左右。

5 号机和 6 号机在 2 层看台的左右两边，视角比较类似高清拍摄越位的机位。6 号机为 F65 HFR 机位，是所有机位中唯一一台真正的高速慢动作 4K 摄影机，主要负责抓取精彩瞬间进行慢速回放。

7 号机和 8 号机位于两侧球门后方，用于捕捉发生在靠近边线或者禁区内的精彩瞬间，视角正对进攻方球员，可以为进攻慢动作提供大量有效镜头。

9 号机位于右侧球门后正上方，从垂直视角俯瞰半场攻防，作为所有机位中唯一纵向拍摄的，主要展现进攻方的传射路线轨迹。

10 号和 11 号在一层看台左右两边，在比赛中根据需要抓取球场局部特写，绝大多数供慢动作回放来使用。

12 和 13 号机位于球场对面反打方向，比赛中较多时间各自拍摄一侧的教练席，捕捉教练和替补队员状态。

除了 13 个常规 4K 讯道外，此次 4K 制作还从高清系统补充了 8 个高清画面，如场边游机位和飞猫系统摄像机、直升机场外全景等特殊机位，通过变换成 4K 的方式，偶尔用于补充画面。8 个高清画面送入矩阵后，通过矩阵控制面板，以 8 选 2 的方式，由副导播在比赛中（特别是赛前球员进场时球员通道的画面等只有高清游机可以捕捉）根据需要选择 8 路之中重要的 2 个高清画面送到两路输出上变换信号中。也就是说，导播实际上最终是在 13 个 4K 信号和副导播选送的两个上变换信号中进行切换。

作为四年一度的体育盛会，世界杯的摄像机位从 2002 年日韩世界杯的 23 个机位，到 2014 年巴西世界杯的 35 个机位，从 2002 年日韩世界杯的标清视频直播，到 2010 年南非世界杯 3D 技术的首次应用，再到 2014 年巴西世界杯的 4K 技术，电视观众见证了在世界杯舞台上不断进步的电视技术力量。

二、足球比赛的切换规律

赛事的转播，其实就是把发生在赛场内的"故事"完整、准确、精彩、及时地传递给电视机前的观众，让观众们详细地了解"故事"的每一个情节。

要使故事完整和精彩，在"讲故事"的过程中，转播人员应把场面的整体和细节合理地进行融合，既保证故事的完整，又突出细节，以使整个故事"讲述"得跌宕起伏，耐人回味。

"故事"的完整性，是对电视转播最基本的要求。一般来说，只要是有一定经验的导播，基本上都能够把一场足球比赛相对完整地展现出来。而一场比赛转播水平的高低，关键是如何使呈现在电视屏幕上的"画面故事"更加精彩。信息量和细节的捕捉是使故事精彩的重点。

在赛事转播时，转播的画面、现场的声音、解说员和评论员的现场解说与评论以及字幕等一起构成了电视转播传递信息的要素。这其中，镜头语言的运用无疑是最关键的。合理设置的摄像机机位，可以从不同的角度展示比赛，使电视观众看到一般场内观众看不到的场景。

国外电视转播机构在足球比赛转播中的一般切换规律，体现在以下几方面。

（一）各个环节的切换规律

1. 球门球

一般足球比赛都在球门后放置了摇臂。在运动员准备开球时，球门后面的摇臂由球门后升摇至全景，随着球门球的开出而展现出球场内双方球队对阵的整体场面。这种镜头的运用使整个电视画面极具纵深感。

2. 角球

球员在准备开角球时，场边的斯坦尼康机位移至发球者（人全景别）——守门员（小全或特写）——随着角球的开出，切换为球场主机位的大全景。如果角球是在远离斯坦尼康机位的球场的对面一侧，一般切换的方式为：开角球球员（特写）——守门员（特写）或是防守队员（全景）——主机位的大全景。通过这种镜头的转换，展现出进攻和防守球队的阵形及队员的位置变化。

3. 边线球

一种切换方式为：同一侧的斯坦尼康跟拍发球球员（人全景或特写）——接球球员（看台上的小全机位、特写）——大全景。另一种方式为：发球球员（对面的越轴机位所给的特写镜头）——接球队员（正方向机位的小全镜头）。如果边线球是在球场的对面，一般切换的方式为：发球球员（小全机位、特写）——接球球员（人全或特写）——大全景。

4. 点球

点球是足球比赛中最为紧张和激动人心的时刻。在转播时，如果镜头运用得当，会传达出许许多多场内和场外的信息。如德国世界杯2006年6月17日举行的小组赛葡萄牙与伊朗的比赛，当比赛进行到下半场时，葡萄牙年轻球员的代表C. 罗纳尔多（即小小罗）主罚点球。本场比赛的切换导演此刻反复切换小小罗、门将、观众、双方球员的画面，表达出的信息为：这是小小罗作为正在成长的新星的第一次世界杯，他代表着他这一代球员对于进球的无比渴望，如果这粒点球打进，这将是他世界杯历史上的第一粒进球，这粒进球将代表他个人足球生涯新的历史。同时这一点球罚进与否，对整个球队也会起到极其关键的作用。导播在这一段时间的切换频率高达平均每4秒钟切换一次，以突出比赛的紧张气氛。

5. 进球

一般的切换方式为：转播时的大全景，拍摄到进球——进球队员在进球后的欢呼（小全推至特写）——球迷欢呼（局部、全景）——守门员（特写）——进球一方球员的多人欢呼或教练席（全景或特写）——慢动作回放。

6. 犯规

一般的切换方式为：裁判（特写）——犯规球员（特写）——被侵犯者（特写）——慢镜头回放（根据拍摄情况和犯规的特点用小全机位的镜头或其他机位的人全景或特写镜头）。

7. 换人

一般的切换方式为：准备上场球员、背身（近侧球场中间机位，人全景别）——换下球员（小全推至特写）——准备上场球员（球场对面机位、越轴镜头，特写）——换下队员与上场队员握手离开，表情或高兴或失望（场地边机位，人全景别）。

（二）慢动作的切换规律

对于足球比赛的电视转播来说，慢动作的运用是影响转播质量非常关键的一环。慢动作的回放是否及时，能否抓拍细节，镜头组接得是否合理，直接影响转播的精彩程度。具体规律主要体现在以下几个方面。

1. 射门

射门慢动作的回放一般都是以"组"的方式来播出的，把几个不同机位的慢动作组合在一起进行回放。射门的慢动作回放一般切换规律为：进攻射门（大全景）——球门后摇臂（大全景）——防守一方守门员的反应情绪，大喊（小全景）。

2. 犯规

其慢动作回放规律为：犯规过程（跟拍有球队员的小全机位特写镜头）——被侵犯者被侵犯后的痛苦表情（特写）——犯规者的表情（特写）。

3. 进球

进球是足球比赛转播中慢动作回放应用频率最高的一个环节，一般慢动作回放方式为：跟进球球员的小全机位——越轴跟进球球员的小全机位——门后机位拍摄到的进球过程——进攻时拍摄到的大全画面。

以 2006 年世界杯韩国与多哥队的比赛为例，当比赛进行到下半场第 14 分钟时，韩国队球员李天秀利用前场任意球，为韩国队打进一球。当场导播切换的第一组李天秀进球慢镜头为：越轴机位小全景别——挂在球门右上角的微镜——场地对面中间的越轴机位小全景别。

在比赛进行当中插播了第二组同一入球的慢镜头，其方式为：场地边线中间位置的机位，人全景，再现进球过程——场地对面越轴机位特写，进球球员李天秀与教练拥抱。

比赛进行至下半场第 27 分钟，韩国队球员安贞焕为韩国队打进第二粒入球后，其慢镜头切换过程为：进球后的安贞焕欢呼（人全景）——韩国球迷（小范围全景）——安贞焕欢呼（人全景推至特写）——进球过程再现（球门后摇臂镜头）——进球慢动作回放（正面看台上的大全景）——韩国队球门后看台上的全景——多哥队球门右上的微镜（进球后韩国守门员的反应情绪）。

在进球后慢动作回放的运用上，对镜头的画面是有选择的，一般来说，在回放第一组进球慢镜头时，镜头多选择全景的画面，以使观众能够从多个角度看清进攻方的进攻阵形和进攻球员的传接球以及跑位等战术内容，而第二组镜头，画面多使用中近景和特写镜头，以表现进球球员的射门动作细节和进球后两方球队球员、教练员、球迷的表情细节，突出情感因素。

（三）斯坦尼康的运用

在足球转播中，特殊机位的合理运用，会产生特殊的效果。斯坦尼康设备是足球比赛电视转播常用的一种特殊手段。国外电视转播机构对于斯坦尼康机镜头的使用主要体现在以下几个方面。

1. 当足球在球场接近边线方向运行时，导播经常用到斯坦尼康机位的画面。一般切换方式为：大全景——斯坦尼康机位所拍摄到的球员（中近景）带球进攻、传球或双方球员的对抗——大全景。

2. 罚角球时，斯坦尼康移至角球位置拍摄进攻球员开角球。一般切换规律为：大全景——斯坦尼康的中近景——禁区内的防守队员和进攻队员——大全景。

（四）其他切换技巧

足球比赛踢得是否精彩取决于比赛的双方球队，而比赛转播得是否精彩则取决于电视转播人员。在切换足球比赛时还应注意以下一些细节，这也是保证电视转播画面激烈精彩的有效手段。

1. 除大全景机位外，其他机位在给单个球员的镜头时，一般的手法都是由人全景推至特写，即由"面"到"点"，由"整体"到"局部"，既展现出球员的动作，又能突出面部表情，给观众刻画出"有血有肉"的球员形象。

2. 越轴画面的运用。近几届世界杯的转播中，越轴画面开始越来越多地使用在慢镜头回放过程中，因为有些进球从球场对面的角度来展现会更加清楚，所以，这一原本是转播"大忌"的电视画面近些年也更多地为电视观众所接受。为了尽可能避免让观众在看电视时"迷糊"，在使用越轴画面时，一般都会在屏幕的右上角给出英文提示"Reverse Angle（反向角度）"。

此外，在切换足球比赛时，切换频率和节奏也是重要的因素。一般来说，切换频率要根据具体的比赛情况和比赛进程进行调整。比赛刚开始时，双方球员都只是在进行试探性进攻，比赛节奏不快，这时切换的频率可以低一点。随后随着比赛的进行，双方的对抗开始增多加强，节奏加快，切换频率也应逐渐增高，使视觉冲击力达到高潮。

三、足球比赛电视公用信号制作切换的标准化程式

（一）开场和比赛阶段

1. 比赛开始阶段的入场仪式、升旗、双方猜边、开球
2. 比赛开始
（1）给出球场大全景；

（2）适当插入球员近景画面；

（3）场边用可移动机位给出通道口球员和裁判员等待的画面；

（4）适当插入场内替补球员的近景画面；

（5）球员出场，场边出球员正面，可以使用高处机位出全景画面；

（6）队伍出场时人们的反应镜头和近景由场地对面的越轴机位和位于大禁区延长线上的机位给出；

（7）唱国歌时，出球队的大全景、球员的全景和近景，或者集中画面交替使用；

（8）位于中线附近的固定机位从第一个队员摇到最后一个队员，或者使用斯坦尼康摄像机移动拍摄球员的近景画面，在使用斯坦尼康摄像机时要注意尽可能地使其不要出现在全景画面中。

3. 比赛现场画面（略）

4. 观众席反应

（1）比赛前观众的反应镜头由场地对面的越轴机位和大禁区延长线上机位完成，通常是中近景画面；

（2）比赛当中的观众反应镜头由越轴机位完成，通常是为渲染现场气氛而插入的画面。

5. 教练和替补席反应

（1）越位机位拍摄；

（2）位于场边的机位也可以根据导播要求适时协助拍摄。

6. 明星球员的表现

（1）在奥运转播过程中没有明星机位，但商业色彩较浓的比赛为了保证收视率，经常有这样的机位，位于场地高处，与主机位平行；

（2）锁定某一位或者几位明星球员；

（3）提供明星球员不同景别的画面供导播选择；

（4）在特殊情况下，如明星球员受伤、恶意犯规等，该机位就成为转播的有益补充。

（二）特殊情况

1. 犯规及犯规引起的判罚

（1）犯规球员的近景；

（2）两到三个机位给出防守方球员的近景；

（3）捕捉替补席上的反应镜头，可以出现在回放画面中；

（4）回放时反向的越轴机位会拍摄很清楚的犯规过程，此时，大禁区延长线上的越位机位也可以给出很清楚的交代，让观众看出犯规的具体地点。

2. 换人

（1）场地导播通知转播车相关球员的数据；

（2）摄像师和字幕导播准备；

（3）越轴机位给出第四官员举牌的中景画面，此时画面中还应包括被换上的球员的近景；

（4）被换下球员的近景；

（5）两位球员替换间的拍手或者拥抱全景，以及第四官员及其手中的号码牌；
（6）换下球员和教练的交流过程中景；
（7）回到全景画面，比赛继续进行。

3. 事故（赛场停电、场地倒塌、自然灾害等）
（1）如果是停电，不要慌乱；
（2）各工作人员坚守岗位，保护好设备；
（3）导播启动紧急预案；
（4）来电后迅速调整设备，以最快速度恢复直播状态。

4. 违反体育道德的红、黄牌
（1）被罚球员的中景画面；
（2）裁判出牌的中近景画面；
（3）上红牌或黄牌的字幕；
（4）对于违反体育道德的犯规一定给予回放，特别是出现红、黄牌时。

5. 球员受伤
（1）受伤队员的近景或者特写；
（2）插入犯规的回放画面；
（3）替补席上队员或者主教练的反应镜头；
（4）其他队员和受伤队员以及裁判的小全景；
（5）交替出现反应镜头以突出焦虑的感觉。

6. 某一方得分或者进球
射门进球：
（1）进球后的反应镜头；
（2）得分队员的两个近景；
（3）队友们庆祝的画面；
（4）防守方守门员和防守方队员近景；
（5）如果可能，给出替补席上的球员以及球迷欢呼的反应镜头。

射门进球回放：
（1）射门得分至少回放两次，而且要来自不同角度；
（2）回放后，要出现得分球员的近景；
（3）上球员名字的字幕；
（4）最后回到大全景；
（5）此时屏幕下方三分之一处要给出比分字幕。

7. 加时赛处理
（1）等待时间要给球员准备活动的镜头；
（2）球迷反应镜头；
（3）加时赛开始后的镜头顺序和比赛最开始的时候相同；
（4）加时赛的中场休息时给队员离场的镜头；
（5）球员在交换场地时交谈或者面部表情的特写。

8. 中场休息

(1) 上半场结束前两分钟的时候要拍裁判镜头，捕捉吹哨子的一瞬间；

(2) 上半场表现出色的队员或者是进球得分队员的近景；

(3) 最后以一个大全景结束上半场比赛。

9. 球门球的处理

(1) 开球时是全景；

(2) 在球下落时可以给出争顶的动作；

(3) 最后切回全景画面。

10. 球门区的任意球处理

球门区前的任意球是一个特殊时刻，因为很可能出现进球，因此要多用近景画面来营造故事性和戏剧性的气氛。

(1) 全景画面（包住半场）；

(2) 守门员的近景镜头；

(3) 人墙的镜头；

(4) 也可以用球门后机位将守门员和罚球人都包含在画面内，场边的机位给出守门员近景；

(5) 开球前给出罚球人的近景。

11. 角球的处理

角球：

(1) 踢球人的近景；

(2) 如果角球出现争议要事先回放一下刚才的犯规情况；

(3) 守门员近景画面；

(4) 给出全景画面；

(5) 如果机位足够调度，可以再捕捉一下接头球的队员或者头球经常得分的队员；

(6) 最后回到大全景。

角球回放：

(1) 回放的画面主要是来自球门后的机位；

(2) 位于体育场另一侧的越轴机位在这个时候也可以提供一个不错的回放角度。

12. 点球的处理，方法类似于大禁区前的任意球

(1) 给被犯规人的近景；

(2) 犯规队员的近景；

(3) 给替补席上的反应镜头；

(4) 两队球迷不同的反应镜头；

(5) 点球罚球之前，球门后的机位给出大全景；

(6) 高处机位跟拍球员的走动画面；

(7) 最后回到全景画面给罚点球前的镜头。

13. 点球决胜的处理

(1) 用全景给出第一个罚点球的队员穿过球场、走到罚球区的镜头；

（2）给进球队员特写；
（3）给罚点球的队员特写镜头；
（4）提供罚点球队员队友的镜头；
（5）球迷镜头；
（6）用全景摄像机提供点球镜头；
（7）给出一到两个慢镜重放。

另外，可以用球员的近景，来表现他们的表情、激情，即用画面营造一种戏剧性的紧张气氛。

14. 界外球的处理

界外球发生的区域较大，在两条边线都可以发生。
（1）近端界外球，位于场地边线的摄像机都可以拍摄；
（2）远端界外球用位于高处的摄像机拍摄（一般来说用 2 号机完成这一过程）。

15. 伤停补时的处理
（1）可以上字幕表示；
（2）也可以用第四官员举牌的画面来表示。

（三）赛后流程

1. 比赛结束、观众反应
（1）字幕导播在比赛结束前要准备好全景画面（因为要出字幕）；
（2）摄像机捕捉裁判吹口哨的一瞬间；
（3）回到大全景；
（4）可以给一些胜利者或者失败者队伍的画面；
（5）条件允许给球员一些近景画面；
（6）最后要回到大全景画面表示比赛结束了。
2. 胜负双方的反应，一般由越轴机位给出
3. 制作并播放比赛的精彩镜头集锦
4. 调整机位准备颁奖仪式（升旗、全队领奖、最佳球员领奖等）

值得说明的是，足球赛制的特殊性，决定了现在的足球比赛颁奖仪式没有一个固定的模式可以遵循。首先，足球比赛所处的比赛场地较大，而且参与领奖的选手也较多（队员和教练组共有 30 人之多）；其次，足球比赛结束后现场气氛非常热烈，很多获胜球队的工作人员和球员拥抱在一起，欢庆胜利的场面非常混乱，在这种情况下导播很难给某个球员或者教练的特写，此时教练和队员很可能已经淹没在了欢庆的人群之中；最后，一般情况下广大电视观众收看的都是五大联赛或者中国联赛的比赛，不到赛季的后半段是没有颁奖仪式的，而且就算是世界杯、美洲杯、欧洲杯、亚洲杯，这些规模不同、级别不同的比赛也都是经过了少则十几场、多则几十场的比赛后才决出冠亚军，举行颁奖仪式。因此，足球比赛的一个特点就是比赛周期长，参赛球队多，颁奖仪式少。但在颁奖仪式上转播的基本原则仍然是胜者优先，兼顾公平。

第五节　篮球比赛的导播

一、篮球比赛的导播工作

体育赛事转播工作既是一种个人激情的表达，也是团队合作的结果。说到如何做好篮球转播，因为每场比赛都是不同的，所以理念和方法也不尽相同。篮球比赛是一个比较适于电视表现的项目，不过要做好也是有一定难度的。宽泛地讲，转播需要扎实的导播技能。而要深入做好转播，就需要一定的技巧，这样才能让观众看得"如痴如醉"。

（一）制订计划，注意细节

做篮球比赛导播，首先要做计划，在赛前会上布置各机位任务。比如在拍三分篮时，哪个机位拍摄插入画面，或者在一个精彩的进球之后，哪个机位拍摄得分人，哪个机位拍摄助攻手。

要把篮球比赛拍得更漂亮，有很多细节要进行处理。比如，一个没有经验的导播会在投篮得分结束之后，只给得分人"英雄模式镜头"。但实际上篮球比赛是一个空间表现力很强的体育项目，给得分人一个关键传球的运动员也许更值得出现在"英雄模式镜头"中，因为在这种情况下得分人所做的只是把球投入篮筐而已。经验丰富的导播会给出这两个人的镜头。当然，对导播来说，难点在于如何安排机位任务：必须保证给出得分人的镜头，而不是两个机位都在拍传球人。

再举一个细节处理的例子：如何表现犯规。很多无经验的导播只表现犯规的一方。实际上应该表现双方。当然，这并不是说每次犯规都要表现双方，但是导播必须做到对相关人物心中有数，这样才能决定每次应当表现哪一方（是着力表现犯规人还是优先表现被犯规的运动员）。

（二）机位设置

篮球转播的基础机位包括：一个高机位全景来拍摄以球为中心的比赛动作；在此机位旁边需要有一台摄像机拍摄得胜者或失败者的近景。其他标准设置包括在球场边线上的手持、移动摄像机。比较典型的机位编号和各机位分工如下。

1号机：中场，高机位，跟球，拍摄全景。
2号机：中场，高机位，跟持球人，拍摄犯规等。
3/4号机：篮下。通常用于回放，也用于拍摄反应镜头、犯规动作、三分篮手的近景、教练、观众。
5/6号机：一台通常是中场手持机位，另一台是球场一角的低角度机位，都用于拍摄得分人、教练、动作回放、观众和一些过渡镜头。

7/8/9号机：特殊摄像机群。通常为电脑遥控，架设在篮板后或球场中场上方。

最基础的机位是前四个。通常在五机位转播时，在5、6号机的选择中并无先后之分，有的人就非常喜欢用球场一角的低机位，这个机位能够捕捉到球员近景、情绪镜头和反应镜头。而中场边线手持机位会给电视机前的观众带来一种身临其境的感觉，拍摄的现场镜头冲击力强，用于慢动作回放时镜头更是非常漂亮。NBA比赛时运动员会玩很多篮板花样，篮板后的遥控摄像机对捕捉这些动作，表现NBA比赛的特点，具有决定性意义。

在不同的场合，可以有多种不同的机位设置。这些设置方法各有利弊，没有对错之分，只是喜好问题。另外，很多导播会在场馆屋顶的一个角落设置一个POV（视点）超广角摄像机，用这个大全景镜头作为过渡画面、进出广告的衔接画面或上数据字幕的背景画面。

（三）表现情绪

在体育比赛转播中，表现赛场情绪是很重要的，但在篮球比赛转播中要想表现情绪的确有一定难度，因为用即时慢动作回放来讲故事、表现情绪往往比较难以实施。这是由于篮球比赛在投篮得分之后马上会继续进攻，只有死球或者暂停的时候，导播才有时间来做慢动作回放。投篮得分时，若能切出观众或替补席队员热烈欢呼的镜头，效果就很棒。在比赛未中断的情况下，这样的短暂镜头可以很好地提升电视观众对现场热烈气氛的感知程度。

二、篮球比赛的基本机位设置

篮球比赛转播中决定机位设置的因素很多，导播风格、摄像机数目、场馆条件以及对比赛的电视信号制作的特殊要求等，都会影响摄像机的任务和位置安排。但是无论怎样进行机位设置，都是在基本机位之上进行变化和调整的。基本机位是保证能够从全貌和细节上清晰准确地讲述比赛故事、反映项目特征的必不可少的机位。在此基础之上，导播可以根据现有条件和要求增加摄像机的数量，确定各个不同的机位，以求更加生动、细致地展现比赛。

（一）美国篮球比赛基本机位设置

在美国，早期的篮球比赛电视信号制作较多使用五讯道电视信号制作车。另外，很重要的一点是，对美国篮球文化有着重要影响的是大学、中学、地区的篮球比赛，这些比赛因为经费所限，在电视信号制作中也较多使用五讯道电视信号制作车。因此，美国权威的电视体育教材一般认为篮球比赛电视信号制作的基础机位为五个。

下面介绍美国篮球比赛电视信号制作的两个典型的基本机位（五机位）设置方案。两者的共同特点是：主机位、篮下两个便携机位、场馆一角的全景摄像机。不同之处在于，或在主机位旁边设置一个高角度的近景机位，或在中场地面高度边线上设置一个近景机位。这样的设置，基本上都可以做到高、低角度结合，准确地反映比赛的全貌和细节。

如图9-7所示，第一种方案，两个机位正对球场中线附近，处于观众席中间高度，这样可以很好地模拟坐在观众席正中间位置的观众视角。

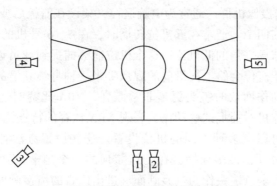

图 9-7　美国篮球比赛基本机位设置方案一

1 号机是比赛电视信号制作的主机位。拍摄比赛流程，跟球。

2 号机在 1 号机旁边，它的主要任务是跟踪控（运）球队员，景别为近景。

在控（运）球队员处于无防守状态时，比如准备罚篮投三分球或暂停，导播可能会选择 2 号机切队员近景。因为 2 号机拍摄的主要是队员个人动作，所以经常用于回放。

在休息或暂停期间，队员们在替补席区围住教练时，这两个机位分别拍摄两个队的替补席区。

3 号机也架设在较高位置，通常是场馆一角的最高处。这个机位也叫转场机位。把它的变焦镜头调为最大广角，可拍摄场馆大全景，用在广告插播前后，或是作为字幕、比分的背景画面。

这三个机位都使用三脚架，提供非常平稳的画面。因为机位距比赛场地较远，镜头放大倍数较高，在这种情况下，三脚架对于维持画面的平稳至关重要。

4 号机和 5 号机则恰好相反，它们是手持机位、广角镜头，距离运动员比较近，分别设置在两个篮板的下方。使用广角镜头进行近距离拍摄，可以尽可能地减少手持拍摄当中画面的抖动。因为距离近，摄像师需要经常性地进行推、拉、摇、移。

这两个机位的主要任务是拍摄各自负责的篮下比赛情况，经常用于慢动作回放，不过更多的还是在比赛暂停的时候，如犯规或罚篮之前，拍摄队员的面部特写。这两个机位的摄像师比较辛苦，不仅需要迅速就位拍摄最佳画面，必要时还要迅速让位离开，因此摄像师要具备健壮的体魄，必要时还要穿戴护膝。

在比赛前后和半场休息期间，这两个机位的摄像师还要肩负另一项重任：拍摄现场采访的体育记者和采访对象。这时要使用三脚架，通常还要使用别的便携光源进行补光，因为篮球比赛场馆的光源是较高位置的垂直布光，这种体育比赛用光不适合谈话采访，如果不补光，人的面部会投下很重的阴影。

图 9-8 所示为美国篮球比赛电视信号制作基本机位设置的第二种方案。

1 号机：中场高机位。主机位。拍摄比赛流程，跟球。

2 号机：场馆一角高机位。拍摄比赛动作（主要是在球迎面过来的时候从正面拍摄），同时还负责拍摄观众的反应镜头（全景或近景）。

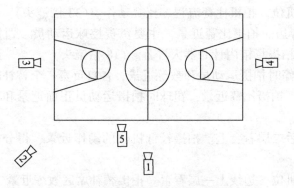

图 9-8　美国篮球比赛基本机位设置方案二

3/4 号机：篮下机位，地面高度。拍摄比赛动作（球迎面过来的时候从正面拍摄），三分线内罚篮，同时还有教练、替补席区和观众反应镜头。

5 号机：游动机。拍摄比赛动作、投篮和运动员近景。

导播可以基于上述两个方案，结合摄像机镜头倍数、摄像师的拍摄能力进行机位设置。如果选择在主机位旁设置一个高角度的近景机位，要求镜头倍数尽可能大（至少 20 倍）。操作大型摄像机从高角度来拍摄动作近景和得分人近景，比起在中场边线上用便携机拍摄动作近景（无稳定器辅助），对摄像师来说要更容易、更安全一些。

（二）我国篮球比赛基本机位设置

在我国的篮球比赛电视信号制作中，国内的赛事多用五、六讯道或八讯道电视转播车（如 2003 年 CBA），如果需要提供国际公用信号，一般使用十讯道电视转播车或八讯道转播车并联。2002 年女篮世锦赛（中国南京）和 2003 年亚洲男篮锦标赛（中国哈尔滨）使用的是电视转播车并联方式，都设置了 11 个机位。

下面主要介绍 2003 年 CBA 和 2003 年亚洲男子篮球锦标赛的机位设置。

2003 年的 CBA 赛事节目由北京电视台制作，比赛场地在北京首钢体育馆（根据主办方要求，替补席区与主机位同侧）。具体机位设置如图 9-9 所示。

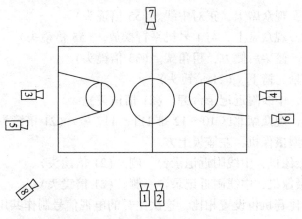

图 9-9　2003 年 CBA 机位设置图

1号机：中场高机位。拍摄比赛流程、比赛动作。（33倍镜头）

2号机：1号机旁边。拍摄比赛近景，主要负责控球运动员。罚篮时拍摄运动员近景或篮板特写。必要时拍摄场馆内计时器大屏幕。（18倍镜头）

这两个机位在暂停时拍摄运动员和教练近景，各自负责一个替补席区。

3/4号机：篮下。拍摄比赛近景，罚球时拍摄运动员正面近景和投篮动作。暂停时各自负责一个替补席区。

5/6号机：底线后二层看台上。拍摄较低机位的动作近景、得分人近景、罚篮时罚球人近景。粗角架。

7号机：反角度机位，边线上一层看台。拍摄替补席区教练近景、观众花絮。

8号机：场馆一角高机位。拍摄场馆大全景。

在这次比赛的8个机位中，没有设置地面高度边线的便携机位拍摄动作近景，主要是由于没有稳定器辅助，加上摄像师操机能力有限。从电视信号制作效果来看，这样的机位设置可以从全貌和细节上准确地反映比赛，但是缺乏地面高度边线的近景，在视觉冲击力和画面节奏上稍显不足。

另外，由于场馆设置的原因，拍摄教练和观众花絮的7号机不得不架设在反角度边线上，使用中要十分注意控制景别，避免使观众感到不习惯。

2003年亚洲男子篮球锦标赛机位设置方案如图9-10所示。

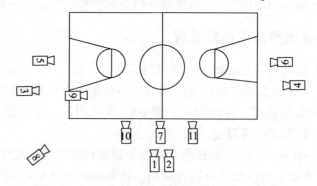

图9-10　2003年亚洲男子篮球锦标赛机位设置图

1号机：大全景，观众席上，正对中线。（55倍镜头）

2号机：小全景，观众席上，与1号机平行摆放。（55倍镜头）

3/4号机：近景。篮架后侧方，粗角架。（33倍镜头）

5/6号机：中近景。篮下。（21倍镜头）

7号机：中近景，中线附近记录台旁。（21倍镜头）

8号机：侧全景，观众席北区10～12排111～117号。（21倍镜头）

9号机：遥控微型摄像机，左篮板上方。

10号机：高速摄像机，中线附近记录台一侧。（21倍镜头）

11号机：高速摄像机，中线附近记录台一侧。（21倍镜头）

与2003年CBA比赛机位设置相比，这次比赛的电视信号制作共用11个机位，增加的机位主要在中场边线上和篮板上方。边线上高速摄像机拍摄的动作近景极大地丰富了慢动作回放画面，更有利于表现动作细节和情绪，更有利于体现运动的节奏和美感。篮板上方摄像机提供了俯拍视角，可以用来表现开场跳球、罚篮和攻防队形。

在我国的篮球比赛电视信号制作当中，导播在机位设置上除了受设备限制外，还较多地受场馆条件的限制。很多场馆的场地条件相对简陋，设施不够标准，照明条件也一般，这对体育赛事电视画面信号的制作有很大影响。尤其是如果主机位不能架设在正确的高度，将影响整场比赛的电视观看效果。

在今后的体育场馆的设计和改造中，应重视为电视信号的制作提供足够的电力、空间和照明条件，从而为我们的篮球电视信号制作的日趋规范和成熟提供充分的客观条件。

三、篮球比赛的切换规律

在篮球比赛转播中，"用画面讲故事"是每个导播所追求的目标。其电视画面必须要符合观众的视觉习惯，才能够为绝大多数观众所接受。

如果说整场篮球比赛是一个精彩有趣的大故事，那么它必然会有起始，有发展，有高潮，有结局。故事中有主体，也有陪衬。运动员永远都是主体，应当着重体现运动员的动作全貌、动作细节以及运动员的情绪；主教练、场上观众、裁判等是这个故事的陪衬，他们起着补充情节和渲染气氛的作用。

一场篮球比赛时间约两个小时，虽然其中的过程千变万化，但是从总体上看，它的重复性和可预见性都是很强的。上、下半场开场都是跳球，每个半场两个小节，每小节的时长都是24分钟。比赛的过程就是双方来回在球场上进攻与防守，以投篮得分为每次进攻的结束和获胜的标准。每一次进攻都有很强的相似之处，但在反复的进攻过程中却不断发生不可预测的小故事，出现犯规或得分等等情况。

篮球比赛有上述重复性和不可预测性，因而导播要根据这些特点用画面来讲述比赛的过程。现场镜头主要由主机位表现，体现赛事全貌，表现人与环境的关系。其间，视情况插入近景，近景用于表现主体，即相关的运动员，或陪衬，即教练、裁判、替补队员和观众等。在某种情况发生后、时间允许的情况下，导播要用慢动作回放来为观众详细展现场上发生的小故事细节。在这些小故事当中，得分、犯规等是小故事的重点，得分人、犯规人、持球人等是小故事的主体。

从空间的角度来说，导播将高角度机位和低角度机位相结合，可以全方位地记录比赛的全貌和细节。高角度机位通过俯拍，可以展现场馆全貌、动作全貌，体现队形和战术。尤其是近年来随着摄像设备的进一步改进和发展，篮板后、篮筐上方、球场上空的吊挂机位都更加灵活先进，很大程度拓展了表现空间。现在，这些俯拍的机位越来越多地运用在慢动作回放中，以体现队形和战术，给观众提供了一种新颖、冲击力强的视角。低角度机位则拉近了观众与比赛的距离，使气氛更紧张，体现出更快的节奏。尤其是低角度机位的慢动作回放，充分地展现出运动之美，富有情绪感染力。

高、低角度结合，全景和近景结合，现场和回放结合，为观众提供了丰富多彩的视角。导播通过有序的调度和切换，为观众带来极强的视觉冲击。

（一）每次进攻动作的现场镜头切换方式

每次进攻动作的现场镜头，基本上都是用主机位从全貌上讲述过程和结果。主机位视角即多数现场观众的视角，画面规整、平实，能够安全、清晰地记录动作全过程，可以体现出运动员之间、运动员与环境之间的关系。

1. 主机位始终提供安全的画面，是整场电视信号制作的保障

"安全"，是就比赛的瞬时性来说的。在第一时间拍到可用画面，是对体育比赛电视画面的起码要求。激烈的篮球比赛常常会发生一些意外，如远距离大传球常常会引发悬念，而主机位的小全景基本可以保证拍到场上发生的任何情况。

有的导播认为，如果在进攻过程中增加切换次数，可加快画面节奏，营造比赛的紧张气氛。其实，单纯增加切换次数并不一定能营造紧张气氛，反而有可能使观众感到画面混乱。最重要的是，这样做不符合观众的视觉习惯，观众已经习惯了按照长期以来既定的方式去观看电视体育赛事节目。奥运会和影响力很大的 NBA 电视画面的现场进攻镜头都是以主机位为主的，较少切换。

导播在决定使用什么机位的时候，要客观考虑摄像师的能力。即使摄像师水平非常高，也难以保证完成不属于本机位的任务。主机位拍摄的画面一般都是安全可靠的，所以，导播可以在此基础上，偶尔选择风险性高的低角度机位插入。

在赛场发生重大意外事件的情况下，现场镜头必须先使用主机位拍摄的小全景。

2. 主机位应在第一时间拍摄到清晰、有信息量的画面

"清晰"，意味着画面能为观众提供有效信息。体育比赛画面拍摄的最大特点就是它的瞬间性、不可重复性。对相关工作人员来说，机会只有一次，必须在第一时间把握住机会，否则就会造成不可弥补的失误。所以，画面必须清晰，焦点要实，以反映有效信息。

在现场镜头拍摄中，主机位必须要在第一时间清晰地捕捉到有效信息。要实现这一点，要求主机位的光学镜头倍数在 50 倍以上，机位高度要根据现场情况进行调试。摄像师有了良好的操作平台，根据赛场实际情况操作，始终使动作主体处于画面中心，才能确保画面"清晰"，清楚地为观众提供有效信息。

3. 根据进攻中的不同情况，按照不同模式进行切换

（1）得分模式

进攻得分之后，由主机位切换为得分相关人员近景。在篮球比赛中，得分相关人员是进攻动作的"英雄"，是这个小故事的主体，我们不妨把进攻得分后的切换模式称为"得分模式"。表现得分相关人员近景的机位以高机位近景和中机位地面高度边线上的机位为主，其他机位作为备份。导播视情况选择最佳角度的机位。在充分表现得分相关人员之后，切回主机位，表现下一次进攻动作。通常这时候持球人已进攻到对方半场，接近禁区。

从奥运会和 NBA 的转播画面来看，现在越来越注重表现得分人的近景。

① 景别越来越小。一般在胸上，也有头肩近景，有的 NBA 电视信号制作甚至能拍摄切顶特写。这对表现得分人的个人魅力和情绪无疑更加有力。从全景切换为小景别的近景甚至特写，可以加快画面节奏，为观众带来很强的视觉冲击，让观众感受到得分人奔跑的

速度和力量。

② 角度越来越多。不仅有主机位旁边的高机位近景，地面高度边线上的便携摄像机、高速摄像机，还有篮下机位、底线后低角度机位，都可以从不同角度拍摄得分人。

高角度拍摄相对比较容易从人群中拍到表现主体，体现速度；地面高度边线上的便携摄像机离得分人近，能体现出奔跑速度。但是如果得分人被其他人遮挡，或得分人横向奔跑、转身、回头时，这些机位就难拍到其正面。篮下摄像机和底线后低角度摄像机可以解决这个问题，拍到其正面近景，不过对速度的表现力稍差。

奥运会电视公用信号制作要求中规定："近景尽可能地避免长时间拍摄运动员背影。镜头要有效，有信息量。"

③ 在得分人不同角度的多个机位间进行切换。在篮球比赛转播过程中，导播为了更好、更充分地表现得分人，可以在不同角度的近景机位中切换2~3次。这样对得分人的表现更充分，可以根据其位置选择更佳的表现角度，同时通过切换加快画面节奏。

电视观众常常感到奥运会篮球赛和NBA比赛中得分人奔跑的速度很快，而从国内篮球赛电视转播中看到的得分人则奔跑速度较慢。这种不同的视觉效果在很大程度上是由于画面的景别和切换方式不同造成的。在国内篮球赛转播中，摄像机的镜头倍数常常达不到50倍，摄像师给出的得分人景别常常到腰部以下，有时画内甚至有2~3人。另外，导播在进攻得分之后，没有及时给出得分人近景，或者干脆不表现得分人。这些不规范的做法在很大程度上影响了体育赛事电视画面的节奏，削弱了现场紧张气氛的感染力，也没有充分尊重故事中的主体——得分人。

（2）犯规模式

进攻过程中发生犯规或死球，由主机位切换为犯规人或持球人等近景。我们也不妨把进攻中发生犯规等意外情况的切换模式称为"犯规模式"。在这个小故事中，有时候有一个主体，有时候有两个主体，分属对峙双方。

这时，如果不必要或时间不允许慢动作回放，那么应当给主体近景，或分别给两个主体表现力相等（景别相同、时长基本一致）的近景镜头，然后再视情况插入陪衬（教练、替补队员等）的近景，渲染赛场气氛。

如果需要慢动作回放，通常的做法是先插入主体的近景，然后回放。回放的起幅是动作近景，落幅是主体的近景，回到现场时画面一般是主机位，表现下一次罚篮或边线罚球进攻动作。如果有两个主体，则在慢动作回放时，落幅是一方主体近景，回现场时可以切另一方主体的近景。

（二）罚篮切换方式

罚篮时运动员和器械的位移都较小，可预见性很强，可看性也较强。导播往往可以利用这个时机对切换方式做出各种变化和尝试，尽可能地为观众提供丰富的视角。

罚篮切换方式大致可分为两种：一种是用小全景表现全过程；一种是篮下机位拍摄罚篮人正面近景，球出手前切换为小全景。

1. 用小全景表现全过程

这种方式中间不切换，是一种较为平实的方式，一般用于比赛节奏比较舒缓、不太紧张的时刻。多用主机位，也可用地面高度边线上的机位、篮下的便携机位、篮筐上的 POV 摄像机、篮板后的 POV 摄像机、中场上空的吊挂机位等。主机位与现场观众视角接近。俯拍机位视角独特，能体现出球运动的路线。地面高度边线上的机位距离较近，看起来更近、更真切。篮下机位距离最近，突出罚篮人。

2. 罚篮人正面近景，球出手前切换为小全景

这种切换方式着力表现罚篮人的面部表情，突出情绪，增加罚篮的紧张感和悬念。罚篮人的正面近景一般由篮下机位拍摄，景别为胸以上。如果比赛气氛较为紧张，这个景别可以更小，或者在切出之后还可以匀速缓慢地推上至特写，突出其表情。球出手前切换为小全景，小全景可以选择多个角度。

罚篮中，要注意掌握切换时机，在球出手前切换为小全景，以便使观众有充裕的时间调整视角，看清投篮动作和结果。如果在球出手之后，甚至是球接近篮筐的时候再切换，观众来不及调整视角，仓促中不易看清投篮结果。

（三）慢动作回放

奥运会电视公用信号制作要求中规定："慢动作回放之前和之后都必须使用统一的奥运会 LOGO 标志特技片花转场。慢动作画面出入不能有静帧。如果有两个或两个以上的慢动作连放，慢动作之间应当用叠化（12 帧）。"

在犯规、死球后或罚篮之前及暂停期间，导播应视比赛情况及时插入慢动作回放。这不仅是进一步深入讲述小故事的需要，也能够调节比赛的剪辑节奏。

总的来说，慢动作画面要连贯、有情节，通常要表现事件主体（如得分或犯规球员）的动作、情绪、表情。时间如果允许，还可以考虑两个或两个以上的慢动作连放。既可以是同一个动作不同角度的连续回放，也可以选择较近发生的不同的犯规或得分动作连续回放。

慢动作起幅可以是持球人近景，交代得分（或犯规）全过程，落幅是得分（或犯规）运动员近景。慢动作回放中还可以表现事件陪衬（如主教练、替补球员或观众）对场上事件（如得分或犯规）的反应。慢动作回放不仅包括对动作的进一步细节描述，也有情绪的回放，以运动员、替补队员等人的近景回放来渲染气氛，常常令人回味。

慢动作回放从多角度、多机位重现得分或犯规的过程，为观众带来了更多超越现场的体验，也为导播提供了创新的空间。

（四）其他切换规则

要体现出对人的尊重，一般不允许在运动员头肩近景、观众头肩近景上叠加字幕。如果需要上字幕，应当选择大全景，需要叠加字幕的全景镜头要保证在 10 秒以上。个人技术统计字幕可以叠加在运动员头或胸的近景上，但在实际操作中，需要导播、字幕导播、字幕机操作员操作规范，配合默契。若位置放得不当会破坏画面。

另外，观众镜头（大景别）要在 5 秒以上。不要给出观众中过于性感、不雅观的画面，不要给可能引起争议的镜头。

导播还要正确理解体育赛事转播制作中如何体现情绪、速度和节奏，才能使电视画面

更具美感和动感。

情绪往往通过构图简洁的运动员近景、教练近景、观众大全景或近景来表达。在篮球比赛转播中，每次得分后的得分人近景、慢动作回放中运动员的近景、罚篮时罚篮人的正面近景、主教练的近景等，这些画面都能非常丰富地体现出运动员或教练的情绪。

速度是由导播和摄像师基于现场情况同时把握的。在篮球转播过程中，景别小的长焦镜头能体现速度；摇臂通过气势体现出速度；低角度镜头通过近距离拍摄也体现出速度。导播可以选择合适的时机，在主机位画面中插入这些体现出速度的镜头，从而正确地反映出这项以横向运动和纵向跳跃为特点的运动。

节奏是由现场比赛情况、导播的切换方式、摄像师的构图方式共同决定的。从切换的角度看，单纯地增加切换次数和单纯地在现场镜头中较多地使用低角度机位，并不一定能加快电视画面的节奏，反而有可能使观众感到混乱，因为这不符合视觉习惯。"有张有弛"方能体现节奏，这是篮球转播在主机位画面的基础上，插入各角度机位以变化画面节奏的依据。从摄像的角度看，根据运动物体或人的速度调整相应的镜头运动速度，在比赛紧张的时候适当缩小景别，保持拍摄主体始终处于画面中心位置，这些都能够体现出运动的节奏美感。

电视导播只有在不断的创新中，不断地积累和探索，以不断追求令人印象深刻的新颖的画面表达方法。这包括切换方式、机位调度上的"求新"（以达到更真切、更真实、更美观的画面效果），也包括在导播的指导下，对摄像设备的充分开发、利用和改进，这样才能带来体育赛事转播中的"革命"。

四、美国 NBA 转播样本分析

经过 70 多年的发展，NBA 已成为一项发展极其成熟、专业化程度极高的体育娱乐活动。其电视转播也是如此。NBA 对电视转播有着极为详细的技术规定，球队在修建新的体育馆时，看台的高度和角度都要服从电视转播的需要，并且要为转播摄像机修建出专用平台，以便更好地保障电视转播的成功。比赛场馆在建设时会充分考虑转播的技术要求，像线路铺设以及机位设置等都是长期固定的。技术保障充分，保证了电视转播的成功。

在一场转播之前，导播往往要进行以下的工作：设备的选择、机位的设置、镜头画面揭示功能的发挥、直播报道形式的确定、解说词的构思以及确认现场光源的照明度、动力电源、比赛双方的备战情况、阵形的布置等等。

NBA 的转播人员非常专业。由于 NBA 的转播机位比较多，转播已经形成了一种生产线般流水作业的模式，操作起来非常熟练。

（一）NBA 转播中的机位设置分析

球迷观众之所以紧追 NBA 直播节目，除了赛事本身的吸引力之外，NBA 转播对比赛现场的全景式展现，满足了球迷求知、求全的心理。在 NBA 转播中，球迷观众可以看到来自不同角度的细节，这些都应归功于比赛现场摄像机的机位设置。

NBA 转播机位设置最多可以达到一场比赛 30 多个机位，一个摄像机位就是一个视角，

30 多个机位就是 30 多个视角。这些视角既覆盖了比赛现场的正常观看视角，也包含许多非正常视角，真正做到了比赛现场摄像机镜头"无死角"。图 9-11 所示是 NBA 转播中较为常用的机位设置。

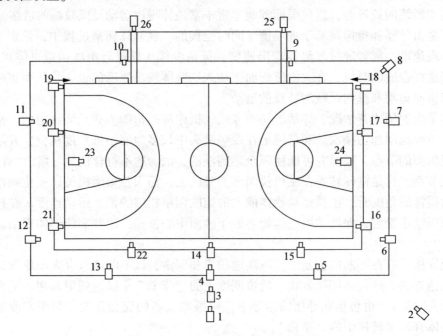

图 9-11　NBA 转播常规机位设置图

只要留心我们不难发现，根据篮球比赛的特点，在不同方位都有镜头在等待拍摄时机的出现。其中，双方篮球架顶部有固定摄像头用以拍摄球员篮下近距离攻防情况和球员罚球等；篮球架两边有接近地平面的低角度摄像机，用以记录球员篮下攻防、抢断或犯规等情况；在球场观众席上，主机位在随时关注着整场比赛情况；在球场远端也有机位，偶尔提供给观众不同视角的赛场场景；与主机位在一起的球员跟踪机位，随时在监控场上球员的表现。除此之外，几乎场上的所有球员，尤其是明星球员，每人都有一部跟踪摄像机，用以记录其在赛程中的表现。直播现场观众的个性化表情、动作也不能逃脱某些机位的捕捉；场外教练员的风度、场上裁判的风范以及计分台上的工作人员，全都在机位拍摄的范围之内。

NBA 赛场的精彩镜头，总会在恰当的时机从各个不同角度重复回放给球迷观众。每个攻防细节，如球员的犯规、场外球员或教练的叫喊等，本来在主机位的视野之外，却也能在比赛中断的短短时间内展示出来，充分满足了球迷观众的好奇心。对于有争议的判罚，球员抱怨的夸张情绪、教练发怒的举止和裁判的积极协调解释，都无一例外地呈现给广大球迷，使球迷心中形成了对赛事、对裁判以及对球员的评判。尤其是比赛的上半场结束和全场结束时，总会出现现场精彩、幽默的音画连缀而成的短片，加上富有创意的特技效果，营造了 NBA 独具特色的气氛。电视导播的高水平调度和精确切换，使得转播的内容十分宽泛，但重点又相当突出，宗旨只有一个：在有限的赛程之内给观众展现最多的精彩。

（二）NBA 转播中的画面分析

体育赛事的电视转播中，画面语言是最主要的语言符号。就画面语言来说，它又包含多种视觉要素，如视角、景别、构图、景深、照明等，这些要素最终决定着画面呈现的方式。

1. 视角选择

主机位视角是 NBA 赛事转播中的主要视角，这一视角可以较为真实、客观地记录并还原比赛现场信息，但与此同时，其他约 30 个不同机位又提供了几乎全景式的叙事角度，尤其是一些特殊视角，如篮板顶端机位、摇臂机位、运动员通道内机位等。

在这些视角中，一些为叙述型视角，为观看者提供全方位的甚至无法窥视到的比赛信息。例如在 2010—2011 赛季常规赛雄鹿对湖人的一场比赛中，湖人队科比被罚出场，电视镜头跟随科比离场，并迅速切换到运动员通道内，电视观众第一时间看到了科比在场外的反应。在这种多机位叙事视角下，比赛现场信息得以有效扩充。视角中的另一些为表现型视角，用于渲染气氛，增强视觉冲击力，例如篮板顶端机位、摇臂机位、超广角远景机位所提供的画面，能制造出全新的观赛体验，帮助提升转播的视觉效果。

2. 景别选择

以 NBA 的 2010—2011 赛季常规赛 50 场比赛为例，各种画面景别在整个赛季的转播中所占比例如图 9-12 所示。

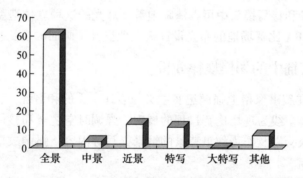

图 9-12　NBA 2010—2011 赛季转播画面景别占比示意图

由图 9-12 可知，全景画面是 NBA 赛事影像文本中的主要构成画面，用于记录比赛过程。在其他景别符号构成中，近景和特写画面占有较多分量。这两类景别画面出现在进攻得分后、死球后、暂停等时间段，强调对人物、情节的渲染，并且往往会运用长焦镜头将近景画面推至特写甚至大特写，如运动员的眼部大特写等，进一步刻画人物和细节，增强画面的艺术表现力。中景镜头在比赛中所占比例较少，主要应用于比赛画面慢镜头回放，交代动作细节。

3. 构图选择

NBA 转播画面构图除全景和远景为俯视角构图之外，其他中景、近景和特写画面构图多为平视和仰视角。平视构图方式更接近于人的正常视觉感觉，能拉近被摄人物与观众的心理距离，增强交流感。仰视构图方式一是出于避免妨碍现场观众视线的客观需要，二是出于提升画面感染力的主观需要。尤其是用于慢镜头回放的中景画面和表现人物的近景、特写画面，大都采用了仰视或者平视构图，其画面艺术性大大增强。即使以展现整体和过程为意的全景镜头，也尽可能降低拍摄角度，以适应电视视觉效果的需要。

4. 运动镜头分析

NBA 转播中除远景机位为固定画面外，其他所有镜头几乎都是运动镜头。例如，全景镜头往往会先拉开至远景，然后再慢慢推近至全景，同时配合镜头水平摇动拍摄；比赛暂停时，拍摄运动员休息区的摄像镜头为移动跟拍；用于画面回放的中景机位采用推、拉、摇镜头拍摄比赛过程，当进球或者犯规停球后，立刻推至进球或犯规队员近景甚至特写，一气呵成；拍摄运动员、教练员的镜头往往也运用景别变化制造镜头运动效果，由近景慢推至特写。

此外，NBA 转播中最富运动特征的镜头是摇臂镜头，它包含了几乎所有镜头运动方式，跟拍中既有景别变化，也有俯仰角和水平角变化，提供了极富动感的视觉画面。

5. 照明分析

NBA 比赛场地都是专用篮球比赛场地，这些体育馆不仅充分考虑了篮球比赛对场地的技术要求，同时也充分考虑了现场观众的观赛视觉要求和电视转播画面的视觉效果。体育馆的整体布光为舞台表演式布光，灯光主要集中在篮球比赛区域，观众区在比赛过程中光线较暗。这种布光方式强化了比赛的戏剧效果。比赛区布光则充分考虑了灯光造型的需要，在电视转播近景和特写镜头中可以清晰地看到灯光的这种立体造型效果，如顶光、侧逆光、轮廓光等。NBA 比赛场地的布光设计极大地提升了画面的视觉艺术效果。

（三）NBA 转播中的切换规律分析

NBA 电视转播在叙事风格上强调纪实主义与表现主义的和谐统一，画面叙事结构以复线为主要结构方式，主线为现场比赛过程的展现，强调时空逻辑和整体性，副线为明星球员、教练、明星观众，以及作为叙事背景的情景描写等内容，强调故事性。这种结构方式较单线叙事更为丰满。

NBA 电视转播中的镜头切换呈现出以下特点。

1. 镜头选择有较为明显的倾向性

在比赛画面上，导播主要选择主机位拍摄的画面，但同时也会选择一些底线仰拍、篮板顶部俯拍、摇臂跟拍画面。这种镜头选择一方面保证了对比赛的忠实记录，另一方面又兼顾了比赛的视觉表现。

在运动员的画面上，镜头选择的原则一是捕捉场上进球运动员的镜头，二是捕捉明星球员的镜头，以增强市场号召力。此外，运动员镜头基本都选择平视、仰视角拍摄的近景、特写画面，这些画面较之于俯拍中景画面，其艺术表现力更强。

在回放画面上，主要选择表现型镜头。NBA 电视转播中的插入镜头主要有两类，一类是插入针对比赛过程的慢动作回放镜头，另一类是插入前期背景画面。回放镜头一般情况下都选择场地底线和边线仰拍的中景画面，较少选择俯拍的全景画面。中景画面不仅可以更好地交代动作细节，同时也增强了画面的视觉表现力。

2. 镜头选择既完整流畅又富有节奏感和韵律感

在 NBA 的电视转播中，展现比赛过程的全景机位画面不到死球几乎从不切换，利用长镜头完整、流畅地再现一次攻防甚至多次攻防。一节比赛转播中长镜头多次出现。当进攻方控制比赛节奏，较长时间原地运球，比赛几乎停滞的情况下，导播仍然不作画面切换，以保证叙事的完整性。

另外，在 NBA 电视转播中往往会强调比赛中出现的戏剧性场面，叙事过程中往往会捕捉运动员、教练员有趣的或者情绪流露的表现性特写镜头，例如喜悦、欢呼、做怪相、鼓励、对视、安慰等，增强影像文本的戏剧性。这时，导播会进行多机位快速切换画面，在运动员、教练员、观众等画面间进行快速切换，每个镜头平均长度 2 至 3 秒，并且主要采用特写、平视或仰视镜头，与攻防进行中的长镜头叙事形成多维对比，即景别对比、构图对比、时间长度对比，由此制造极富节奏感和韵律感的效果。

总之，NBA 电视转播通过调动各种镜头造型手段，强化画面的视觉效果和艺术表现力，深度发掘体育赛事电视节目的审美价值，这也是 NBA 电视转播区别于其他同类转播的主要特征。

本章思考与练习

1. 作为电视体育赛事节目的电视导播应遵循的镜头切换原则有哪些？
2. 体育赛事电视公用信号制作的内容有哪些？
3. 足球比赛中必不可少的基本机位有哪些？各机位的任务是什么？
4. 比较分析美国篮球比赛基本机位设置两种方案的各自特点。
5. 比较分析 NBA 和 CBA 的机位设置和导播差异。

第十章

演播室三讯道节目制作导播实践

学习目标

熟悉多讯道节目制作中各工种的职责，深刻认识多讯道节目制作方式所必需的多工种协同作业的重要性，基本掌握三讯道演播室现场切换技能，为实际工作中更复杂的、不断发展的讯道节目制作奠定基础。

关键术语

演播室；三讯道节目制作；导播实践；岗位轮换

第一节 三讯道节目制作导播实践概述

一、三讯道节目制作导播实践的意义与目标

"电视导播"课程是高等学院校相关专业学生在学习"电视摄像基础""电视剪辑""电视节目策划"等课程之后衔接修读的一门专业课。该课程是针对当今电视台广泛应用的现场直播节目制作以及各种演播室节目制作的需要而设立的，是为培养具备较强实际操作能力和艺术创新潜力的现代复合型电视人才服务的。

多讯道电视节目制作是多工种协同作业的复杂工作。某一个人的能干敬业、某一个工种岗位的出色表现绝不足以带来集体作业的成功。整个制作团队必须高度默契地分工合作，充分发挥联合作业的团队精神。而且，团队中的每位工作人员，除了熟悉本岗位的工作以外，对于其他伙伴的工作了解得越多，越容易沟通配合，越不了解，就越容易产生误会甚至发生冲突。

为了培养学生善于与他人合作的工作素养，使学生了解每个工种岗位的基本工作性质，多讯道节目制作的导播初期实践训练应采用基本的通才训练的方法，也就是每一个人按顺序轮流操练制作实践中的每一个岗位，从中亲身体验每项工作的职责，由此体会到多讯道制作的节目是一项很多人合作的集体成果。要想成功，每个岗位都必须尽职尽责；否

则，任何一个人一瞬间的疏忽错误，都会造成节目的瑕疵，甚至是无法弥补的遗憾。

导播是多讯道节目制作的核心，对这种制作方式所必需的多工种协同作业的性质要有深刻的理解。因此，导播的实践训练并不仅仅是要掌握导播岗位的相关技能，更重要的是，要培养相互配合的自觉意识，遵循专业的工作规范，建立良好的工作习惯，这是"电视导播"课程中实践训练的重要意义所在。

本实践课程以最终掌握三讯道演播室现场切换技能为目标，以为实际工作中更复杂的、不断发展的多讯道节目制作奠定基础。

二、实践设备系统的基本要求

高等院校学生初期的导播实践最好在三讯道节目制作中进行。因为，三讯道节目制作是多讯道节目制作的最基础的形式，是相对简单、便于掌握的制作规模。实践设备系统基本要求如下：

1. 摄像机、18×7电视变焦镜头、摄像机CCU、变焦聚焦伺服手柄、三脚架，共计3套，其中1台摄像机带提词器；
2. 10路数字视频切换台1台；
3. 46英寸电视监看分割屏2台，14英寸彩色监视器10台，技术监看视波器1台；
4. 非编数字录像采集计算机1台或广播级录像机2台；
5. 10路音频调音台1台，最少话筒3只；
6. 字幕机1台；
7. 内部通话对讲系统，包括通话耳机4套及对讲机若干；
8. 灯光照明系统一套；
9. 标准时钟和播出指示系统各一套；
10. 50平方米以上演播室和30平方米导控室各一套。

以上设备，基本上构成一套完整的EFP制作系统，符合当今省级电视台的小演播厅的制作系统标准。相应的导播和摄像师及其他工种的工作程序也可以和省级电视台接轨。只要将音视频PGM节目信号送至电视播控中心，就可以直接进行播送。

第二节 三讯道节目制作导播实践

三讯道节目制作导播实践可以分为五个阶段。

一、实践小组的划分

不同的班级，学生的数目有多有少，但无论如何，全班一起参加实践训练，不仅针对性不强，还会造成制作实践现场的混乱局面。因此，在进入实践训练阶段后，首先需要将学生按照理想的人数划分为若干个实践小组。每段实践时间只允许一个小组进入演播室操作。

实践小组的人数没有硬性规定，应根据训练作业项目的繁简以及实践演播室器材设备的多寡而加以变通。一般来讲，三讯道制作实践的基础岗位应包括：导播、助理导播、录像、录音、现场导演、1号机、2号机、3号机。这样，我们就可以把每8名左右的学生编为一个实践小组，让他们在小组内的每轮练习中都能轮流操练不同的岗位。如果实践小组少于这个人数，各工作岗位则不易分配，难免出现岗位空缺或有的学生身兼数职的现象，不利于初期的基础训练；如果小组人数过多，必然会使有些学生在某轮练习中无事可做，白白浪费时间，还会分散制作集体的注意力，影响实践训练本应具备的紧张工作的氛围。

可见，实践小组的理想人数应以每个学生在每轮练习中都能轮流操练到一个岗位为标准，也可以按照具体的情况增减。需要说明的是，多讯道制作中的视频技术、灯光等岗位都是由演播室实验室的技术指导老师来协助完成的。

二、实践岗位轮次表的制定

为了保证每个小组能够充分利用实践训练的时间，学生能够有序地轮流操练每个岗位，须制定"导播实践岗位轮次表"。在实践中，小组内的各轮练习必须严格按照表中规定的岗位进行。

在划分出若干实践小组后，应选出各组小组长，由各个小组长制定本实践小组的岗位轮次表。在制定实践小组的岗位轮次表之前，最好给小组内的每一位同学编一个号码，用号码代替名字，这样可以使表格的书写变得简洁清晰。

另外，实践中的各种工作岗位，其工作量大小与责任大小是不同的。在安排岗位时，对于较重的工作最好分开安排，减少连续的紧张和疲劳。比如，对于比较耗费体力的工作（如摄像）与容易精神紧张的工作（如导播）要分开安排，中间间隔比较轻松的工作（如录像），这样，容易调节实践工作的气氛，保证精力和兴趣。

下面是一个实习小组在初次导播实践时制定的岗位轮次表（见表10-1），可作为制定表格的范例。

表 10-1　三讯道导播实践岗位轮次表

××××级广播电视编导专业第一组成员名单及编号

1. 王×× 　2. 李×× 　3. 张×× 　4. 陈××
5. 杨×× 　6. 黄×× 　7. 赵×× 　8. 吴××

轮次	导播	助理导播	录像	录音	现场导演	1号机	2号机	3号机
1	1	2	3	4	5	6	7	8
2	2	3	4	5	6	7	8	1
3	3	4	5	6	7	8	1	2
4	4	5	6	7	8	1	2	3
5	5	6	7	8	1	2	3	4
6	6	7	8	1	2	3	4	5
7	7	8	1	2	3	4	5	6
8	8	1	2	3	4	5	6	7

需要说明的是，将每 8 名学生编为一个实习小组，担任的是三讯道节目制作实践中的各制作岗位的工作，小组可自行约请班内其他同学配合完成节目的表演（人数取决于节目内容），方能进行制作实践。

三、三讯道节目制作导播工作台本的制定

在进入演播室进行三讯道节目制作的导播实践之前，每个实践小组必须制定详细的导播工作台本。导播工作台本是实践训练的基础，它明确了实践训练的项目、内容、要求与实现目标，小组成员如何分工协作，如何达成导播观念与制作标准的共识。初学导播者，务必养成制定规范的导播工作台本的良好习惯。

（一）三讯道节目制作导播实践的适用训练项目

制定导播工作台本首先需要设计出合理的实践训练项目。

三讯道导播实践并非适合所有的节目类型。演播室实践场地的限制、设备条件的限制，以及参与导播初期训练时操作技能的局限性，都要求实践训练项目难易适度且具有实施的可能性。

谈话节目演播室制作可以说是多讯道节目制作中最为基础和简单的形式，也是当今电视节目中常见的形态。在一般的谈话节目中，谈话人物是静止的，座位也是相对固定的，这对于初学导播的学生来说，在机位设置和调机、切换还有摄像机操作的技能技巧方面，相对于文艺节目的录制容易些，心理上的压力也会小一点儿。这项训练主要可以锻炼学生根据谈话参与者的交流关系设置机位，按照谈话进行的层次、段落设计，进行恰当的调机和有机的切换，灵活掌握现场交流气氛的变化，及时捕捉、准确切出反应镜头的能力。

情景剧的现场制作比谈话节目的制作稍微麻烦些，其中最主要的是有演员的调度，这就对摄像师的抓拍反应能力和构图能力提出了较高的要求。这项训练主要可以锻炼对程式化的机位设置方法的掌握，培养在导播过程中严格执行分镜头台本要求的能力，掌握情景剧导播技巧。

（二）三讯道节目制作导播工作台本制定的要求

1. 三讯道现场制作谈话节目片段（每人 5 分钟左右）的导播工作台本

台本要求：（1）话题内容（小组成员每人一题）
　　　　　（2）场景示意图、场面调度图、机位布局图（合图）
　　　　　（3）导播方案阐述
　　　　　（4）三讯道导播实习岗位轮次表

2. 三讯道现场制作情景剧片段（每人 10 分钟左右）的导播工作台本

台本要求：（1）故事梗概（150 字以内）
　　　　　（2）分镜头台本（注明各镜头的机位）
　　　　　（3）场景示意图、场面调度图、机位布局图（合图）

（4）导播方案阐述
（5）三讯道导播实习岗位轮次表

四、演播室三讯道现场节目录制

演播室现场，在规定的时间内，学生分组并按岗位轮换，进行现场走台、彩排和录制。指导教师现场指导。可设计两轮实践。

第一轮：三讯道节目制作导播实践"电视谈话节目片段录制"。

第二轮：三讯道节目制作导播实践"情景剧片段录制"。

五、导播实践考核方式与标准

实践完成后，每位同学将实践报告、工作台本、导播阐述及现场剪辑完成后的成片一并上交。教师点评并根据这些成果评估该同学的实践效果，结合该同学的实践态度、现场导播的规范操作和节目的整体效果，综合给出成绩。考核总成绩＝导播方案成绩＋现场操作成绩。

要求节目带前后均有30秒钟的黑画面，内容相对完整，结构严谨，视听流畅，生动有趣，剪辑点准确。不合格者应重新实践。

第三节　各实践工作岗位的主要任务

一、导　　播

1. 在实践的准备阶段，策划并完成所设定节目的文案写作。需要设法约请到演员，私下反复排演。在排练的过程中应计算节目的精确时间，并在心里逐步形成分镜头的规划。

2. 将节目的文学脚本发展成分镜头的导播工作台本，明确导播方案。

3. 按节目内容设计相关细节的录制，在导播工作台本上注明相关导播口令。

4. 应非常熟悉切换系统设备，并熟练掌握视频切换器（切换台）的操作技术。

5. 进入演播室，组织小组成员各就各位。自己落座导播台，戴上耳机，和各位摄像师及现场导演确认通话设备畅通无误。

6. 在开播前1分钟，应停止现场排演，喊"现场安静，准备开播"的口令。

7. 准备开播镜头。

例如："1号机准备演员手中杯子特写；2号机准备房间全景；3号机准备演员中

近景。"

8. 开播前30秒，应把播出画面切换到黑场，叫录像人员启动录像机。

9. 开播前10秒和现场导演一起高声倒数计时："10、9、8、7……3、2、1"，淡入到第一个播出画面。

10. 在整个录制过程中，按照台本规定及现场情况进行各工种调度，口令清晰明了；始终全神贯注地监看各讯道提供的画面，以便掌握每个切点的最佳时机；操作画面选择按钮和特技效果发生键，组合播出画面。

11. 录制结束后，发出收播口令："全场结束，谢谢大家！"之后，将导播工作台本和节目录像带交给指导老师进行评审。

二、助理导播

1. 协助导播完成节目的录制工作。

2. 排练时，在工作台本上注明每个段落所需要的时间并标注整个节目的时间进程，以便在录制中随时提醒导播和现场导演调整节目进行的速度。

3. 在节目录制过程中，帮助导播看工作台本，提前提示导播重点镜头和转场要求，随时通报节目的进行速度是否正常。

4. 若通话设备许可，可以代替导播，直接向现场导演传达报时口令；否则，只报给导播，由导播通知现场导演。

5. 收播之后，将录制中的问题记录交给导播，以便导播调整方案下次改进。

三、录　音

1. 演播室往往只配备几支话筒，以供从不同角度收录声音。在节目录制之前，需要根据节目内容与演员调度来布局话筒位置与指向，并调试每个话筒的音量大小。

2. 由于声音的来源比较简单，所以调音的工作并不复杂。需要掌握调音台的操作，时常注意音量表，控制节目的声音指标。

3. 在开播前的排演阶段，要打开导播与演播现场直接通话的麦克风，使现场都能听到导播的指令。临开播前，听到导播喊"现场安静，准备开播"后，即将这路通话关掉，以免导播室的声音传入现场。

四、录　像

按照导播的口令操作计算机采集系统或录像机的启动与停止。负责做好数据光盘的标签，标明班级名称、小组编号、训练作业项目、小组内每一轮实习所录制的节目顺序。

五、现场导演

1. 现场导演是导播在演播现场的代表,应全力协助导播组织现场工作。
2. 为完成这项实习,现场导演的装备是头戴耳机,手拿工作台本,胸前挂着计时表。
3. 临近开播时,应站在演员面对的摄像机(开播镜头的机位)旁边,举起右手。时间一到,随着导播的开播口令,用右手向演员示意开始表演。
4. 节目录制中,由耳机接受导播口令,随时传达给相关的工作人员。如根据导播的指令,用手势示意演员调整表演速度的快慢、声音的高低、站位的前后疏密等。
5. 熟悉助理导播报时规则,适当向演员出示报时卡。

六、摄 像

1. 进入演播室后首先确认自己的机位和机号。戴上耳机,检查内部通话系统是否正常。
2. 解开摄像机底座上的锁定机械装置,检查摄像机在固定头上是否平衡。检查摄像机三脚架水平仪。
3. 放松转动控制钮,然后调节阻力控制钮,检查摄像头是否能够平稳地摇摄和俯仰拍摄。
4. 在确知摄像机已经装配好并且已经开机预热后,打开镜头盖,这时可以从寻像器中看到实际要拍摄的图像,看看寻像器是否已调节好了;然后将焦点对在一个中景上,同时把稳摄像机,以便录像师调节图像的对比度。
5. 检查焦点控制,调整镜头的各个控制钮,从一个极限位置移向另一个极限位置,看看变焦钮和对焦钮是否灵活平滑。
6. 检查、预调变焦镜头。将镜头推近和拉远,看看整个变焦范围是否都能平滑地移动,以及变焦的精确范围是多大。预设一个变焦位置,再变焦回来试一试,看能不能移到预设位置。预调变焦镜头时先将镜头变焦推到最远的物体聚焦,再变焦拉出来,看看整个变焦范围里能否保持聚焦清晰。
7. 检查电缆线的长度是否足够使摄像机在规定的范围内自由移动,以及摄像机移动范围内有无其他障碍物。
8. 试机时遇到的特殊问题,要及时报告现场导演或通过对讲机直接与导播联系,说明现场情况,比如拍摄区照明不足,或者导播指定的机位离拍摄对象太近而无法聚焦,镜头拉全时又无法拍到所需要的全景,等等。
9. 录制中,首先需要明确各自机位的基本任务,三台摄像机的配合十分重要。应当按照工作台本的要求并随着导播现场的指令确定拍摄对象、景别及运动方式,并要注意随时调整画面构图与焦点。
10. 摄像机前的红灯一亮,便说明此摄像机所提供的画面正在被切出,同时,摄像机寻像器里的小红灯也会亮起。切记，当红灯亮时，绝不可以乱换镜头，以免造成画面的动荡，甚至丢掉了本该表现的主体。

11. 节目录制完毕，离开摄像机的时候，要拧紧支架上的转动和俯仰等机械装置，将摄像机锁定在支架上，以免机器倾倒，造成严重损失。如果是长时间地离开摄像机，最好是将摄像机关掉，并将镜头盖盖好。

本章思考与练习

1. 设计一个三讯道电视谈话节目片段的导播方案，并现场组织实施录制。
2. 设计一个三讯道情景剧片段的导播方案，并现场组织实施录制。

参 考 文 献

1. 郑月．电视节目导播［M］．北京：中国传媒大学出版社，2007.
2. 李晋林．电视节目制作技艺［M］．北京：中国广播电视出版社，2002.
3. 吕艺生．大型晚会编导艺术［M］．上海：上海音乐出版社，2004.
4. 徐威，李宏虹．电视演播室［M］．北京：中国广播电视出版社，2006.
5. 汪洋，孙力，汪黎明．电视现场制作与导播［M］．南京：南京师范大学出版社，2011.
6. 徐威．电视新闻节目制作与播出［M］．北京：中国广播电视出版社，2005.
7. 沈忱．中国电视新闻现场直播——导演手记［M］．北京：中国广播电视出版社，2004.
8. 薛文宏．电视导播［M］．昆明：云南大学出版社，2007.
9. 黎炯宗．电视导播学［M］．北京：中国人民大学出版社，2009.
10. 陈义成．电视音乐与音响［M］．北京：中国广播电视出版社，2001.
11. 姚治兰．电视体育节目实务［M］．北京：中国传媒大学出版社，2012.
12. 任金州，马国力．体育赛事电视公用信号制作标准研究［M］．北京：中国传媒大学出版社，2005.
13. 杨斌，任金州．体育赛事电视公用信号制作标准指南［M］．北京：中国传媒大学出版社，2007.
14. 张晓峰．电视导播的望闻问切［J］．视听纵横，2013（7）：51—52.
15. 张宝安，姜柏宁．精彩实况 完美呈现——国庆60周年庆典活动中央电视台现场高清转播技术方案介绍［J］．现代电视技术，2010（1）：70—75.
16. 夏源，林晨．美国情景喜剧运营模式与新作特点解析［J］．新闻世界，2012（5）：208—209.
17. 曹瑞琪．电视文艺节目导播的特点及程序［J］．当代电视，2008（9）：74—75.
18. 戴与瑶．电视文艺节目切换中的艺术思维［J］．中国电视，2003（6）：47—49.
19. 史荣．电视综艺节目导播工作谈［J］．东南传播，2008（10）：33—34.
20. 张青，詹磊．大型电视综艺节目多通道采编一体化制作系统设计思路［J］．现代电视技术，2013（10）：56—60.
21. 万文飞．浅谈Cuepilot自动切换系统［J］．新闻研究导刊，2015（8）：299.
22. 王志伟．只引领不跟随，江苏卫视2019跨年演唱会4K/HDR制作深度解析！［EB/OL］．(2019-01-22)［2019-02-01］．https://mp.weixin.qq.com/s/lNyv3JZfN2tiT2G1wtlaAA.
23. 倪宁宁．江苏卫视2017澳门跨年演唱会制作之综述篇［J］．现代电视技术，2017（2）：28—32.
24. 倪宁宁．江苏卫视2018广州跨年演唱会的制作——总体方案、经济和管理方面的总结［J］. 现代电视技术，2018（2）：24—29.

25. 倪宁宁. 江苏卫视2019澳门跨年演唱会的制作——整体制作方案及创新点［J］. 现代电视技术，2019（2）：58—62.

26. 邵长波. 维也纳新年音乐会的电视话语［J］. 电视研究，2004（7）：72—74.

27. 王乙旭. 21世纪维也纳新年音乐会转播视听形态演化研究［D］. 长春：东北师范大学硕士学位论文，2012.

28. 车凯强. 用镜头讲述球场的故事——谈世界杯足球赛转播镜头的切换和运用［J］. 记者摇篮，2007（2）：61—62.

29. 刘树，王喆，李胜. 电视体育赛事直播导演的镜头切换原则［EB/OL］.（2007-01-18）［2008-03-05］. http://blog.sina.com.cn/s/blog_4bf7bc6701000811.html.

30. 黄黎新. 美国NBA电视转播中影像符号的实证分析［J］. 新闻界，2011（3）：127—129.

后　记

"电视导播"课程是一门新兴的课程，其相关理论和课程实践都还处于探索与发展的阶段。目前许多高等院校相继开设该课程，但与课程配套的教材却少之又少，且良莠不齐。本教材的编写出版，正是为了适应新形势下高等教育教学及广电事业发展的新需求。

目前，电视事业正处于快速发展中，从观念、体制到传播内容和传播方式，都经历着巨大变化。笔者已经尽可能地关注最新的发展动态，并将其融入本教材的编写中，但由于个人学识所限，书中难免还有许多不足之处，望专家、学者予以批评指正。本书在编写过程中参考了国内诸多专家学者的相关论著，在此谨致谢忱。

成书之际，由衷感谢给予帮助的所有同仁和家人、朋友。

程　晋
2019 年 2 月

北京大学出版社
教育出版中心 精品图书

大学之道丛书（精装版）
美国高等教育通史	[美]亚瑟·科恩	115元
知识社会中的大学	[英]杰勒德·德兰迪	78元
大学之用（第五版）	[美]克拉克·克尔	49元
营利性大学的崛起	[美]理查德·鲁克	68元
学术部落与学术领地：知识探索与学科文化	[英]托尼·比彻，保罗·特罗勒尔	88元
美国现代大学的崛起	[美]劳伦斯·维赛	118元
教育的终结——大学何以放弃了对人生意义的追求	[美]安东尼·T.克龙曼	78元
世界一流大学的管理之道——大学管理研究导论	程星	68元
后现代大学来临？	[英]安东尼·史密斯 弗兰克·韦伯斯特	68元

大学之道丛书
市场化的底限	[美]大卫·科伯	59元
大学的理念	[英]亨利·纽曼	49元
哈佛：谁说了算	[美]理查德·布瑞德利	48元
麻省理工学院如何追求卓越	[美]查尔斯·维斯特	35元
大学与市场的悖论	[美]罗杰·盖格	48元
高等教育公司：营利性大学的崛起	[美]理查德·鲁克	38元
公司文化中的大学：大学如何应对市场化压力	[美]埃里克·古尔德	40元
美国高等教育质量认证与评估	[美]美国中部州高等教育委员会	36元
现代大学及其图新	[美]谢尔顿·罗斯布莱特	60元
美国文理学院的兴衰——凯尼恩学院纪实	[美]P.F.克鲁格	42元
教育的终结：大学何以放弃了对人生意义的追求	[美]安东尼·T.克龙曼	35元
大学的逻辑（第三版）	张维迎	38元
我的科大十年（续集）	孔宪铎	35元
高等教育理念	[英]罗纳德·巴尼特	45元
美国现代大学的崛起	[美]劳伦斯·维赛	66元
美国大学时代的学术自由	[美]沃特·梅兹格	39元
美国高等教育通史	[美]亚瑟·科恩	59元
美国高等教育史	[美]约翰·塞林	69元
哈佛通识教育红皮书	哈佛委员会	38元
高等教育何以为"高"——牛津导师制教学反思	[英]大卫·帕尔菲曼	39元
印度理工学院的精英们	[印度]桑迪潘·德布	39元
知识社会中的大学	[英]杰勒德·德兰迪	32元
高等教育的未来：浮言、现实与市场风险	[美]弗兰克·纽曼 等	39元
后现代大学来临？	[英]安东尼·史密斯 等	32元
美国大学之魂	[美]乔治·M.马斯登	58元
大学理念重审：与纽曼对话	[美]雅罗斯拉夫·帕利坎	40元
学术部落及其领地——当代学术界生态揭秘（第二版）	[英]托尼·比彻 保罗·特罗勒尔	33元
德国古典大学观及其对中国大学的影响（第二版）	陈洪捷	42元
转变中的大学：传统、议题与前景	郭为藩	23元
学术资本主义：政治、政策和创业型大学	[美]希拉·斯劳特 拉里·莱斯利	36元
21世纪的大学	[美]詹姆斯·杜德斯达	38元
美国公立大学的未来	[美]詹姆斯·杜德斯达 弗瑞斯·沃马克	30元
东西象牙塔	孔宪铎	32元
理性捍卫大学	眭依凡	49元

学术规范与研究方法系列
社会科学研究方法100问	[美]萨尔金德	38元
如何利用互联网做研究	[爱尔兰]杜恰泰	38元
如何撰写与发表社会科学论文：国际刊物指南	蔡今中	42元
如何查找文献（第二版）	[英]萨莉·拉姆齐	50元
给研究生的学术建议	[英]戈登·鲁格 等	26元
社会科学研究的基本规则（第四版）	[英]朱迪斯·贝尔	32元
做好社会研究的10个关键	[英]马丁·丹斯考姆	20元
如何写好科研项目申请书	[美]安德鲁·弗里德兰德 等	28元
教育研究方法（第六版）	[美]梅瑞迪斯·高尔 等	88元
高等教育研究：进展与方法	[英]马尔科姆·泰特	25元
如何成为学术论文写作高手	[美]华乐丝	49元
参加国际学术会议必须要做的那些事	[美]华乐丝	32元
如何成为优秀的研究生	[美]布卢姆	38元

21世纪高校职业发展读本
如何成为卓越的大学教师	[美]肯·贝恩	32元
给大学新教员的建议	[美]罗伯特·博伊斯	35元
如何提高学生学习质量	[英]迈克尔·普洛瑟 等	35元
学术界的生存智慧	[美]约翰·达利 等	35元
给研究生导师的建议（第2版）	[英]萨拉·德拉蒙特 等	30元

21世纪教师教育系列教材

书名	作者	价格
教育学基础	庞守兴	40元
教育学	余文森 王 晞	26元
教育研究方法	刘淑杰	45元
教育心理学	王晓明	55元
心理学导论	杨凤云	46元
教育心理学概论	连 榕 罗丽芳	42元
课程与教学论	李 允	42元
教师专业发展导论	于胜刚	42元
学校教育概论	李清雁	42元
现代教育评价教程（第二版）	吴 钢	45元
教师礼仪实务	刘 霄	36元
家庭教育新论	闫旭蕾 杨 萍	39元
中学班级管理	张宝书	39元
教育职业道德	刘亭亭	39元
教师心理健康	张怀春	39元
现代教育技术	冯玲玉	39元
青少年发展与教育心理学	张 清	42元
课程与教学论	李 允	42元
课堂与教学艺术（第二版）	孙菊如 陈春荣	49元

教师资格认定及师范类毕业生上岗考试辅导教材

教育学	余文森 王 晞	26元
教育心理学概论	连 榕 罗丽芳	48元

西方心理学名著译丛

书名	作者	价格
荣格心理学七讲	[美] 卡尔文·霍尔	45元
拓扑心理学原理	[德] 库尔德·勒温	32元
系统心理学：绪论	[美] 爱德华·铁钦纳	30元
社会心理学导论	[美] 威廉·麦独孤	36元
思维与语言	[俄] 列夫·维果茨基	30元
人类的学习	[美] 爱德华·桑代克	30元
基础与应用心理学	[德] 雨果·闵斯特伯格	36元
记忆	[德] 赫尔曼·艾宾浩斯	32元
儿童的人格形成及其培养	[奥地利] 阿德勒	35元
幼儿的感觉与意志	[德] 威廉·蒲莱尔	45元
实验心理学（上下册）	[美] 伍德沃斯 施洛斯贝格	150元
格式塔心理学原理	[美] 库尔特·考夫卡	75元
动物和人的目的性行为	[美] 爱德华·托尔曼	44元
西方心理学史大纲	唐 钺	42元

心理学视野中的文学丛书

书名	作者	价格
围城内外——西方经典爱情小说的进化心理学透视	熊哲宏	32元
我爱故我在——西方文学大师的爱情与爱情心理学	熊哲宏	32元

全国高校网络与新媒体专业规划教材

文化产业概论	尹章池	38元
网络文化教程	李文明	42元
网络与新媒体评论	杨 娟	39元
新媒体概论	尹章池	45元
新媒体视听节目制作（第二版）	周建青	59元
融合新闻学导论	石长顺	49元
新媒体网页设计与制作	惠悲荷	39元
网络新媒体实务	张合斌	46元
突发新闻教程	李 军	45元
视听新媒体节目制作	邓秀军	45元
视听评论	何志武	32元
出镜记者案例分析	刘 静 邓秀军	39元
视听新媒体导论	郭小平	39元
网络与新媒体广告	尚恒志 张合斌	49元
网络与新媒体文学	唐东堰 雷 奕	49元

全国高校广播电视专业规划教材

电视节目策划教程	项仲平	36元
电视导播教程（第二版）	程 晋	55元
电视文艺创作教程	王建辉	39元
广播剧创作教程	王国臣	36元

21世纪教育技术学精品教材（张景中 主编）

教育技术学导论（第二版）	李 芒 金 林	38元
远程教育原理与技术	王继新 张 屹	41元
教学系统设计理论与实践	杨九民 梁林梅	29元
信息技术教学论	雷体南 叶良明	29元
网络教育资源设计与开发	刘清堂	30元
学与教的理论与方式	刘雍潜	32元
信息技术与课程整合（第二版）	赵呈领 杨 琳 刘清堂	39元
教育技术研究方法	张屹 黄磊	38元
教育技术项目实践	潘克明	32元

21世纪信息传播实验系列教材（徐福荫 黄慕雄 主编）

多媒体软件设计与开发	32元
电视照明·电视音乐音响	26元
播音与主持艺术（第二版）	38元
广告策划与创意	26元
摄影基础（第二版）	32元

21世纪教师教育系列教材·专业养成系列（赵国栋 主编）

微课与慕课设计初级教程	40元
微课与慕课设计高级教程	48元
微课、翻转课堂和慕课设计实操教程	188元
网络调查研究方法概论（第二版）	49元
PPT云课堂教学法	88元